머니헌트.com

창조적이고 성공적인 창업을 위한 25가지 법칙

머니헌트.com

MONEY HUNT

마일즈 스펜서 · 클리프 엔니코 지음 / 김택 옮김

25 NEW RULES FOR CREATING AND GROWING
A BREAKAWAY BUSINESS

사과
나무

내일 지구의 종말이 온다 해도 오늘 한그루 사과나무를 심겠다 ―스피노자

옮긴이/김택

서울 출생. 한국외국어대학 졸업, 동대학원 정치학 석사.
파키스탄 까이디 아잠 대학교 페르시아문학 석사.
옮긴 책으로「장미의 낙원」「어린왕자」「리틀부다」
「돌아온 히스클리프」 등이 있다.

머니헌트.com

1판 1쇄 찍음 2000년 5월 1일
1판 1쇄 펴냄 2000년 5월 5일

지은이   마일즈 스펜서 · 클리프 엔니코
옮긴이   김택
펴낸곳   도서출판 사과나무
펴낸이   권정자
등록   1996년 9월 30일(제11 - 123)
주소   경기도 고양시 행신동 샘터마을 301 - 1208
전화   (0344) 978 - 3436
팩시밀리   (0344) 978 - 2835
e - 메일   saganamu@chollian.net

값 10,000원

ISBN 89-87162-30-3 03320
*잘못 만들어진 책은 바꾸어드립니다.

더 이상 남을 부자로 만드는 일에
시간을 허비하지 말라

머리말

창업의 길로 들어선 것을 환영합니다

현재 활동하는 사업가들이 모두 다 좋은 때에 사업을 시작한 것은 아니다. 창업에 적합한 시기란 없기 때문이다.

1950년대의 아메리칸 드림은 미국산 8기통짜리 자동차를 자기 집 차고에 두는 것이었다. 그러나 오늘날의 아메리칸 드림은 자기 사업을 하는 것이다. 현재 미국인 5명 중 적어도 1명은 "조그만 사업이라도 직접 시작해야겠다", "이제 더 이상 다른 사람을 위해서 일하지 말아야겠다", "취미 삼아 하던 일로 돈을 벌어야겠다", "급속히 성장하고 있는 벤처 사업의 기틀을 마련해야겠다"는 꿈을 갖고 있다. 이것이 흐름이 아닐까? 어떤 모임에든지 가서 한 번 물어보라. 그러면 분명 그곳에 모인 사람들은 거의 누구나 새로운 사업을 하고 싶다고 대답할 것이다.

그렇다면 당신은 미래의 사업가가 될 자질이 있는가?

"그래 잘 먹고 잘 살아라!"고 사장에게 얘기하고 뛰쳐나와 자기 집 빈 방에서 잠옷바람에 털 슬리퍼를 신은 채, 혼자서라도 직접 뛰어 봐야겠다고 생각해본 적이 있는가? 다른 사람에게서 명함을 받고는 자신도 30대 후반에 접어들기 전에는 이러저러한 일을 할 것이라고 얘기하고 싶지만, 마땅히 떠오르는 아이템이 없어서 결국 아무런 말도 못한 적이 있는가? 일요일 밤이면 밤늦게까지 자지 않고 사업계획을 짜기도 하고, 영화를 보거나 소설책을 읽다가 아내에게 "그래, 바로 이거야. 드디어 내가 독립할 때가 된 거야"라고 얘기한 적이 있는가? 야간이나 주말에, 혹은 공휴일에 부업으로 다른 일을 하거나 여러 가지 아이템에 대해 시장 조사해본 적이 있는가? 중소기업 창업에 관한 프로그램에 참가한 적이 있는가? 칵테일 파티에서 혹은 가족 모임에서 새로운 사업에 관한 아이디어나 계획에 대해 대화를 나눈 적이 있는가?

위에 열거한 것들 중 어느 하나라도 해본 적이 있거나 생각하고 있다면 당신에겐 사업가의 자질이 있다. 우리는 당신이 현재에 만족하지 말고, 창업 문제에 대하여 더 이상 고민만 하지 말고 아메리칸 드림을 향해 어린애처럼 몇 걸음이라도 발을 떼어보기를 바란다. 동양의 옛 속담에 "천릿길도 한 걸음부터"라는 말이 있다. 당신이 단순히 '사업을 꿈꾸는 사람'에서, 자수성가로 수백만 달러를 벌어들인 '진짜 사업가'가 되기를 원한다면 창업의 첫걸음부터 배워야 한다.

50~60년대 전후 베이비붐 시대에는 정치가가 미국인의 우상이

었듯이 오늘날에는 사업가가 미국인의 우상이다. 지금은 <포춘>지 선정 500대 기업들조차 종업원에게 고용을 보장하지 못하고 있다. 오늘날 미국의 근로자들은 미국 역사상 가장 학력이 높다. 대부분 대학 졸업장을 갖고 있으며 최소한 2년제 대학은 나왔다. 그들은 현실을 직시하고 또 비판 능력이 구세대보다 월등하다. 미국의 근로자들은 큰 회사에 근무하면 은행에서 빌린 융자금을 갚을 수 있고 아이들을 대학까지 보낼 수는 있지만, CEO 정도의 높은 직책에 오르지 못하면 결코 부자가 되지 못한다는 사실을 이미 깨닫고 있다.

오늘날 미국 사회의 직장인들은 직장을 자주 바꾼 덕분에 같은 일이라도 다양하게 일할 기회를 가져 기술과 업무 능력이 뛰어나다. 인내심 많던 구세대와는 달리, 오늘날 대부분의 미국인들은 자신들의 소망을 성취하는 데 내일까지 기다리는 법이 없으며 "오늘을 위해 살자", "기회를 잡자", "한 번뿐인 인생에서 할 수 있는 한 모두 해봐야 한다"는 철학을 갖고 있다.

아마도 가장 중요한 점은 현대의 신기술— 특히 PC, 소프트웨어, 인터넷, 디지털 텔레커뮤니케이션, 팩스, 핸드폰, 다채널 케이블 TV 등의 출현으로 소호족들도 대기업들과 당당히 경쟁할 수 있게 된 점이다. 실제로 다양한 사람들이 다양한 분야에서 성공을 거두고 있다.

예를 들면, 캔디스 카펜터라는 홀어머니는 육아에 관한 인터넷 사이트가 없다는 데 착안하여 아기 부모를 위한 인터넷 연결 사이트인 iVillage를 만들었다. 그는 현재까지 6천만 달러의 벤처 자금을 모으고 주식을 공모하여 월드와이드웹에서 가장 크고 유명한 사이트로 키워놓았다.

제이 휘트란 대학생은 대학교 기숙사에서 웹사이트 컨설팅 회사를 시작한 지 일년만에 사업 규모가 백만 달러에 이르게 되자 벤처 자금을 끌어들인 뒤 회사를 대형 광고회사에 팔았다. 이것은 물론 그가 모두 대학을 졸업하기 이전의 일이었다.

퇴직 엔지니어이던 74세의 레이먼드 켐프는 어느날 저녁, 딸과 통화를 하고 있는데 집 밖에서 구급차의 사이렌 소리가 들렸다. 그런데 그가 밖을 내다보니 구급대원은 이 집 저 집 문앞에 차를 세우고 집 주소를 하나 하나 체크하느라 허둥대고 있었다. 이웃집 사람이 심장마비로 쓰러져 911에 도움을 요청한 사실을 나중에야 알게 된 그는 구급대원들이 응급환자의 집을 제때에 찾지 못하면 환자는 생명이 위험하다는 사실을 깨닫게 되었다. 레이먼드는 응급환자가 911에 전화를 하면 집 밖에 달린 등에 불이 들어와 몇 마일 밖에서도 쉽게 볼 수 있는 '가정용 비상등'을 개발, 특허를 출원하여 판매했다. 이처럼 성공한 사람에 대한 기존의 고정관념이 뿌리째 흔들리고 있고, 기회도 그만큼 넓어졌다.

창업을 꿈꾸는 사람들은 유형이 달라도 그들에겐 나름의 공통점이 있다. 그들의 성공과 실패의 경험은 창업과 그 성공 의지에 커다란 용기를 주기도 하지만 실망만을 주기도 한다. 이 책은 우리가 머니헌트 프로그램을 진행하면서 만났던 사업가들 ― 성공을 했든 실패를 했든 ― 의 이야기이다. 그들의 이야기 속에서 당신은 무엇인가 교훈을 얻을 것이다.

미리 일러둘 것은 이 책에 실린 이야기들 중에는 고통스런 사실을 담고 있어서 읽기에 거북한 것도 있다는 점이다. 창업의 세계가 평탄하고 쉬운 길이라고 말하는 사람은 없다. 오히려 그 반대인 경우가 많다. 무차별적이고 살벌한 적자생존의 원칙이 존재하는 정글에서 제대로 계획을 세우지 못한 창업은 고통스럽고 난감하며 실패의 쓴잔만 남겨줄 뿐이다.

창업을 한 사람들 수천 명을 관찰하여 무엇이 그들에게 도움이 되었는가를 보고하려는 것이 이 책의 목적은 아니다. 창업을 하려는 사람에게 심리적인 위안이 될 몇 마디의 말을 해주려는 것은 더더욱 아니다. 이 책에 실린 내용 중 일부는 "이건 진짜 내 얘기야!" 하고 당신은 흥분을 느낄지도 모른다. 그러나 기분 좋으라고 하는 충고는 실제로 냉정하고 살벌한 시장 상황에서는 아무런 도움이 되지 않는다.

당신이 새로 창업을 하려는 사람이거나, 일단 사업을 시작한 사람이라면, 앞으로 살게 될 세상에 대한 진실을 알기를 원한다면, 사업체를 성공적으로 키울 수 있는 비밀을 알기를 원한다면, 경쟁에서 살아남는 방법을 알기를 원한다면, 일과 인생의 승리자가 되기를 원한다면 사업도 배워야 한다는 점을 명심해야 한다. 이 책은 그러한 사람들의 교과서인 셈이다.

이 책의 각 장에서는 먼저 '성공적인 창업을 위한 법칙'을 정확히 제시하고, 그런 상황에서 법칙을 충실히 따랐던 사람들의 이야기뿐만 아니라 법칙을 소홀히 했던 사람들의 실제적인 이야기를 담았다.

그리고 이 책의 내용은 당신이 '사업'이라는 모험을 하면서 겪게 될 순서대로 주제별로 분류되어 있다. 1부에서는 사업가로서의 당신의 모든 것 ─ 비즈니스의 세계에서 드러날 당신의 개성, 배경, 경험, 철학 그리고 보이지 않는 가치에 대한 법칙과 사례들을 다룬다. 모든 사람이 다 사업가가 되기에 적합한 것은 아니다. 사업이 실패하면 경기하락, 자본금 부족, 법률적인 문제 등과 같은 외부적 요소만큼이나 회사 창업자의 인격적 문제에 분명 그 책임이 돌아 간다.

여기서는 난관에 부딪친 사업가의 성격을 중점적으로 다룬다. 이 부분을 건너뛰어 다음 파트로 넘어가고 싶은 마음이 들더라도 그러지 말라고 권하고 싶다. 사업을 시작한 뒤 처음 몇 년 동안은 틀림없이 이런 비슷한 상황에 처할 것이 분명하기 때문이다.

2부에서는 제때에 적합한 사업 아이디어를 발견하는 방법을 다룬다. 아이디어가 있다고 해도 그것이 시장 상황보다 너무 앞서거나 너무 뒤떨어진 것이면 그것은 곧 사업의 실패에 이르는 길이기 때문이다. 타이밍을 정확히 맞춰야 한다.

3~6부는 비즈니스 세계에서 당신이 직면할 시장 상황과 경쟁 상황을 다루고, 사업 파트너 직원을 구할 때 도움될 사람을 찾아내는 법, 투자자들에게서 자금을 모으는 법을 다룬다. 그리고 마지막 7부에서는 탈출 전략, 즉 모든 일이 순조롭게 진행되고 있다고 가정했을 때 사업체를 팔기에 적합한 시기가 언제인가? 만일 사업이 순조롭게 진행되지 못하고 있다고 가정했을 때 손실을 줄이고

폐업을 하기에 적합한 시기가 언제인가? 에 대하여 다룬다.

　이 책에 나오는 사례들은 모두 실제의 이야기이며 그 주인공들은 실제로 존재하는 인물이다. 이 책에 등장하는 사업가들은 새로운 우상들이다. 만약 당신이 그들과 같은 반열에 오르기를 희망한다거나 이미 사업을 정상궤도에 올려놓으려 노력하다가 난관에 부딪혀 있다면, 사업의 성공 확률을 높이는 데 이 책이 도와줄 것이다.

제1부

좋아하고 원하는 일인가

첫번째 법칙

"겁 많은 토끼가 오래 살아남는다"

사업가들에 대한 신화는 한결같이 이들이 자기 운명의 정복자라는 사실이다. 만일 우리가 자기 사업체를 거느리고 있다고 생각해 보자. 무슨 이미지가 떠오르는가? 아마도 안정감 있고 박력이 넘치는 데다가 자기 확신에 가득찬 영웅의 모습, 이를테면 숨 한 번 헐떡이지 않고 단번에 빌딩 꼭대기까지 뛰어오를 수 있는 초인적인 이미지가 그려질 것이다. 두려워하거나 주저하지 않고, 감정에 흔들리는 일도 없이 냉정하게 천하의 적들을 압도하는 그런 모습 말이다.

몇년 전 <터커>라는 영화가 이런 환상을 그린 적이 있었다. 실화에 바탕을 둔 이 영화는, 저녁이나 주말이 되면 차고에서 땀을 뻘뻘 흘리면서 어떤 차보다도 빠르고 튼튼한 자동차를 발명한 고독한 사업가 이야기였다. 오늘날 그런 상황에 처한 사업가라면 자기가 발명한 차로 특허권을 따낸 뒤, 이를 메이저 자동차 회사에 빌려주고 받는 로열티로 여생을 편안히 보낼 것이다. 그러나 이 영화의 배경은 1940년대이다. 당시 사람들은 분명 지금과는 뭔가 달랐다. 터커는 분발에 분발을 거듭하여 빌린 자금으로 직접 자동차 회사를 세우고 빅3 자동차 메이커들과 맞서 싸운다. 물론 그는 이 싸움에서 철저하게 깨지지만, 관객들은 영화의 마지막 장면에서 일제히 그에게 박수를 보낸다. 어떤 어려움이 닥쳐도 냉철하게 정면으로 맞서고, 심지어는 법정에서 파선 선고를 받을 때조차도 고개를 꼿꼿하게 치켜든 터커는 분명히 영웅의 대접을 받고도 남음이 있었다.

하지만 벤처 투자가이자 기업 자문 변호사의 입장에서 볼 때, 이 세상의 수많은 사업가 중 '터커'와 같은 인물을 만나기란 하늘의 별따기이다. 우리 주변의 성공한 사업가들은 죽었다 깨어나도 할리우드 영화의 주인공이 되지 못한다. 방음 장치가 된 방안에서 성공한 사업가 열 명과 만나 한두 시간 동안 터놓고 대화를 나눌 기회가 있다면, 당신들은 방을 떠나면서 열이면 열 모두 이런 말을 뱉어낼 것이다.

"와, 세상에 이렇게 불안하고 신경과민인 사람은 생전 처음이네! 자신의 사업은 고사하고 자기 이름 석 자에 대해서도 확신이 없다니 말이야. 이게 정말 성공한 사람들이란 말인가?"

물론 그들은 성공한 사람들이다. 대중적인 이미지와는 달리, 사업가로 성공한 사람들은 자신이 누구이고 무슨 일을 하고 있는지,

자기 정체성에 대해 극도로 흔들리고 있다. 터커처럼 자신에 대해서 확신을 갖는 순간, 이들은 이미 실패를 향한 첫걸음을 내디딘 것이나 다름없다.

토끼 타입과 사자 타입 사업가의 차이점

토끼를 한번 가까이에서 본 적이 있는가. 애완동물 가게나 아니면 동물원의 토끼도 좋고, 뒤뜰에서 풀을 뜯고 있는 토끼도 좋다. 우선 눈에 들어오는 장면이 무엇인가? 바로 그 크지도 않은 몸통을 끊임없이 움직이고 있다는 사실이다. 수염을 실룩이는가 하면, 귀를 쫑긋거리고, 이빨은 계속 무언가를 쏠아대고, 꼬리와 궁둥이는 이리저리 씰룩거린다. 가만히 이 녀석을 들여다보고 있으면 정신이 다 어지러워질 정도이다. 잠을 잘 때도 언제 다가올지 모르는 위험에 대비해 몸의 어느 부분인가를 늘 움직이고 있다. 토끼란 놈은 주위 환경의 급작스런 변화에 가장 잘 적응하는 그야말로 천부적인 놈이다.

왜 그럴까? 그건 아마도 자신이 먹이 사슬의 어디쯤에 있는지를 정확히 알고 있기 때문이리라. 그러니까 숲속을 성큼성큼 걷다가 먹이감을 덮쳐 승리의 포효를 내지르는 사자와 같은 그런 동물이 절대 아니라는 것이다. 다윈의 이론대로라면 토끼는 적자생존의 먹이 사슬에서 '당하는 쪽'에 속한다. 물론 토끼 자신도 그런 사실을 잘 알고 있다. 만일 어떤 토끼 한 마리가 풀밭에 웅크리고 눈에 띄는 대로 먹을 것을 우적우적 씹어먹다가 저 멀리 숲자락 끝의 나뭇잎 하나가 서걱이는 모습을 본다면,(자손을 퍼뜨려도 좋을 정도로 우수한 형질을 가진 녀석이라면) 이 토끼는 이렇게 중얼거릴 것이다.

"이 상황을 어떻게 해석할까. 여러 가지 가능성이 있겠지. 빗방울이 한두 방울 떨어지면서 나뭇잎을 건드리는 소리였을까? 아니면 부드러운 산들바람이 스치는 소리일 수도 있어. 그도 저도 아니라면, 아하! 그렇지, 저 덤불 숲 뒤로 여우라는 녀석이 몸을 웅크리고 숨어서 숨을 내쉬는 광경이었을지도 몰라. 그래, 어쨌거나 빨리 여기를 떠야겠다!"

그러고는 곧장 걸음아 날 살려라, 하고 자기 집으로 달려들어갈 것이다. 대부분은 빗방울 소리거나 미풍에 나뭇잎 서걱이는 소리일 테지만, 간혹 가다가는 진짜 요깃거리를 찾는 여우가 있을 때도 있을 것이다.

자, 그럼 이번에는 사자의 경우를 생각해 보자. 동물원에서 사자를 본 적이 있는가? 보았다면 아마 크게 실망했던 기억이 있을 것이다. 사자란 놈은 엄청나게 사나운 맹수라서 잠시도 쉬지 않고 포효하거나 먹이를 물어뜯는 모습을 기대했거나, 적어도 '라이온 킹'에 나오는 무파사나 심바처럼 커다란 바위에 앉아서 자기 영토를 거만하게 바라보는 위엄이 있으리라고 상상했을 테니 말이다. 정말로 그런 모습이었을까? 아니었을 것이다. 배를 바닥에 깔고 누워서 꾸벅꾸벅 졸다가 가끔씩 귀찮게 들러붙는 파리를 쫓느라 귀나 좀 움직거리는 동작이 고작이다. 한마디로 할 일이 별로 없어서 지

루해 보인다는 인상을 받았을 것이다.

사자가 왜 그런 모습을 보인다고 생각하는가? 그것은 토끼와 마찬가지로 사자 역시 자신이 먹이 사슬의 어디에 위치하고 있는지를 잘 알고 있기 때문이다. 흰색 헬멧에 반바지를 입고 총을 든 성가신 '두 발 짐승' 말고, 정글에서 사자한테 두려운 존재가 또 있을까? 동물끼리라면 사자는 '잡아먹히는 쪽'이 아니라 '잡아먹는 쪽'이 된다. 사자란 녀석은 이런 정황을 너무나도 잘 알고 있기 때문에 환경에 지나치게 신경을 곤두세울 필요가 없다. 벌건 대낮에 자고 싶으면 벌렁 드러누워 잠을 자도, 감히 사자의 잠을 깨울 동물이 어디 있겠는가!

그럼 이 대목에서 퀴즈를 하나 풀어 보자. 오늘날과 같은 무한경쟁 속에서 첨단 산업 분야의 회사를 창업한다고 할 때, 당신은 과연 토끼의 모습일까, 아니면 사자의 모습일까?

감이 잡혔을 것이다. 끊임없이 '벼랑끝'에 서서 자신의 눈과 귀를 믿지 못하는 '예민한' 사업가들은 새로운 기회가 왔을 때 경쟁자들이 행동을 개시하기 전에 미리 잠재적 위험을 가정해 두고 이에 대비한다. 그래야만 회사가 하루아침에 와그르르 무너지는 최악의 상황을 미리 막고 그때그때 적절한 조처를 취할 수 있기 때문이다. 특히 창업 초기에는 최고 책임자의 판단 착오가 치명적인 결과를 가져올 수 있다.

회사를 꾸려 나가면서 자신이 무슨 일을 하는지, 어디로 가고 있는지, 또 주변에서 무슨 일이 일어나고 있는지를 훤히 알고 있다고 확신한다면, 그런 사업가는 진짜로 중요한 것을 놓쳐버릴 가능성이 매우 크다. 안도감(Comfort), 자기 만족(Complacency), 자기 확신(Confidence) 바로 이 '3C'는 기업의 파멸을 부르는 주문(呪文)이나 다름없다.

그래도 안전한 대기업에 머물러야 할 것인가?

기업에 몸을 담고 있다고 안전한 것만은 아니다. 이제는 회사가 50~60년대처럼 평생 고용의 신화가 지켜지던 편안한 안식처가 아니라는 뜻이다. 오늘날 여기저기서 일어나는 구조조정의 여파로 수많은 사용자와 근로자 모두 이런 변화에 겁을 먹고 있다. 아마도 다들 이런 생각을 하고 있을 것이다.

"아, 그 친구 직장을 떠나서 다른 일을 준비하는 모양인데, 어딜 간들 여기보다 못하겠나!"

하지만 자기 사업을 시작하려고 할 때, 모든 중요한 결정을 내려야 할 사람은 바로 '나' 자신뿐이다. 대기업에서는 조직 전체에 타격이 있을 만큼 심각한 결과만 초래되지 않는다면 한두 번 정도야 잘못된 결정을 내려도 그다지 문제가 될 것이 없다.

그런데 자기 사업에서라면 사정이 180도 달라진다. 실수 하나가 바로 치명적일 수 있기 때문이다. 대기업에서는 동료들의 아이디어로 회의를 하며 자료를 분석하고 대안을 모색할 수 있다. 하지만 자기 사업에서는 모든 책임을 '내'가 지기 때문에 충분한 시간을 갖고 변변히 상황 파악을 하지도 못한 채, 상황에 대처해야 할 경우가 허다하다. 말하자면 불완전한 정보를 가지고 최선의 '본능'을 발동시켜야 하는 것이다.

거만한 걸음걸이나 허풍스러운 행동으로 자신의 불안감을 감추는 사람들도 있다. 이런 얘기를 한 번쯤은 들어보았을 것이다.

"아! 그 친구 꼭 도날드 덕 닮았더군. 물 위에서는 조용하고 평온한 것 같다가도, 물밑으로만 들어가면 퍼덕여대니 말이야."

하지만 회사를 경영하다보면 어딘가에서 균열이 생기는 것을 발견하고서야, 뒤늦게 잘못 되고 있다는 것을 깨닫게 된다.

심리학적으로 사업가는 자신과 여러 면에서 다른 사람을 채용하는데, 그 결과는 다음 두 가지 중 하나이다. 한가지 경우는 기업가가 직접 나서서 난관을 뚫고 나갈 방법을 찾는 것인데, 그것은 가장 곤혹스럽고 좌절감을 맛보기도 한다. 두번째로, 사업가는 직원에게 위임하여 신경을 덜 쓰게 되어 편안하게 될 것이다. 그러나 분명한 것은 어느 쪽이든 한번 균열이 생기면 결국 무너지고 만다는 사실이다. 죽은 사자보다는 산 토끼가 낫다.

어떤 문제에 신경을 써야 하는가?

사업을 키우다 보면, 뜬눈으로 밤을 새울 수밖에 없는 이유가 수없이 많다. 몇 가지 예를 들어보자.

제품과 서비스 : 모든 것이 순조로운가? 제대로 된 재료를 사용

하고 있는가? QC는 잘 되고 있는가? 중국에서 제품을 만든다면 원가를 한푼이라도 줄일 수 있는가? 재료를 금속에서 플라스틱으로 대체해도 제품에 하자가 없을 것인가? 사람들이 제품의 사용법을 제대로 지키고 있는가? 혹시 제품의 주원료에 대해 정부의 사용금지 조치나 규제 조치는 없을 것인가? 우리 제품 말고 경쟁사 제품을 쓰는 소비자들은 없는가? 우리 제품과 서비스를 사양길로 접어들게 만들 신기술은 없는가?

시장 : 소비자들이 여전히 우리 제품을 찾는가? 혹시 소비자들이 우리 제품과 서비스에 대해 싫증을 내고 있지는 않은가? 사람들의 취향과 습관이 변하면 우리 회사의 제품과 서비스도 변해야 하지 않을까? 우리 제품의 시장 점유율이 늘어나고 있는가, 아니면 축소되고 있는가? 가격을 조금 올려도 시장 점유율에 영향이 없을까? 수출 대상국을 늘리면 판매량도 늘어날까? 제품의 디자인을 조금 바꾸면 판매에 어떤 영향을 미칠까?

경쟁업체 : 경쟁업체에 대해 잘 알고 있는가? 경쟁업체들의 장점과 약점은 제대로 파악하고 있는가? 우리 회사가 해야 할 일을 다른 회사가 하고 있지는 않은가? 우리와 같은 시장에 뛰어들 준비를 하고 있는 새로운 업체는 없는가? 만일 있다면 우리와 비교해서 그들의 재력은 어느 정도인가? 우리의 시장을 잠식할 만한 잠재력을 가진 새로운 상품과 서비스가 있는가? 경쟁업체로 넘어간 소비자를 다시 끌어오는 좋은 방안은 없는가? 상대가 안 될 만큼

강한 경쟁자가 나타나서 아무리 해도 대항이 안 된다면, 살아남기 위해서 틈새 시장을 공략할 방안이 있는가?

회사의 재정 상태와 투자자 현황 : 현상 유지나 성장을 위한 자금력이 충분히 확보되어 있는가? 수익을 증대시킬 수 있는 방법이 있는가? 생산 비용을 절감할 수 있는 여지는 있는가? 이번 달 공과금은 제대로 처리될 수 있는가? 현금 보유 여력은 얼마나 되는가? 혹시 세금을 너무 많이 내고 있는 건 아닌가? 투자자들은 만족하고 있는가? 회사의 투자자들은 정직한 사람들인가?

경영진 : 사업에 꼭 필요한 사람들을 확보하고 있는가? 경영진은 우수한 인력인가? 경영진 몫으로 돌아가는 인건비는 적당한 수준인가? 경영진 각자가 자기 능력을 십분 발휘하고 있는가? 그렇지 않다면 보다 면밀히 지켜볼 필요가 있지 않을까? 혹시 일부 임원이 당장 내일이라도 회사를 떠나 새로운 경쟁업체를 차리지나 않을까? 종업원이 없는 '비추얼 컴퍼니'를 운영하거나, 핵심 부서를 파견 근로자로 충원해야 하지 않을까?

법률적인 고려 : 회사가 법률적인 분쟁에 휘말리지 않도록 충분한 조치를 취했는가? 혹시 회사가 법률적인 분쟁에 휘말리면 본인의 개인적인 자산도 위험에 처하지 않을까? 나를 법정으로 불러낼 가능성이 가장 높은 사람은 누구일까? 사업에 직접적으로 영향을 미칠 새로운 법률적인 규제는 없는가? 법률적 규제 조치에 대해

올바르게 대처하고 있는가?

사업 환경 : 사업에 대한 최상의 이미지를 제시하고 있는가? 지금 하고 있는 사업을 안방에서 사무실로 옮길 시점인가? 세를 들 시점인가, 아니면 아예 건물을 한 채 사서 쓰고 남는 공간에 세를 들일 시점인가? 사무실의 입지 조건이 사업 성격에 제대로 맞는가? 사업하기에 더 좋은 위치를 구할 수 있을까? 임대료가 싼 외곽 지역으로 회사의 일부를 옮긴다면 경비를 절감할 수 있을까? 회사를 이전했다는 이유로 회사의 신용도가 떨어지지 않을까?

사업가 자신 : 과연 나에게 사업에 필요한 자질이 있는가? 그에 걸맞는 기술 훈련은 받았는가? 추진력은 어떤가? 사업에 대해서 속속들이 알고 있는가? 사업이 내 스타일에 어울리는가? 자신의 이미지를 올바르게 전달하고 있는가? 사업을 성공으로 이끌 만한 시간적 여유가 있는가? 필요하다면 일주일에 7일, 하루에 24시간 일할 몸과 마음의 준비가 되어 있는가? 사업에 열정을 가지고 있는가? 당분간 모든 일은 제쳐두고 사업에만 최선을 다할 각오는 되어 있는가? 혹시 스스로를 속이고 있는 건 아닌가?

이런 질문들 하나 하나에 대해 최종적인 답안을 작성하는 순간, 걱정이 시작된다. 사실 이 질문들에 대한 '최종적인' 답안이란 원래부터 없기 때문이다. 아마도 당신은 사업을 계속하는 동안 이런 내용을 매일같이 묻고 대답해야 할 것이다.

로자 로드리게스

맨손으로 사업을 시작할 때, 반드시 필요한 서비스가 몇 가지 있다. 그 중 하나가 메일박스 서비스이다. 오늘날 미국의 거의 모든 지역에는 프랜차이즈 형태의 아울렛이 최소한 하나씩이 있다. 이 아울렛에서는 우체국에서처럼 고객에게 해당 지역 주소가 적힌 사서함을 제공한 뒤, 이 주소로 오는 등기 우편물과 서류를 24시간 대신 수령해주는 서비스를 하고 있다. 또 복사기, 팩스, 프린터 등과 같은 기본적인 사무 기기를 사용할 수 있는 편의도 제공해 준다. 지난 몇년 동안 급속히 늘어난 재택 사업 덕분에 이 메일박스 프랜차이즈 사업은 우후죽순처럼 미국 전역으로 확산되었다. 사무실 주소를 이 메일박스 주소로 쓰면, 이웃과의 트러블을 피할 수 있을 뿐만 아니라(귀하의 재택 사무실을 들락거리는 화물 트럭을 피하느라 동네아이들이 자전거도 제대로 못 탄다면 부모들이 가만있겠는가?), 집 밖으로 나와서 기다렸다가 등기 우편물이나 소포를 받고 서명을 하는 수고를 덜 수 있었다.

로자 로드리게스는 이런 메일박스 가맹점의 주인이었다. 그녀는 애당초 사업을 할 생각이 전혀 없었다. 스페인의 작은 마을에서 태어나 자란 로자는 지중해의 미군 기지 근처 술집에서 일하던 중, 고등학교 때 배운 스페인어를 써먹어 보려던 미국인 종업원과 자주 대화를 나누게 되었다. 6개월 후에 둘은 결혼을 했고, 12개월 후에 로자는 첫 아이의 출산을 기다리는 미국 시민권자가 되어 있었다. 하지만 불행하게도 둘의 결혼 생활은 몇 년 못 가 깨졌고, 로자는 혼자서 세 아이를 부양해야 했다. 전 남편이 약간의 도움을 주긴 했지만, 턱없이 부족했다. 지역 신문의 광고를 읽던 로자는 동네의 메일박스 프랜차이즈 가맹점에서 고객 서비스 담당 직원을 구한다는 기사를 발견하고 즉시 연락을 했다.

2주일 후, 로자는 아침 8시부터 저녁 6시까지 사무실 집기를 수리하고, 소포를 포장하고, 손님들한테 가장 저렴한 우편요금을 알려주고, 메일박스를 임대해 주고, 서류더미를 복사하고, 메일박스에 오는 엄청난 양의 우편물을 처리했다.

이 일을 하는 동안 로자는 고객들의 사생활은 물론 고객들의 사업에 대해서도 많은 정보를 얻게 되었다.(이곳도 이발소나 미용실 못지 않은 소문의 진원지이다!) 그러는 사이에 로자는 동네의 '소식통'이 되었다. 시간이 지나자 사장은 로자에게 사업과 관련된 문서를 보관하는 방법, 직원들을 관리하는 방법을 하나 둘 가르쳐 주었다. 다른 직원들은 모두 시간제 아르바이트 대학생들이나 퇴직자들이었다.

그러던 중 갑자기 사고가 생겼다. 업무를 잘 알고 있던 로자에게 일을 맡기고 여름 휴가를 떠났던 사장이 갑자기 심장병으로 사망했다. 로자를 좋아했던 사장 부인은 작고한 남편의 사업을 그녀에게 넘겨주었다. 인수 대금은 사업에서 발생하는 이익으로 나중에 지불한다는 조건이었다.

처음에 로자는 겁이 났다. 그녀는 하루하루 사업이 어떻게 돌아가고 있는지, 문서를 어떻게 관리해야 하는지, 프랜차이즈 가맹점 협회에 회비를 어떻게 납부해야 하는지 등등에 대해서는 잘 알고 있었지만, '사업체'를 운영하는 방법에 대해서는 아무것도 몰랐다. 그녀는 대학에 개설된 평생교육기관에서 경영학 강좌를 수강하고 '중소기업' 관련 과정을 마쳤다. 이 일은 그녀가 수료증을 액자에 넣어 금전등록기 옆에 놓아둘 정도로 자랑스런 일이었다. 그녀는 그 지역에서 발행되는 모든 경제신문과 경제잡지를 구독하고 '홈 비즈니스'와 관련된 책과 잡지 등을 샅샅이 독파했다.

매일 밤 아이들이 잠들고 나면, 혼자 책상에 앉아서 자정이 넘도록 그 지역에서 일어나는 갖가지 일이나 자기 사업에 영향을 미칠 만한 사건, 관련 업체의 전반적인 상황 등을 알려주는 기사거리를 챙겼다. 간혹 이해가 안 되는 내용이 있으면, 찾아오는 고객에게 물어보기도 했다.

그래도 무언가 미흡한 게 있다는 생각을 떨치기가 힘들었다. 로 자는 고객들에게 다음과 같은 설문을 돌리기 시작했다.

▶아직 저희가 서비스하지 못하고 있는 것 중에서 당신이 받고 싶은 서비스는 무엇입니까?
▶혹시 복사기나 팩스가 모자라지 않습니까?
▶사업상 개인 팩스 번호가 필요하지 않습니까?
▶사무실 설비에 대한 귀하의 만족도는 어떻습니까?
▶전자 우편 서비스가 필요하십니까?

로자는 이런 내용의 설문지를 모든 메일박스에 놓아두고 고객의 의견을 들었다.

이런 조사 과정을 토대로 그녀는 프랜차이즈 본사에 PC와 프린터 및 커피 자판기와 e-메일 같은 사무 서비스를 지원해 주도록 요청했다. 본사에서도 그녀의 조사에 깊은 감명을 받아, 그녀를 본사로 초청, 고위 경영진에게 새로운 사업 방향에 대해 설명할 기회를 마련해 주었다. 그녀는 본사로부터 '올해의 최우수 프랜차이즈 사업자'로 선정되어, 회장의 바로 옆에서 슈퍼볼 경기를 관람할 수 있는 영광을 얻었다.

그녀는 부채 상환 약속 기간을 절반 단축해서 작고한 사장의 부인에게 갚았으며, 사업을 인수한 지 5년이 채 안 되어서 연간 25만 달러 이상의 순수익을 올리게 되었다.

하지만 로자는 여전히 불안했다. 혹시 주변 환경이 변하면 어떡할까? 경기가 호황세로 접어들어 사람들이 재택 사업을 걷어치우고 대규모 사업으로 방향을 전환한다면 자신의 사업 기반이 하루 아침에 흔들리는 게 아닌가? 자신의 사업 성공에 자극을 받은 사람들이 같은 지역에 비슷한 체인점을 차려서 경쟁을 하면 어떻게 되는가? 등등.

어느 날 밤, 지역신문을 뒤적이고 있던 로자의 눈에 '새로운 유망 사업'이라는 기사가 보였다. 보통 때 같으면 잘 보지 않던 칼럼이었다. 그 내용은 어떤 회사가 그녀의 사무실 바로 건너편의 가게를 임대한다는 것이었다. 처음에는 대수롭지 않게 생각했지만 꿈속에, 바로 맞은편에 똑같은 가게가 들어서는 꿈을 꾸고 말았다. 평소에 미신을 믿지 않던 그녀는 다음날 아침 프랜차이즈 가맹점 본사에 전화를 걸어 같은 업종의 다른 회사들의 명단을 보내 달라고 부탁했다. 그날 오후 늦게 도착한 팩스를 훑어보던 로자의 눈에, 건너편에 문을 연 회사의 이름과 유사한 이름 하나가 들어왔다.

그날 밤 로자는 도저히 잠을 이룰 수가 없었다. 우연의 일치일까? 비슷한 이름을 가진 회사들도 많다고 스스로에게 타일렀다. 아무리 잊어버리려 해도, 마음속에서는 자꾸만 조사라도 해봐야 한다는 소리가 들렸다.

그녀는 다음날 아침 회사 건너편 미용실까지 걸어가서 평소에 잘 알고 지내던 주인에게 전화를 좀 쓰자고 부탁했다. 혹시 누가 발신지 추적이라도 할까봐, 자기 가게의 전화는 쓸 수가 없었기 때문이다. 짐짓 목소리를 바꾸고 가명을 사용해, 경쟁사 프랜차이즈 본사에 전화를 걸어 자기 가게 근처에 가맹점을 개설할 수 있느냐고 물어보았다. 전화선을 타고 돌아오는 대답은 등골을 오싹하게 만들기에 충분했다.

"죄송합니다만, 그 지역에 메일박스 가맹점을 개설하려는 사람과 이미 계약을 한 상태입니다."

주소까지 들어맞았다. 로자는 갑자기 공포에 휩싸였다. 사무실 문을 안으로 걸어 잠그고 오전 내내 울었다. 종업원들이 서너 번씩이나 문을 두드리면서 괜찮으냐고 물었지만 그녀의 대답은 간단했다.

"일을 좀 하고 있으니까, 내가 꼭 필요할 때만 불러 줘요."

로자는 밤늦게까지 사무실에 남아 있었다. 공포로 전신이 마비될 지경이었다. 아무 일도 하지 않고 마치 다가오는 자동차의 헤드라이트만 쳐다보는 사슴처럼 컴퓨터 화면만을 뚫어져라 들여다보왔다.

자정쯤 되었을까? 고민에서 좀 벗어나 볼 심산으로 자신에게 온 편지를 뜯기 시작했다. 첫번째 편지는 그 지역의 '쿠폰 대리점'에 냈던 광고의 청구서였다. 누구나 한 번쯤은 전면에 상품 광고가 쭉 실려 있고 한쪽에 할인 쿠폰이 있는 광고 전단을 받아본 적이 있을 것이다. 로자의 설문지를 보면 고객들은 한결같이 이 쿠폰 대리점을 통해서 메일박스 서비스에 관한 정보를 얻었다고 했다. 로자는 잠시 생각에 잠겼다.

"가만, 새로운 사업은 바로 여기서부터 시작해야겠군. 어차피 길 건너편에 들어설 새로운 경쟁 상대도 자기 사업을 알리려면 여기를 거쳐야 할 거야."

생각이 여기에 미치자 그녀는 서랍을 샅샅이 뒤져 그동안 쓰지 않고 있던 5만 달러짜리 마을금고 수표책을 찾아냈다.

다음날 로자는 출근하자마자 가게에서 반경 80킬로미터(프랜차이즈 회사에서 로자에게 할당한 구역 범위) 안에 자리잡은 모든 쿠폰 대리점에 전화를 걸어, 광고지 전면 계약을 하고 1년치 광고료를 미리 선금으로 지불했다. 쿠폰 대리점에서는 같은 사업 광고를 둘 이상 취급하지 않으므로, 일단 로자가 지면을 확보하고 나면, 건너편에 들어서는 가게의 광고는 거절할 수밖에 없게 되어 있었다. 하지만 그것만으로는 마음이 놓이지 않았다. 혹시 새 가게의 주인이 쿠폰 대리점 말고 새로운 홍보 루트를 개척할지도 모르는 일이 아닌가!

로자는 그 지역의 모든 신문에 반면 광고를 계약하고(그녀의 고객인 그래픽 디자이너의 도움을 받았다), 모든 중국 음식점과 세차장 로비에 설치된 게시판에 가게의 스티커를 비치해 두는 한편, 동네의 고등학교에서 '새로운 홈 오피스 설립'에 관한 강연을 하기로 학교측과 계약을 맺었다. 1백여 명 이상의 주민이 이 과정에 등록을 마쳤다.

1주일이 채 지나지 않아 그녀는 뚜렷한 대책도 없는 상태에서 2만 5천 달러를 써버렸다. 대부분의 이민자들처럼 그녀도 빚더미의 공포에 시달리기 시작했다. 현재의 현금 유동성을 감안해 볼 때 가게 수익으로는 단기간에 부채를 상환하기가 벅차다는 사실을 그녀도 잘 알고 있었다.

결과론적인 얘기지만, 경쟁 상대의 가장 확실한 광고 루트를 차단해 버리려는 의도로 시작한 로자의 새로운 마케팅 전략은 뜻밖의 효과를 나타냈다. 그녀가 전격적으로 작전을 실행한 날로부터 며칠 안 지나서 메일박스를 임대하려는 고객들이 줄을 이었다. 한 주일이 지나자 고객의 수가 세 배로 늘었다. 일 주일 뒤에는 메일박스가 모자랄 정도가 되었다.

다행히 옆 가게가 마침 임대료를 못 내서 비어 있는 상태라, 그녀는 곧바로 건물 주인에게 전화를 걸어 자기가 빌리겠다고 했다. 조금만 전화가 늦었더라도 이 가게는 부동산 중개업자의 임대 목록에 오를 뻔했다. 로자는 이전 세입자가 밀린 석 달치 임대료 말고도 150퍼센트 인상된 임대료를 지불했다. 두 주일 동안 그녀는 벽을 헐어 가게 면적을 두 배로 넓혔다.(건축업자 역시 그녀의 고객이었다.) 그리하여 로자의 메일박스 아울렛은 프랜차이즈 가맹점 사상 최대 규모에다가 연간 백만 달러가 넘는 최고의 수익을 올리는 기록을 남기게 되었다. 프랜차이즈 회사는 그녀의 가게를 연감에 올리는 한편, 그녀를 일컬어 '메일박스의 거물'이라고 불렀다.

그로부터 한달이 지난 어느 날 밤, 아이들이 잠자리에 들고 난 뒤 로자는 주방에 앉아 지역 신문을 읽고 있었다. 길 건너편에 새로 메일박스 서비스 아울렛이 들어서리라는 기사를 실었던 그 신문이었다. 신문의 파산 선고란에는 프랜차이즈 사업 경쟁업체의 이름이 눈에 띄었다.

●교훈 – 불안과 초조가 사업을 성장시킨다

로자의 두려움과 불안감이야말로 상상도 못할 성공을 안겨준 요인이었다. 사업에 대해 제대로 알고 있지 못하다는 두려움 때문에 그녀는 '탐욕스러운' 독서광이 되었고, 잠재적인 위험에 미리 대비하는 습관이 몸에 배게 되었던 것이다. 주변 모든 사물에 대해 관심을 기울이는 감수성에다가 업무에 대한 경험이 쌓여, "이건 그냥 빗방울이 나뭇잎을 흔드는 거야"라고 생각될 때도 잠재의식은 항상 "혹시 굶주린 여우 때문일지도 몰라"라고 말했던 것이다. 로자가 만일 "아, 그냥 애송이 하나가 길 건너에 들어오는 걸 가지고 뭘 그렇게 걱정인가? 우리 고객들이야 나하고 한두 해 거래한 게 아닌데. 그래도 아직은 이 동네에서 내 인지도가 높단 말씀이야. 나를 따라오려면 멀었지. 암, 그렇고 말고."라고 자기 최면을 걸면서 푹신한 의자에 파묻혔으면 어떻게 되었겠는가? 그랬다면 그건 정확한 사실에 기초한 판단이 아니라, 자기확신과 교만에 근거한 판단이었을 것이다.

사업을 하면서 현재의 상황에 만족해서는 안 된다. 현 상황이란 지금도 변하고 있기 때문이다. 로자가 '내면의 토끼'에 귀를 기울여 잠재적인 위협을 극복하고 승리의 전략으로 발전시킬 수 있었던 것은 아주 다행한 일이다. 그후 그녀의 마케팅 전략은 메일박스 프랜차이즈 사업의 성공적인 모델이 되었다.

자기 사업을 시작할 때, 매일같이 접하는 엄청난 정보와 자료가 그저 마음만 들볶을 수도 있다. 지역 신문의 '신규 사업자 목록'을 두세 번씩 검토할 사람이 누가 있겠는가? 하지만 시장과 경쟁자, 앞으로 닥칠 위험 등은 가장 사소한 자료에서 튀어나오는 수가 많다. 조만간 당신의 사업에 어떤 위험 요소가 등장할는지는 아무도 모른다. 로자는 바로 이런 '있을 수 있는' 위험에 미리 대처했던 것이다. 그녀가 매달 메일박스 고객에게 설문지를 보낸 것은 고객이 무엇을 원하는지를 제대로 이해하지 못하고 있다는 두려움에서 시작된 행동이었다. 이 점을 잘 기억해야 한다. 만일 그 설문지가 없었더라면, 로자는 새로운 경쟁자를 막아낼 수 있는 효과적인 방책을 마련하지 못했을 것이다. 항상 고객들과 접촉하면서 끊임없이 의견과 요구사항을 주고받은 결과, 주변 여건에 대한 감각을 키울 수 있었으며, 따라서 남보다 먼저 장애물과 위험 요소를 제거할 수 있었던 것이다.

혹시 자기 전화가 추적 당할지 모른다는 두려움 때문에 그녀가 미용실에서 전화를 걸었다는 사실은 또 하나의 교훈을 던져준다. 그야말로 편집증을 가진 사업가가 아니라면 이 정도의 '조심성'은 기대하기 힘들 것이다. 조금만 배짱이 있는 사업가라면 사무실이나 자기 집에서 전화를 걸었을 것이다. 만에 하나 발신지 추적이 되었다면 상대방에게 어떤 인상을 주었을까? 아마도 로자가 겁을 먹고 있다는 느낌을 주기에 충분했을 것이다. 그럼과 동시에 상대방은 대대적인 시장 공략에 나섰을 것이다.

여러 해에 걸친 고객들과의 의견 교환을 통해서 로자는 경쟁자를 제거하는 가장 확실한 방법을 알아낼 수 있었다. 그것은 바로 경쟁자가 가장 효과적인 마케팅 매체에 접근하지 못하게 미리 원천 봉쇄하는 방안이었다.

'모든 정치가 지역에서 비롯된다'는 말이 있듯이, 특히 로자의 서비스업과 같은 분야에서는 '모든 사업이 입소문에서 비롯된다'는 말이 사실이다. 최고의 비즈니스 정보는 당사자의 경험과 관찰과 고객들로부터 나온다(이 점이 가장 중요하다). 로자 역시 자신이 의존할 수 있는 수단이 지역 신문의 광고와 주민들의 입소문밖에 없다는 사실을 잘 알고 쿠폰 대리점을 십분 활용했던 것이다. 만일 다른 지역, 예컨대 뉴욕이나 워싱턴 같은 대도시라면 이 방법이 전혀 먹히지 않았을지도 모른다. 결국 시장에 새로 진입하는 경쟁자를 이기려면 그 지역에 대해 경쟁자보다 더 잘 알고 있어야 하는 것이다.

그럼 이제 수표를 발행하여 '광고 작전'에 쓴 로자의 결정에 대해 생각해 보자. 우선 용감한 결정이었다고 말할 것이다. 하지만 실제 벌어진 상황은 어떠했는가? 은행 부채에 대한 두려움보다 새로운 경쟁자에 대한 두려움이 훨씬 컸던 것이다. 해군 특무상사로 있는 친구 한 사람이 이런 말을 한 적이 있다. "난 말이지, 신병들이 적보다 나를 더 무서워했으면 좋겠어."

경쟁자에 대한 두려움에 직면했을 때, 성공적인 사업가들은 실패에 대한 두려움을 가장 우위에 두고 다른 문제는 그 다음에 생각한다.

경쟁자를 물리치고 전국적인 명성을 얻은 마당에 월계관을 쓰고 편안하게 앉아서 한동안 '순항'을 꿈꿀 수도 있었을 것이다. 하지만 몸에 밴 습관과 불안감은 로자를 그대로 놔두지 않았다. 로자는 전투에서 이기기가 무섭게 또 다른 걱정거리를 찾아냈다. 생산 설비를 늘려서 현재의 고객들은 물론 미래의 고객들까지 편리하게 공간을 활용할 수 있는 방안을 마련했다.

비즈니스 세계에서는 그 사업을 그만두는 날까지 불안과 초조가 끝나지 않는다. 사업에서 성공을 거두려면 불안과 초조가 몸에 밸 때까지 한시도 긴장을 늦추지 말아야 한다. 마음을 느슨하게 하고 '저절로 굴러가도록' 방치해 두는 순간, 자만한 토끼를 호시탐탐 노리고 있는 굶주린 여우의 공격을 불러들이고 만다. 모든 사업에서 성공을 향한 첫 걸음은 안도감을 버리고 마음속에 '불안한 토끼'를 키우는 일이다.

두번째 법칙

"왕관을 쓰면 머리도 무거워진다"

어느 사업가 한 사람이 이런 말을 한 적이 있다. "최종 책임을
질 일이 생기면, 고독이 시작된다."

해리 트루먼 대통령이 집무실에 걸어 놓았던 인생의 좌우명—
'최종 책임은 나에게 있다(The buck stops here)'라는 말을 기억하
고 있었으므로 그 말의 뜻을 금세 알 것 같았다. 그러나 우리는 사
업을 시작하고 나서야(마일즈가 머니헌트 프로그램을 시작하고 클
리프가 출판의 틈새시장을 파고들기 시작한 뒤에야) 비로소 이 말
의 참뜻을 이해할 수 있었다. 자기 사업을 시작하여 운영하는 일은
그야말로 매우 고독한 게임이다. 애써 자유를 판 대가가 외로움인
경우가 그 얼마나 많던가!

사업을 하고 있다면, 언제든 일하고 싶을 때 일할 수 있다. 하지

만 사업을 막 시작한 경우라면 사정은 다르다. 일하지 않는다면 그 사업을 하지 않는 것이며, 사업을 하지 않으면 돈을 벌지 못한다. 잠깐 쉬면서 책을 읽는다는 것은 곧 일하지 않고 있다는 것을 의미한다. 자기 자신이나 가족이 아무리 절실하게 원하는 휴가라도 일단 휴가를 쓴다면, 당신은 일을 하지 않는 셈이다.

물론 사업가에게도 개인 시간이 필요하다. 그러나 사업에 회사나 한 부서의 운명이 아니라 나 자신의 목숨이 걸려 있다면, 당연히 개인 시간은 뒤로 미룰 수밖에 없다. 언제라도 종업원을 고용해서 힘든 일을 처리할 수도 있지만, 그것은 곧 당신이 종업원의 임금과 복리후생비와 세금을 지불할 만큼의 돈을 준비해야 한다는 뜻이다.(내가 내 돈으로 종업원을 쓰는데 무슨 '세금'이 필요하냐고 반문한다면 아예 종업원을 쓸 생각을 않는 게 좋다!) 설령 종업원을 고용할 수 있을 만큼의 여유가 있다고 해도, '그저 시키는 일이나 하는 사람'에서 '사업체를 꾸려 나가는 사람'이 된다는 것은 그야말로 획기적인 도약이다. 그런데 사업가들은 이러한 도약을 제대로 하지 못해서 추락하는 경우가 많다.

정상에, 특히 바로 밑에 아무도 없을 때 더욱 외롭다

사업을 하면서 부닥치는 어려운 일 가운데 하나는 사업가는 고독한 사람이라는 점이다. 대기업에서는 이 고독감을 이사진이나 고위 경영진, 아니면 외부의 컨설턴트들과 나누어 가질 수가 있다.

하지만 창업 초기의 회사에서는 말할 상대가 전혀 없는 경우가 많다. 당연히 다른 사람들의 아이디어도 빌릴 수 없다. 임원 회의를 열어 합의를 이끌어낼 수도 없다. 사업 초창기에는 사장인 당신이 내리는 결정 하나 하나가 회사의 운명을 좌우할 만큼 중요한 것이다. 결정이 잘못 되면, 사장 자신 이외에는 아무도 희생양이 될 사람이 없다.

<세 명의 조연>이란 영화에서 래리 파인이 한 말을 기억하라. "이런 멍청한 놈. 정말 한심하군…… 이따위 바보짓을 다 하다니…… 어? 이런, 내가 저지른 일이네!"

허먼 블래지크

허먼 블래지크는 거친 느낌을 주는 이름과는 달리 부드럽고 그윽한 미소를 가진 사람이었다. 스물아홉이라는 나이에 어울리지 않게 머리가 약간 벗겨졌지만, 전혀 외모에 신경을 쓰지 않는 것 같았다.

그는 약혼자와 가족들뿐만 아니라, 그의 모교와 필라델피아 교외의 지역사회에까지 성실하기로 알려져 있었다.

허먼의 사업 계획은 아주 흥미로운 것이었다. 고분자 화합물을 연구하던 허먼은 화학 접착제를 이용해서 모든 직물을 99.9%까지 방수 처리할 수 있는 공정을 개발하여 특허를 따냈다.

허먼이 개발한 신공정은 직물의 입자를 한껏 부풀려 마치 완전히 물을 먹은 스펀지처럼 더 이상의 물질 흡수가 불가능한 상태로 만드는 것이었다. 그는 이 공정을 개발하는 동안에도 하버드 비즈니스 스쿨에서 MBA과정을 이수했다. 졸업한 지 이틀만에 그는 현장으로 달려가 나이키나 아디다스 같은 의류 회사를 상대로 자신이 개발한 직물의 판매에 나섰다. 이들 회사는 앞다투어 그의 신기술을 사들였다. 그의 일인(一人) 회사를 사겠다는 제의가 초창기부터 심심찮게 들어왔지만, 허먼은 최선을 다해 사업을 키워 보고 싶은 생각에 일언지하에 그 제안을 거절했다.

허먼이 사업 초창기에 내린 이 같은 결정은 훗날 그의 사업에 엄청난 영향을 미쳤다. 메이저 의류 생산업체에 특허를 양도하고 편하게 앉아서 매달 로열티 액수나 확인하는 직업 발명가처럼 행동하지 않고, 그는 자신이 독자적으로 개발한 특허 공정으로 직접 원단을 생산하고자 했다(그래야만 더욱 큰돈을 벌어들일 수 있다고 생각했기 때문이다). 처음에는 허먼의 판단이 옳았다. 특허 덕분에 그가 생산한 방수 원단은 비싼 값을 받을 수 있었으며, 그에 따라 의류 생산업체들도 소비자들에게 높은 가격을 부를 수 있었다. 사업 초기 2년 동안 허먼의 매출은 500만 달러나 될 정도로 탄탄했다.

1990년대 초, 세계적인 스포츠웨어 브랜드인 나이키, 콜럼비아, 에디바우어 등이 폭발적인 인기를 얻게 되면서부터 허먼에게는 새로운 기회가 찾아왔다. 유명 브랜드의 스포츠웨어 생산업체들이 제품 가격을 좌지우지할 정도로 전 세계 시장에서 막강한 영향력을 과시하고 있었다. 그러나 의류 생산업계에 등장한 이들이 이룩

한 규모의 경제로 소매가격이 하락하기 시작하자, 각 회사는 다투어 가격 인하 경쟁을 벌이기 시작했다. 소매 가격 인하 경쟁은 어쩔 수 없이 이윤의 감소로 이어졌으며, 줄어든 이윤은 다시 생산가에 압박을 가하게 되었다.

허먼은 대기업들에게서 계속 주문을 받는 일이 더 어려워지리라는 사실을 깨달았다. 그의 방수 천이 소비자에게 쉽게 먹히고는 있었지만, 높은 가격에 대한 불만의 목소리도 점점 커져가고 있었다. 특수 의류 판매가 부진해지자 일부 납품업체에서는 주문이 끊기기 시작했다. 잘 팔리지 않는 물건은 어쩔 수 없이 서서히 시장에서 도태될 수밖에 없는 상황이었다. 허먼은 이 과정을 '가지치기 과정'이라고 불렀다.

허먼의 회사에 어두운 그림자가 드리우기 시작한 것이 분명했다. 창업 전에 '프로패셔널 학도'였던 허먼의 삶도 이러한 흐름 앞에는 속수무책이었다. 그의 회사에 선뜻 거액을 투자하고 경영에 도움을 주던 부유한 가족들도 회사가 쇠퇴의 길에 접어들자 누구 하나 도와주려 하지 않았다. 그 지역 엔젤 투자자들이 이미 백만 달러 이상을 투자했음에도, 기반이 탄탄한 필라델피아의 경제인 연합회는 더 이상의 투자를 꺼렸다.

이제 허먼에게는 방수 천의 제조원가를 낮추는 것 외에는 달리 방법이 없었다. 이것은 곧 공장을 해외로 이전하는 것을 의미했다. 가능한 한 생산비용을 최대한 낮출 수 있는 곳을 찾기 위해 그는 중국, 말레이시아, 태국, 싱가포르로 출장을 갔다.

중국에서 그는 자신의 생산 공정에 맞춰 아주 싼값에 제품 생산이 가능한 업체를 발견했다. 이 제조업체는 수개월 전만 해도 주 정부 소유의 공기업이었는데 중국의 현대화 계획의 일환으로 사기업으로 탈바꿈한 상태였다. 중국 체류 이틀 동안 허먼은 주 정부 관리들, 그리고 그 지역 재단사협회 회원들은 물론 해당업체의 매니저들로부터 식사와 술대접을 받았다.

그는 중국 공장에서 자신의 특허 기술을 이용하면 기존 생산비의 70% 비용으로 기존의 제품과 거의 비슷한 수준의 제품을 생산할 수 있다는 만족할 만한 조사 결과를 얻었다. 더욱이 이 신기술에 매우 흥미를 느낀 그 회사는 허먼이 중국에 현지 공장을 세우면 중국 사람들도 투자하도록 하겠다는 의향서까지 만들어낼 정도였다.

이 투자의 조건은 아주 간단했다. 그가 제품을 생산하는 데 필요한 자본은 중국측에서 대고, 또한 그의 가족이 투자한 금액에 대해서도 안전을 보장하겠다는 내용이었다. 그러나 문제가 없는 것은 아니었다. 그가 회사의 주생산 라인을 해외로 이전하여 중국인들에게 생산을 맡기면, 사업을 이 정도까지 키우는 데 결정적인 도움을 준, 종업원이나 다름없는 그의 가족 세 명이 일자리를 잃게 된다는 점이었다.

허먼의 선택은 어려웠다. 독자 운영을 할 것인가, 동업을 할 것인가의 선택일 뿐만 아니라, 자신에게 든든함을 주는 가족 사업과 혼자서 해야만 하는 국제적인 합작 사업 중 어느 것을 선택하느냐 하는 문제이기도 했다. 그가 중국측의 제안을 받아들인다면 그것은 곧 그의 가족의 일자리가 없어지기는 하지만, 그래도 회사에 투자한 가족의 재산은 지킬 수 있다는 것을 의미했다. 그것은 허먼이 그리도 자랑스럽게 생각하던 'Made in USA'라는 레이블을 유지하느냐, 아니면 중국 공장에서 제품의 일부를 빼돌려 그의 상품 이미지를 실추시킬지도 모르는 모험을 감행하느냐 중 하나를 선택하는 문제였다.

중국에서 돌아오는 데는 비행기로 15시간이 걸렸다. 그러나 허먼에게는 너무도 길게 느껴졌다. 그는 이 기회를 잡느냐 마느냐의 선택에 대해 생각에 생각을 거듭했다. 중국측과 거래하지 않으면 그의 회사는 아무리 애써도 결국 쓰러질 것이며 그렇게 되면 별로 많지도 않은 가족의 전재산도 날리고 애써 마련한 가족의 일자리도 연기 속으로 날아가고 만다! 반대로 중국과 거래를 진척시킨다면 필라델피아의 투자자들이 심하게 눈살을 찌푸릴 것이고 그렇게 되면 그동안 지역 사회와 업계에서 쌓아올린 자신의 명예에 심한 손상을 입을 뿐만 아니라, 필라델피아 주민들도 앞으로 제2, 제3의 투자를 꺼릴지도 모르는 일이었다.

비행기 안에서 허먼은 잠이 오지 않았다. 그는 불을 켜고 혼자 중국 회사가 건네준 합작 투자 의향서를 검토해 보았다. 여기에 사인하면 개인적인 희생은 감수하더라도 회사는 살릴 수 있지만, 반대로 사인을 하지 않으면, 지역 사회와 업계에서 명예는 지키더라도 회사의 장래가 위태로울 수도 있다는 생각이 들었다.

그는 서류를 다시 한 번 읽어본 뒤 결국 사인을 하기로 결심했다. 비행기에서 내리는 허먼의 마음은 이미 필라델피아의 냉랭한 기운에 온몸으로 맞설 각오로 가득 차 있었다.

●교훈 - 믿을 사람은 나 자신뿐이다

허먼은 고독한 사업가의 고뇌를 그대로 보여주고 있다. 그는 가족과 모교, 사업 초기의 투자자들의 반대를 무릅쓰고 불확실한 길을 가기 위해 극동아시아행 비행기에 몸을 실었다. 그러나 그때는 어떤 결정도 안 된 상태였다. 돌아갈 길도 없고 길이라고는 오직 하나뿐일 때는 결정을 내리기가 쉽다. 하지만 돌아갈 길이 있으면 올바른 결정을 내리기란 그만큼 더 힘들어진다. 중국 회사가 허먼에게 생산비를 파격적으로 낮추고 기존 거래선과의 관계를 보전할 수 있는 방안을 제시했을 때, 그는 힘든 결정을 내려야 했다. 중국 출장에 동행한 사람도 없었기 때문에 결정 내리기가 더욱 힘들었다.

그는 대기업 의류업체들과 원만한 관계를 계속 유지하려면 제품의 단가를 현저하게 낮추어야 했으며, 이를 위해서는 해외 생산밖에 다른 대안이 없었다.

비즈니스의 세계에서는 쉽게 결정할 때도 있지만, 그렇지 않을 경우도 많다. 다른 많은 회사들이 주요 생산라인을 해외로 이전하고 있는 현실에서 'made in USA'라는 레이블만을 고집하는 회사도 많다. 첨단 기술과 고도로 숙련된 노동력이 요구되는 제품이라면 'made in USA' 전략이 잘 먹힌다. 그러나 특별한 기술이 필요없는 제품은 미국보다는 해외에서 생산하는 편이 훨씬 비용이 적게 든다.

허먼은 중국 측의 투자 제안을 전혀 예상치 못했으므로 이에 대해 충분한 사전 준비를 못한 상태였다. 시간적인 여유가 있다면 결정은 훨씬 쉬워진다. 중국행 비행기 안에서 모든 가능한 대안들을 놓고 그 가능성과 장단점을 하나 하나 살펴보았더라면, 중국측의 제안에 그 자리에서 OK했을지도 모른다. 그랬으면 고민은 훨씬 덜 했을 것이다.

어려운 결정을 내렸다고 해서 그것이 끝은 아니다. 시작에 불과할 뿐이다. 가족이 회사의 운영을 떠맡아 날마다 아슬아슬하게 넘어가느니보다는 생산비용을 절감하고 충분한 자본을 갖추는 것이 훨씬 중요하다는 점을 그는 깨달았던 것이다.

중국측으로부터 제안을 받을 당시에는 본인 스스로 그 제안을 받아들이고 싶은 마음이 없었겠지만, 필라델피아로 돌아오는 비행기에 오를 즈음에는 이미 중국측의 제안을 받아들일 결심이 어느 정도 선 상태였다.

비행기 안에서 그가 겪은 고뇌는 선택의 문제가 아니라, 자신의 선택을 가족과 투자자들에게 어떻게 설명할 것인가였다. 허먼은 즉석에서 중국측 의향서에 사인을 할 수도 있었고, 그랬다면 돌아오는 비행기 안에서 고민을 덜 할 수도 있었다. 그러나 그는 이 조용한 시간을 십분 활용해서 자신의 결정을 가족과 동료들에게 제대로 이해시킬 방법을 모색할 필요를 느꼈던 것이다.

혼자 힘으로 비즈니스에 뛰어들 생각을 하고 있다면, 잠시 동안만이라도 허먼의 경우를 생각해 보라. 사업을 하다 보면 그가 맞닥뜨린 것과 같은 홉슨의 선택(Hobson's Choice:마음대로 고를 수 없는 선택)을 놓고 결정을 내려야 하는 경우가 적지 않다. 즉 좋은 것과 나쁜 것의 선택이 아니라, 나쁜 것과 더 나쁜 것의 선택 말이다. 그건 그야말로 많은 신참 사업가들을 괴롭히는 고독한 과업이다. 그러나 결정은 내려야 하고 그에 따른 위험도 감수해야 한다. 편히 잠을 자든, 머리를 쥐어짜고 고민하든 믿을 사람은 나 자신밖에 없기 때문이다.

"피클이 주어지면 맛있게 해서 먹어라"

우리 모두는 어릴 적부터 "레몬이 주어지면 레몬에이드를 만들어 먹어라"는 말을 들어왔다. 그런데 뉴욕 출신인 우리는 피클을 좋아하니까, "피클이 주어지면 맛있게 해서 먹어라"라고 해야 맞을 것 같다.

사업가는 대부분 낙천주의자이다. 재계의 유명 인사들 또한 마찬가지이다. 그들은 신기할 정도로 사업에 대한 두려움을 창의력과 잘 조화시켜 주어진 기회는 무엇이든지 유익하게 만든다.

만일 사업가의 길을 선택한다면, 당신은 여러 가지 문제와 상황의 변화에 익숙해지지 않으면 안 된다. 거의 매일같이 다른 상황에 직면하게 될 것이기 때문이다. 중소기업을 운영하기란 그리 쉽지가 않다. 성공하는 기업가들은 문제가 생기면 그것을 그대로 받아들이고 심사숙고하여 핵심을 찾아내 그 속에 감춰진 비밀까지 낱낱이 파악해 낸다.

'망했다고 말할 때까지는 결코 망한 것이 아니다.' 문제가 제아무리 어렵고 상황이 제아무리 복잡하게 꼬였어도, 다른 각도에서 보고 다른 방법으로 접근하면, 끔찍한 것처럼 보이던 상황이 오히려 전화위복의 기회로 바뀔 수도 있기 때문이다.

산이 있으면 그저 올라가기만 하라

새로 창업을 하려는 사람은, 사업을 하다 보면 시련이 주기적으로 찾아온다는 사실을 잊지 말고 여기에 대비해야 한다. 사업 초기 2~3년 동안 너무 규칙적이라는 생각이 들 만큼 시련이 닥쳐오기 때문에, 많은 사람들은 마치 무슨 함정에 빠진 것으로 생각하지만 절대 그렇게 생각해선 안 된다. 보스턴의 노스 포인트 벤처스 출신의 데이비드 챔프만은 "사업을 새로 시작하면 처음 2년 동안에 회사의 사운을 걸 만한 결정을 서너 번쯤은 내린다"고 얘기한다.

어떤 문제에 부딪쳤을 때 어느 방향으로 가야 자신들이 원하는 길인가를 아는 사업가야말로 성공하는 사업가이다. 어떤 문제에 부딪치든 새로운 방향, 도전적인 방향, 결과적으로 수익이 나는 방향으로 가야 하기 때문이다.

클리프는 곧잘 이런 말을 한다.

"사업을 지속하게 만드는 동기는 오직 두 가지밖에 없다. 그것은 사업에 대한 두려움과 열정이다. 그 중에 두려움이야말로 가장 큰 요인이다."

클리프의 대학 친구 중에 정말 산을 좋아하는 친구가 있었다. 그는 나이 열일곱에 이미 뉴잉글랜드 북부 프레지덴셜 레인지의 주요 봉우리를 모두 등정했던 친구였다. 그의 등정 기록은 1960년대에 기네스북에 오를 만큼 대단한 것이었다. 그는 자신의 모험적인 삶에 대해 클리프에게 다음과 같이 말한 적이 있다.

높은 산을 오랫동안 바라보고 있으면, 그 산을 오를 이유가 전혀 없다는 생각이 간절하게 든다. 등반을 하다 보면 손으로 잡을 곳도 없고, 기적이 일어나지 않는 한 A지점에서 B지점으로 갈 수 있는 방법이 전혀 떠오르지 않는 경우도 많다. 높은 산의 정상을 오른다는 것은 배낭을 메고 피톤과 등산 장비에 몸을 맡긴 채, 눈앞에 보이는 가장 가까운 곳까지 올라간 다음, 끊임없이 한 손 한 손을 내밀어 되돌아올 수 없을 만큼 높은 곳까지 올라가는 것일 뿐이다. 두려움을 느끼는 지점까지 올라가면, 십중팔구 다음과 같은 일 중 하나가 벌어진다.

제대로 올라가고 있다면, 땅에서는 제아무리 성능 좋은 쌍안경으로도 보이지 않는 아주 작은 '잡을 것'이나 바위의 갈라진 틈도 눈에 훤히 보인다. 그리고 제대로 올라가고 있지 못하다면…… 지상 600미터 높이의 절벽에 매달려 있다는 두려움 때문에 더 높이 올라가지 않을 수 없다!

그가 들려준 이 말은 잊을 수 없는 이야기였다.

이 친구는 우연한 기회에 통신업계에 발을 들여놔 지금은 일약 스타덤에 올라 있다. 당신도 혹시 비즈니스 잡지에 그의 기사를 본 적이 있을 것이다.

남에게는 재미있는 일도 내게는 끔찍한 것일 수 있다

우리에게는 대체로 모험 정신이 없다. 인디아나 존스 같은 영화를 보면, 우리 같으면 냉방이 잘된 극장에 앉아서 꿈이나 꿔 보고 말 모험을 해리슨 포드는 기가 막히게 헤쳐나간다. 사업의 경우에는 특히 더하겠지만, 무슨 모험이든 재미가 하나라면 공포는 세 배이다. 따라서 사업가들은 어떤 식으로든 두렵고 어려운 일을 피하고 싶어한다.

사업가들이 두렵고 힘든 일을 피하는 방법은 첫째, 시도도 해보지 않고 그저 자일피일 미루기만 하다가 상황이 불리하다고 단정지어 버리는 것이다. 실제로 이런 경우가 상당히 많다. 물론 모든 상황을 자기한테 유리한 방향으로 극적으로 반전시키기란 쉽지 않다. 때로는 힘든 상황이 닥쳐도 죽을 생각을 할 게 아니라 살아서 또 다시 시도해 볼 기회를 기다리는 것도 중요하다.

독일 철학자 프리드리히 니체의 말을 인용해 보자.

"그것 때문에 나는 죽지 않는다. 더욱 강해질 뿐이다."

사업가들은 이 말의 앞부분만 읽어도 기분이 좋아질 것이다. 최소한 죽지 않는 것이 성공을 위한 첫걸음이다.

둘째 방법은, 썩어빠진 환부가 곪아터지도록 내버려두었다가 치료할 시기를 놓치고 나서야 비로소 처방을 구하는 것이다. 속이 다 썩어 문드러지도록 상처를 그대로 내버려둔다면 의사와 약사만 이롭게 하는 것이다. 정말로 어려운 상황에 빠졌을 때는 이렇게 생각해야 한다. "하느님 감사합니다. 사태가 비교적 더 악화되지는 않는군요. 현재 돌아가고 있는 상황에 대해 어찌 손을 써야 할지 몰라 잠시 걱정을 하고 있었는데 말입니다. 이 시련을 기꺼이 현실로 받아들이렵니다."

처음에는 이 말을 하자니 쑥스럽겠지만, 한번 직접 말해 보라. 훨씬 느낌이 나아질 것이다. 마음을 차분히 가라앉혀 정신을 집중하게 되면, 도저히 해결이 불가능할 것 같은 문제 속에서 숨은 답을 찾을 수 있다.

다음 같은 경우에 기억해 두면 좋다

▶내일 아침까지 납품기일을 맞춰 주어야 하는 큰 주문이 있는데, 포장기가 고장이 났다. 그런데 부품 상가들은 모두 문을 닫을 시간이다.

▶직원 중 한 명에게 새로운 고객과 중요한 상담을 하도록 일을 맡겼는데 그가 전날 밤부터 40도의 고열에 시달리고 있다.

▶벤처 투자 회사로부터 들어올 자금에 잔뜩 기대를 걸고 있었는데, 당신의 사업에 호의적이던 담당자는 보다 나은 직장으로 자리를 옮겨 버렸고 새로 온 직원은 당신의 사업이 곧

망할 것처럼 생각하고 있다.

▶가장 잘 팔리는 제품의 주원료가 연방 정부 혹은 주정부의 아동 안전 관리법에 위배되는 것으로 드러나자, 전국 각지의 대리점들에서 반품을 요구하고 나섰다.

제이콥 로젠즈와이그

제이콥 로젠즈와이그는 도시 빈민가 출신 동네꼬마의 이미지를 가진 사람이었다. 환경이야 어떻든 그는 길거리에서 스틱볼 게임을 하거나 기마전에 앞장 서서 놀다가 옥상에서 엄마가 저녁을 먹으라고 고래고래 소리를 질러야 겨우 집으로 들어가는 타입의 아이처럼 보였다.

캘리포니아 북부 작은 도시의 치과 의사 아들로 태어난 제이콥은 순수한 열정이 넘치고 주위 사람들에게 따뜻함을 주는 인물이었다. 그가 가장 잘 쓰는 밀은 "좋—아, 좋—아"였다. 그의 가족들은 모두 안식일을 꼬박꼬박 지키는, 아주 신앙심 깊은 사람들이었다.

제이콥은 트레이드 쇼에 일가견이 있었다. 물론 커다란 부스를 빌릴 능력이나 멋진 양복을 사 입을 능력도 없었다. 그는 유행이 지난 양복에다, 주행거리가 10만킬로가 넘는 중고차를 몰고 다니며 네온사인이 거의 다 망가진 모텔에서 머물곤 했다. 그러나 트레이드 쇼에서는 언제나 이 사람 저 사람을 만나 자기 부스로 데려가서 새로운 구강 위생 제품을 보여주곤 했다.

제이콥의 회사인 케어프리 사(社)는 구강 위생 제품 업계에서는 별로 유명하지 않은 회사였다. 그는 자신의 유일한 후원자인 아버지의 도움을 받아, 몇 가지 플로싱 제품과 새로운 치약을 두 가지 개발해 냈다. 칫솔과 치실을 결합한 신개념의 제품으로 제이콥은 업계에 이름을 알리게 되었다.

그러나 그는 처음부터 구강 위생 사업에 뛰어들 생각은 아니었다. '미스터 칫솔'이 되기 전에 제이콥은 안 해본 일이 거의 없을 정도여서 '미스터 잡동사니 상인'이라고 불렸다. 소련 연방이 해체되기 전, 베를린 장벽이 막 붕괴되던 시기에 대학을 졸업한 그의 전공은 러시아어였다. 제이콥은 언젠가는 옛 소련 연방 국가들을 방문할 기회가 오리라고 생각했다. 하지만 어디서 어떻게 기회를 잡을 것인가? 이런 질문들에 뾰족한 답도 없으면서 그는 무작정 모스크바로 날아갔다.

구소련 연방국가들을 몇 차례 여행하면서 그는 구상무역이라는 것을 배웠다. 그에게는 생소한 단어였다. 과거 소련 연방에 속했던 국가들, 특히 소련 연방의 해체로 태어난 신생국들은 대금 지불 능력이 없었다. 그러나 미국으로 가져가 되팔 수 있는 방한용품은 지천으로 널려 있었다.

그래서 제이콥은 연속적으로 물건을 사고파는 구상무역을 하게 되었다. 헝가리에서 보드카를 사서 러시아에 털모자(붉은 광장에서 노동절 행사 퍼레이드를 벌이는 군인들이 쓰고 있는 모습을 본 적이 있을 것이다!)를 받고 팔고, 이를 다시 가죽 제품을 받고 영국에다 팔고, 또 다시 이것을 브랜디를 받고 불가리아에다 팔고 하는 방식이었다.

이 멋진 연속적인 무역거래가 어디에서 끝나든 현금만 있으면, 모든 것은 문제가 없었다. 그러나 무역을 계속하다 보니 현금이 딸리는 경우도 많았다(방한용품이 특히 그랬다!). 그럴 경우에는 엄청난 양의 물건을 처분하는 방법을 찾아야 했다. 그리고 다른 한편으로는 부두에서 기다리는 채권자들(주로 친구와 가족들)을 어떻게 처리해야 할지 머리를 짜내야 했다.

소련 연방에서부터 시작하여 동유럽과 투르크메니스탄에 이르기까지 치즈 - 보드카 - 스니커즈 - 칫솔 식으로 구상무역을 하고 있던 제이콥은 어느 날, 칫솔이 가득 담긴 컨테이너 두 개를 앞에 둔 채 현관 계단에 우두커니 서 있었다. 그의 수중에는 현금 한푼 없었다. 유라시아의 코카서스 산악 지방에서 나는 털로 만든 칫솔이 가득한 이 컨테이너만이 전재산이었다. 그러나 제이콥은 생각이 있었다.

그는 다시 비행기를 타고 이칸사스의 벤토빌로 가서 월마트의 구강 제품 구매 담당자를 만났다. 20분도 지나지 않아 그는 자기가 갖고 있는 칫솔 모두를 팔고 나왔다.

벤토빌에서 돌아오는 비행기 안에서 제이콥은 불현듯 생각이 들었다. '지금까지 하던 잡다한 사업을 구소련 연방 국가들로 모두 집중시켜 월마트와 같은 대형 할인점에 미끼상품으로 팔아먹을 수 있는 물건을 공급하면 경험도 쌓고 사업도 하고 친구와 친척들에게 진 빚을 모두 갚을 수 있겠다.'

칫솔을 납품한 지 1주일만에 그는 케어프리 사(社)를 설립했다. 당시는 메이저 회사들이 신제품을 내놓고 값비싼 가격 경쟁을 벌이는 상황이었다.

이런 회사들은 대부분 수억 달러의 광고 예산을 책정해 놓고, 특판 행사나 신제품 광고에 2천만 달러를 쏟아붓는 일을 예사로 생각하고 있었다.

이 정도라면 작은 회사들은 당장 망하고 말았겠지만, 제이콥의 사업은 놀랍게도 별 영향을 받지 않았다. 메이저 회사가 신제품을 출시할 때마다, 그는 코카서스 산악 지대의 사람들을(대부분 농사를 짓고 사는 이 지역의 사람들에게 그는 휴대폰을 지급했다) 열심히 독려해서 훨씬 싼 가격에 유사품을 내놓았다.

제이콥의 사업은 법적으로 전혀 문제될 것이 없었다. 칫솔 시장에서는 특허권 보호를 받을 만한 새로운 특성이 거의 없었기 때문에, 제이콥은 가능한 한 신속하게 유사품을 만들어 싼 가격에 시중에 내놓았다.

그러다 얼마 지나지 않아 우연히 케어프리 사도 자신들만의 상품을 만들게 되었다. '플로스 칫솔'이라고 불리는 이 제품은 보통 칫솔과 모양은 같았지만 칫솔 손잡이 부분에 플로스를 몇 줄 감아 놓은, 제법 특이한 칫솔이었다. 칫솔을 잡으면 플로스의 감촉을 느낄 수 있고, 플로스가 다 닳게 되면 소비자는 새 칫솔을 살 때가 되었다는 것을 알려주는 이 칫솔로 특허를 따냈다.

이 사업에서 한 가지 주의해야 할 것은 제품을 해외에서 만들어야 한다는 점이었다. 제이콥은 이 문제를 장애물로 생각하지 않고,

오히려 자신의 독특한 제품을 시판할 꿈에 부풀어 흥분을 느끼며 일을 추진하기로 마음먹었다. 그는 플로스 칫솔을 생산할 수 있는 업체를 구소련 연방 국가들 중 가장 가난한 나라인 알바니아에서 찾아보았다. 생산비가 가장 쌌기 때문이었다.

나중에 밝혀졌지만, 알바니아의 생산업체는 플로스 칫솔을 생산할 만한 능력이 없었다. 그들은 조립시설을 현대화시키기 위해 제이콥이 빌려준 자금을 알바니아 정부를 파산으로 몰고가 떠들썩했던 피라미드 사기로 모두 날려버렸다. 그는 번번이 제품의 시판을 연기하면서까지 버텨보았지만, 결과는 전혀 쓸모없는 수준 미달의 제품만이 도착했을 뿐이었다.

제이콥은 신제품에 백만 달러 넘게 투자하고도 발목을 잡힌 꼴이 되었다. 거의 파산 지경이었다.

그러나 제이콥은 생산을 포기하지 않았다. 그는 기존의 거래선을 이용하여 다시 플로스 칫솔을 생산할 방안을 모색했다. 사실상 유럽에는 그런 제품을 팔 수 있는 시장이 있었다. 한 가지 난관이 있다면, 생산업체뿐만 아니라 판매회사도 EEC(유럽경제연합) 회원국에 그 근거지를 두어야 한다는 점이었다. 마침 일이 잘 풀리려는지 생산비용이 저렴한 스페인과 그리스가 그때 막 EEC에 가입을 했다.

제이콥은 곧바로 생산라인을 스페인의 회사로 돌렸다. 그리고 여기서 생산된 제품을 네덜란드의 판매회사를 통해 유럽 대륙 전역에 판매하기 시작했다. 그는 배후판매전략—알바니아 회사에서 재료를 만들면 그것을 그리스를 거쳐 스페인 공장에서 조립하는 방법—을 밀고 나갔다. 플로스 칫솔의 유럽 판매가 호조를 보이자 그는 미국에서의 실패로 입었던 손실을 메우고도 남을 만큼의 수익을 얻었다. 곧이어 미국의 회사들도 호화 수입품의 일종으로 플로스 칫솔을 구매하기 시작했다.

거의 3년 동안 그의 사업은 탄탄대로를 달렸다. 그러던 어느 날, 적당한 투자 대상을 찾고 있던 어떤 큰 회사가 그에게 접근을 해왔다. 이 회사는 제이콥의 회사처럼 성장 가능성 있는 회사에 자본을 대는 투자 펀드를 별도로 운영하고 있었다. 제이콥은 그 회사의 대표와 여러 차례 만나 자신의 사업전략과 방법, 계획 등에 관하여 하나 하나 설명을 했다.

제이콥은 그 회사의 임원들과 돈독한 관계를 유지하면서도, 한편으로는 자신만이 알고 있는 회사의 기밀이 사적인 인간 관계 때문에 유출되지나 않을까 염려스러웠다. <월스트리트 저널>을 읽고 있던 어느 날, 그가 가장 우려하던 일이 현실로 나타났다. 벤처 캐피털 투자 회사의 회장이 국제 시장의 경기 침체로 그와의 거래에서 손을 떼겠다는 통고를 해왔다(사실 그때까지 진척된 일은 아무것도 없었다).

이 소식을 들은 제이콥은 속이 뒤집혔다. 자신의 사업전략과 방법에 대하여 많은 기밀을 건네받은 사람들이 이제 관계를 끊으려고 하고 있었다. 하루종일 천장만 바라보며 침대에서 하루를 보낸 제이콥은 다음날 마음을 단단히 먹고 평소에 좋은 관계를 유지하고 있던 그 회사의 임원 한 사람을 찾아갔다. 제이콥은 조용하고 진지하게 하나씩 물어보았다. 그 회사의 회장은 속마음을 제이콥에게 모두 털어놓지 않은 것이 분명했다. 그 회사는 아직도 투자를 할 의향은 있으되 소주주가 되느니보다는 아예 회사 전체를 사들이기를 바라는 것 같았다.

제이콥은 성급하게 회사를 매각할 계획이 없었지만, 정식으로 서류도 작성하지 않은 상태에서 다른 회사에 자기의 은밀한 곳까지 보여주는 실수를 범하고 만 셈이었다. 만약 그들이 다른 회사를 먼저 인수했다면, 그 기밀이 금방 다른 회사에도 퍼졌으리란 생각이 들었다. 그는 벌떡 일어나며 한 가지 방안을 제시했다.

"아, 그건 문제가 없습니다. 생각하신 대로 하시되 방향만 좀 바꾸시죠. 사실 저희도 방향을 조금 수정하려고 합니다. 지금까지 협상을 진행하는 동안 그쪽에서 저희 회사를 매각할 의향이 있는 것으로 알고 있습니다. 이제 그 일을 추진해야겠다는 생각이 듭니다. 그동안의 정도 있고 하니까, 투자하시려던 액수와 똑같은 액수에 전체 주식을 팔겠습니다. 단 한 가지 조건이 있습니다. 30일 이내에 대금을 지불하셔야 합니다. 되겠습니까? 그럼 나중에 연락을 주십시오. 연락이 없으시면, 가장 좋은 조건을 제시하는 사람에게 팔겠습니다."

그 회사로부터 하루도 지나지 않아 답이 왔다. 그리고 곧 이어 현금 1500만 달러와 신제품 홍보 예산으로 200만 달러를 지불하겠다는 약정서를 보내 왔다.

"일을 처리하는 방식이 마음에 드는군요. 이제 거래는 끝났습니다. 그런데, 트레이드 쇼에 내놓을 칫솔이 필요하시지는 않습니까? 제게 한 상자가 있기는 한데……."

●교훈 - 어떤 물건이든 살 사람은 있다

제이콥은 사업에 도전했다기보다 사업이 하나의 습관처럼 몸에 밸 때까지 장사란 장사는 다하고 하루하루를 열심히 살다가 마침 내 성공한 사람이었다. 그도 사업이 너무 빨리 쉽게 이루어지는 게 아니냐는 의심이 들 때도 있었다. 그럴 때면 그는 직감적으로 무언가 잘못되고 있다는 것을 알아차리곤 했다. 결국 문제가 터져도, 그는 느긋한 마음으로 평상시처럼 일을 했다.

사업을 하다 보면, 어디로 난 길인지도 모르는 채 그 길로 들어서지 않으면 안 될 때가 많다. 상황을 제대로 분석할 시간이 항상 충분한 것은 아니기 때문이다. 사업은 여러 가지 면에서 게임과 같다. 체스를 시작하여 겨우 말 두 개를 움직여 놓고서는 그 결과가 최종적으로 어떻게 나올지 아는 사람은 아무도 없다. 제이콥은 순리대로 하기로 마음먹었기 때문에 모든 사업이 빠른 시간내에 정상 궤도에 오를 수 있었다.

물론 몇 평생을 쓰고도 남을 만큼의 낙타 칫솔만 재고로 남기고 주저앉을 위험이 그에게도 있었다. 그러나 제이콥이 일찍 터득한 진리는 열심히 찾아보면 어떤 물건이든 살 사람은 꼭 있으며, 그게 바로 사업이라는 것이었다.

세계적인 메이저들과 가격으로 경쟁하겠다는 그의 결심은 정말 보통 배짱으로는 불가능한 일이었다. 그의 회사처럼 작은 회사들은, 규모의 경제를 이루어 생산 단가를 낮출 수 있는 큰 회사들에 먹히는 게 보통이다. 그러나 제이콥에게는 거대 회사와 싸워 이길 수 있는 능력이 있었다. 그의 유창한 러시아어 실력과 구소련의 구석구석까지 다니며 닦아놓은 폭넓은 거래선은 큰 회사들이 생각할 수 없을 만큼 더 빠르고 싸게 칫솔을 대량생산하는 데 많은 도움이 되었다.

제이콥의 얘기가 주는 교훈은 사업가가 곤경에 빠졌을 때 대처하는 자세이다. 알바니아의 생산업체가 기준 미달의 제품만을 산더미처럼 쌓아 놓고 무너졌을 때, 그는 크게 두려워하거나 걱정하지 않았다.

제이콥은 이런 상황을 오히려 회사의 자산과 능력을 다른 부문에 투자할 방향 전환의 계기로 보았다. 머지 않아 제품의 품질 문제에 부딪힐 것이 예상되는 미국 시장에서의 판매를 고집하지 않고, 유럽 시장에 판매의 초점을 맞추었다. 그는 구소련에서 나는 원료로 만든 제품은 유럽시장에서 상당한 반향을 불러일으키리라는 점을 간파하고 있었다. 뿐만 아니라, 수준 미달의 제품이라 하더라도 곧 유럽에서 미국으로 비싼 값에 수출이 되리라는 점도 알고 있었다.

어떤 사업에서든 성공을 하려면 다음의 두 가지를 항상 염두에 두어야 한다. 첫째, 당신의 제품과 서비스를 판매할 수 있는 시장은 분명 있다. 둘째, 당신은 제품과 서비스를 판매하여 이익을 남길 수 있다.

벤처 투자가들이 제이콥의 사업에 관심을 보이기 시작하자 그는 돈 한 푼에 관심이 있는 사람은 열 푼에도 관심 있으리라고 생각했다. 특히 그들이 새로운 칫솔에 1700만 달러를 선뜻 투자하려고 할 때 그 사실을 알았다. 사업가들은 종종 투자가들이 자신의 사업에 관심을 표명한다는 사실 자체에 너무나 감격한 나머지 눈앞에 놓인 엄청난 돈을 놓쳐 버리는 경향이 있다. 당신의 사업을 성장시키기 위하여 정말로 원하는 것을 요구하지 않는다면 그것을 가질 수가 없다.

분명한 것은, 현금 1500만 달러에다가 홍보 비용 200만 달러를 갖고 당신은 정말 많은 피클을 살 수 있을 것이다.

네번째 법칙

"밀어붙일 때는 인정사정 볼 것 없다"

"무모하다고 할 정도로 밀고 나가라"라는 말이 그리 좋은 말은 아니다. 그러나 무모할 정도의 추진력은 성공한 사업가에게서 흔히 볼 수 있는 특성 중의 하나이다. 그 의미는 무엇일까? 그것은 어떤 목표를 정한 뒤에는 감옥에 갈 정도의 범법행위만 아니라면 가능한 모든 수단을 동원하여 저돌적으로 일을 추진하는 모험심을 의미한다.

▶무모할 정도로 저돌적인 사람은, 다른 사람들이 자신들에 대하여 어떻게 생각하든 전혀 개의치 않고 상황에 맞게 대처한다. (다른 사람들의 평가에 너무 민감한 반응을 보이는 사람들은 사업가의 자질이 별로 없다.)

▶무모할 정도로 저돌적인 사람은, 다른 사람들이 자신을 미친 놈 취급을 하든 말든 전혀 개의치 않고 상황에 맞게 대처한다. (제정신의 정상적인 사람은 결코 백만장자가 될 수 없다. 고작 해봐야 그들은 그저 대기업 중견간부나 될 것이다.)

▶무모할 정도로 저돌적인 사람은, 다른 사람들에 대하여 부정적인 충동, 예를 들어 '내가 성공해서 다른 회사를 모두 싹 쓸어 버려야겠다'는 것과 같은 오기를 부리지 않고 그저 상황에 맞게 대처한다.

'무모하다고 할 정도로 저돌적으로 밀고 나가라'라는 말이 혹시 당신의 가치관에 걸맞지 않아 거북스럽다면 보다 친근한 느낌을 주는 말— '헌신적이다'라든가, '목표지향적이다'라든가, '의지가 굳다'라든가 '집중력이 높다'라든가 하는 말들로 바꾸어도 좋다. 우리 생각에는 '무모하다고 할 정도로 저돌적이다'라는 표현이 좋다. 그것은 성공한 기업인들의 특성을 가장 잘 나타내주는 말이기 때문이다.

무엇이 옳고 무엇이 그른가?

이 책에 실린 룰 중에 가장 지키기 어려운 룰이 있다면 바로 이것이다. 우리 대부분은 자신이 윤리적으로 훌륭한 사람이라고 생각한다. 따라서 '무모하다고 할 정도로 저돌적이다'라는 단어는 보통 우리 스스로가 잘 쓰지 않는 단어다.

그러나 회사를 키우다가 실패하는 이유는 법적인 문제나, 마케팅 혹은 재정상의 문제 때문이 아니다. 창업자가 결과에만 너무 연연하거나 다른 사람들의 시선을 너무 의식하여 어려운 난관을 뚫고 나갈 배짱을 갖지 못하기 때문이다. 창업을 하는 사람은 목표를 향해 저돌적으로 밀어붙여야 할 때는 뒤로 물러서지 않겠다는 각오를 단단히 할 필요가 있다.

사람들은 종종 무모할 정도로 저돌적인 사람이라는 평을 듣기 싫어서, 사업을 망치는 한이 있어도 그렇게 하지 않으려고 무척 애를 쓴다. 사업가가 추진력이 부족하여 사업 기회를 놓치거나 혹은 외부의 압력에 굴복하고 나서 둘러대는 핑계는 흔히 이렇다.

"나도 X, Y, 혹은 Z를 해서 그 상황을 모면할 수 있었어. 하지만 내 체면이 있잖아. 내가 그런 사람이라고 알려지는 게 싫어. 그래서 안 한 거야."

오해하지 마라. 사업을 한다고 비윤리적인 행동을 해도 된다는 말이 아니다. 사업 경쟁이 너무 치열해져서 제살 깎아먹기 식이 된다면 결국 모든 사람이 함께 손해보게 된다. 그러나 우리의 경험으로 볼 때 사업에 실패하는 사람들은 대부분 윤리적인 것과 소심함의 차이를 구별하지 못하는 실수를 범한다.

저돌적인 추진력에 대하여 그럴듯한 이유를 붙이기란 쉽다. 다른 사람들이 당신이 사업상 한 행동에 대하여 불평하거나 부정적인 얘기를 한다면 그저 이렇게 얘기하면 된다.

"미안합니다. 사업을 하다 보니 그리되었습니다."

사람들은 자신들이 먼저 그 방법을 생각해 내지 못했기 때문에 질투하는 것이다.

"필요는 발명의 어머니"라는 속담이 있다. 선택의 여지가 없을 때 저돌적으로 나가기는 쉽다. 당신이 슈퍼마켓에서 아이와 함께 있다가 잠시 물건을 고르다 보니 어떤 낯선 사람이 애를 안고 밖으로 급히 도망친다고 가정해보자. 이 경우 당신은 아이를 보호하기 위해서는 총알을 맞는 한이 있어도 저돌적으로 달려들 것이다.

사업도 똑같다. 당신의 아이나 다름없는 사업을 누군가가 뺏어 가도록 내버려두었다면, 당신은 사업을 지키기 위하여 무슨 일이든 할 각오가 되어 있지 않은 사람이다. 아니면 잔인하고 흉악한 짓을 하는 것은 비윤리적이라고 생각하는 사람일 것이다. 문제를 해결하고 회사를 살리기 위해 100% 자신을 던질 수 있을 만큼 사업에 대해 관심이 없고, 사업보다는 자신의 명예나 이미지 관리에 더욱 관심이 있다는 점을 솔직히 시인해야 한다.

다음 같은 경우에는 무모할 정도로 저돌적으로 밀고 나가라

▶오랫동안 함께 일했지만 이제는 더 이상 제대로 일을 못하는 사람은 과감히 해고해야 한다.

▶합법적으로 쉽게 할 수 있는 일인데도 심각할 정도로 경쟁력을 잃고 있다.

▶현재의 지출이 수입을 초과한다.

▶거래처에서 원가 이하로 납품하도록 터무니없는 요구를 한다.

로코 달레산드로

로코 달레산드로는 신생 회사에 투자하는 식으로 남들과 다른 방법으로 수백만 달러를 번 사람이다.

그는 시카고의 사우스사이드에서 태어나 그곳에서 자랐지만 고등학교를 마칠 때까지는 변변치 못한 사람이었다. 그의 꿈은 그저 트레일러 트럭 운전수가 되는 것이었다. 그는 위험한 화학약품이나 산업폐기물, 액화질소, 폭약, 혹은 중독성 물질을 운반하는 트럭 운전사로 20년을 일했다.

흔히 현장에서 자살특공대라고 불리는 이러한 트럭운전사들은 블루 칼라 노동자로서는 보기 드물게 높은 보수를 받는다. 그러나 이 분야에도 감원 열풍이 불어닥쳤다. 만약 쏟아지기라도 하면 끔찍한 참사를 일으킬지도 모르는 위험 물질을 운반한다는 것은 몹시 긴장된다. 사소한 오판으로 사고가 나면 독성 물질이 쏟아져 폭발하고 대부분 유독가스가 배출되어 체르노빌 참사와 같은 대형 참사가 초래되기 십상이었다.

솔직히 말해, 이러한 자살특공대의 역할은 젊은이들에게나 어울리는 일이었다. 일단 어느 정도 나이가 되면 사람의 체력과 반사능력은 과거와는 현격히 떨어진다. 보통 35세가 넘으면 대형 사고의 위험성은 매년 더욱 증가한다.

1980년대 초에 로코의 나이는 마흔이었다. 그도 이 일을 더 이상 계속할 수 없다는 사실을 알고 있었다. 회사에서도 그에게 사직서를 내라는 압력을 가하고 있었다. 그는 회사에 사무직을 요구했지만, 자리가 나지 않았다. 더군다나 회사 규정상 사무직에는 대 졸 학력이 필요했다. 그러나 그는 졸업장이 없었다.

몇 차례의 타협 끝에 회사는 그가 거절할 수 없는 명퇴조건을 제시했고, 결국 그는 트럭 운전사 일을 그만두고 새로운 일을 하기로 결심했다.

몇년 동안 가족과 떨어져 길에서 살다시피 한 그는 아내를 사업 파트너로 삼아 함께 일을 하기로 작정했다. 새로운 소매업을 시작하기 위해서는 성공에 필요한 사업계획을 세워야 했기에 프랜차이즈 사업 광고를 유심히 읽어보았다. 몇몇 프랜차이즈 전문 회사와 상담을 한 뒤 1982년, 그들은 홈 비디오 테이프 대여점을 시작하기로 결정했다.

당시의 비디오 대여점은 지금과는 달리 부부 둘이서 운영하는 소매업의 일종이었다. 그 당시 미국 전역에 수없이 많이 생긴 비디오 대여 체인점은 모두 똑같은 방식으로 운영이 되고 있었다. 비디오 대여점의 회원이 되려면 고객은 입회비를 내야 하고 월 혹은 년 단위로 회원의 자격이 바뀌는 방식이었다. 연회비는 대략 50~100 달러 정도였고, 하루 대여료는 7~10달러 정도였다.

그런데 가게들이 모두 작았으므로 고객들은 원하는 비디오를 빌리기가 쉽지가 않았다. 그러나 친절한 가게에서는 카탈로그를 비치해 두고 손님이 원하는 프로를 주문 받아 대여해주곤 했다. 원하는 프로를 보려면 2일 내지 2주일을 기다려야 하고, 빌리려는 사람이 많아 24시간 내에 반환해야 하는 상황이었다.

로코는 시카고 교외의 중산층 거주지역에 프랜차이즈 비디오 대여점을 오픈했다. 몇년 동안 로코와 그의 아내는 가게를 제법 잘 꾸려나갔다. 로코는 신도 수가 2천 명이나 되는, 그 지역에서 가장 큰 교회의 집사로서 독실한 신앙생활을 하고 있었기에 누구보다도 큰 자긍심을 갖고 있었다. 그는 교회의 주보에 대여점 광고를 게재하여 기대 이상의 효과를 보았다.

가게를 연 지 6개월만에 월 평균 2만 달러의 매출을 올렸다. 프랜차이즈 대금과 공과금 및 기타 비용 또한 1만5천 달러나 되었지만 고졸 출신의 트럭 운전사였던 그에게는 그리 나쁘지 않은 수입이었다.

물론 이 사업은 오래가지 않았다. 1988년, 그가 가게를 연 지 5년 후, 그는 지방 신문에 실린 기사를 읽고 마음이 심란해졌다. 그 기사의 내용은 블록버스터 비디오라는 회사가 로코의 가게 바로 아랫길에 대형 비디오 대여점을 곧 오픈한다는 것이었다. 로코는 처음에는 별로 개의치 않았다.

그러나 막상 블록버스터 비디오가 문을 열자 사태는 심각해졌다. 로코의 가게와는 달리 그 가게에서는 연회비도 받지 않을 뿐더러 대여료도 하루에 고작 2~3달러뿐이었다. 그 가게의 크기는 대형 창고 수준이었고, 로코가 고작 200여 편의 비디오 테이프를 갖고 있는 데 비해 수천 편의 비디오 테이프를 갖고 있었다. 또한 고객이 원하는 비디오가 없으면 그 가게에서는 24시간 안에 배달을 보장하고 있었다.

로코는 블록버스터 비디오 가게와는 경쟁할 수 없다는 사실을 알고 있었지만 그래도 단골 손님들은 자기 가게로 오리라는 기대만으로 계속 밀고 나갔다. 그러나 현실은 정반대였다. 블록버스터 비디오 가게가 문을 연 지 두 달만에 로코 가게의 월매출은 무려 절반으로 곤두박질쳤다. 프랜차이즈 대금조차 낼 수 없는 형편이었다. 로코는 프랜차이즈 본사를 찾아가 도움을 요청했다. 그러나 본사의 답변은 그의 기대와는 전혀 달랐다.

"로코 씨, 미안합니다. 블록버스터 때문에 전국에 있는 우리의 프랜차이즈 비디오 대여점이 다 망하게 생겼습니다. 저희도 부도가 날 지경이고요. 5천 달러를 내시면 모든 프랜차이즈 계약을 무효로 해드리겠습니다. 그러면 다른 업종을 하실 수 있을 겁니다."

로코는 많이 배우지는 못했지만, 어리석지는 않은 사람이었다. 가게를 꾸려나가기도 힘이 부치는데 계약을 취소하려고 5천 달러씩이나 낼 생각은 없었다.

이 상황에서 그는 어디에서 비디오 테이프를 구할 것인가? 어떻게 하면 블록버스터의 대량 광고와 홍보 비용을 충당할 수 있을 것인가?

그는 거의 미칠 지경이었다. 자식이 둘이나 대학에 다니고 은행 대출 이자 또한 만만치 않은 상황에서 그가 할 줄 아는 일이라고는 트럭 운전과 비디오 대여점 운영뿐이었다. 말 그대로 사면초가였다. 임대료, 은행이자, 신용카드 대금, 사채 등 모든 것이 연체에 몰렸다. 나약한 사람이었더라면 그는 모든 것을 포기하고 파산 신청을 한 뒤 패스트푸드점에서 햄버거나 나르거나 야채가게에서 점원 노릇이나 했을 것이다.

그러나 로코는 원래 강인한 성격의 소유자였다.

어느 날 밤, 일을 마치고 집으로 돌아가던 중 좋은 아이디어가 떠올랐다. 기발하고 이상한…… 미친 생각이라고나 할까.

"이 아이디어를 써먹으면 이곳에서 나는 정말 증오의 대상이 될 거야. 친구들도 다 욕을 하겠지. 그러나 만약…… 그래 이게 내가 살 길이야."

그날 밤 그는 아내와 자신의 아이디어에 대하여 의논했다. 아내는 처음에는 미친 짓이라고 펄쩍 뛰었지만, 잠시 뒤 그 길밖에는 다른 도리가 없다는 사실을 깨달았다. 그녀는 로코의 아이디어가 마음에 들지 않았지만, 결국 승낙을 했다.

로코는 프랜차이즈 본사에 5천 달러를 지불하고 계약을 파기했다. 그는 새로운 사업— 성인용 비디오 대여점을 시작하기로 결심한 것이다.

성인용 비디오 테이프, XXX급 비디오 테이프, 표지에 나체 사진이 붙여진 테이프, 10대들이 들여다보지 못하게 유리를 모두 검은색으로 선팅을 해야겠지. 동네 사람들이 항의 시위를 벌이고, 공무원들은 법을 빌미로 장사를 못하게 하겠지. 지역 신문에는 내 사진이 대문짝만하게 실릴 테고. 그러나…… 법적으로 하등의 문제는 없어…… 이익도 짭짤할 테고…….

로코는 시장조사를 했다. 그 결과 그의 가게가 성인용 비디오 테이프 장사를 하기에 안성맞춤이란 사실을 발견했다. 그는 시카고 시내를 모두 뒤져 XXX급 비디오를 가능한 한 많이 현찰로 구입했다. 로코는 통상 성인용 비디오 테이프를 빌리는 사람들은 동네 사람들이 아니라는 사실을 본능적으로 알고 있었다. 동네 사람들은 주위에 성인용 비디오 가게가 있다는 생각만 해도 걱정을 하는 사람들이었다.

그는 주고객층이 여행객들, 차를 타고 지나가다가 우연히 들르는 사람들일 거라고 생각했다. 특히 세일즈맨이나, 출장중인 회사 중역, 남자 대학생, 트럭 운전사 등이 주요 고객층일 것이라고 판단했다. 그는 트럭 정류장에 광고 전단을 붙이고, 전미 트럭 운전사 조합에서 주소록을 구하여 미국 전역의 트럭 운전사들에게 광고지를 돌렸다.

얼마 지나지 않아 트럭 운전사들 사이에 동료 운전사가 미국 중부지역에 성인용 비디오점을 열었다는 소식이 퍼졌다. 트럭 운전사들은 일부러 로코의 가게에 들러 웃돈을 주면서도 로코의 비디오 테이프를 사거나 빌려갔다.

대부분의 성인용 비디오 가게에서는 분실되거나 반환하지 않는 테이프에 대하여 테이프 가격의 50% 이상을 요구했지만 로코는 2% 미만만 요구했다. 그는 반환되지 않은 테이프를 빌려간 사람이 누구인지 알고 있으므로 어디서 어떻게 회수할지 그 방법을 알고 있었다. 성인용 비디오점을 개업한 지 3개월이 지나자 그의 월 매상은 1만 달러까지 올라갔다. 6개월이 지나자 월 매상은 2만 5천 달러까지 늘었다. 그가 전에 하던 비디오 점 매상보다 훨씬 많은 액수였다.

그러나 그는 이러한 성공을 이루기까지 혹독한 대가를 치러야 했다. 개업한 지 일주일 뒤, 예배를 보는 동안 아무도 그들 부부 옆에 앉으려 하지 않았다. 그는 모든 교우들로부터 따돌림을 당했다.

교회에 가장 많은 기여를 하고 있던 로코가 교리를 위반하는 사업을 하고 있다는 사실에 당혹감을 느낀 목사는 그에게 교회에 그만 나오라는 요구까지 했다.

가게를 연 지 몇 주가 지나자 시위대가 나타나 로코를 사탄의 사자라고 비난하며 그가 동네 젊은이들의 정신을 오염시키고 있다고 시위를 벌였다. 이 광경이 신문의 1면에 실리고 각 신문사에서는 로코를 비난하는 사설과 독자 투고를 실었다. 그의 자식들은 아버지의 직업을 친구들에게 얘기하는 것을 꺼렸다. 로코 가게의 집주인은 세 번씩이나 그를 내쫓으려 했지만, 그가 월세를 꼬박꼬박 내고 임대 계약에 어긋나는 행위를 하지 않았으므로 결국 주인도 어쩔 수가 없었다.

구의회에서는 여러 번 그를 청문회에 불러내 그의 사업이 지방자치법에 위반되는 사업이라고 판정을 내리려고 시도했다. 변호사뿐만 아니라 회계사들도 그 지역에서의 평판에 금이 갈까봐 로코의 의뢰를 거절했다.

로코는 나른 지역으로 이사를 하는 방법밖에 없었지만 이에 굴하지 않고 버텼다.

그는 테이프의 대여를 더욱 엄격하게 관리했다. 21세 가량 되어 보이는 손님에게도 신분증 제시를 요구했다. 그는 밖에서는 가게 안이 보이지 않도록 유리를 모두 검은색으로 선팅했다. 직접 가게에 들르는 것을 꺼리는 고객에게는 택배 서비스를 제공했다. 그래도 그의 가게문을 닫게 하려는 시도는 계속되었다.

불리한 여론, 계속되는 시위, 그를 나무라는 종교계의 훈계, 그와 그의 가족, 그의 사업, 그와 관련된 모든 것에 대한 총체적인 비난에도 불구하고 사업은 이상하게도 계속 번창했다. 사업 규모가 커지자 로코는 전과는 달리 종업원을 고용하지 않을 수 없었다.

얼마 지나지 않아 그의 사업 개념을 본떠 다른 지역에 가게를 열려는 사람들로부터 그는 많은 상담을 받았다. 그는 새 가게의 주인이 그의 사업 철학 즉 '체면을 생각하지 말고 스스로 부끄러움이 없도록 하라'는 소신만은 지켜줘야 한다는 조건하에서 계약에 응했다.

프랜차이즈 계약을 체결하는 방법에 대해 아무것도 몰랐으므로 (그 지역의 변호사는 어느 누구도 그와 대화조차 나누지 않았다), 그는 전에 자신이 체결했던 계약서와 약관을 참고하여 회사 이름만 자신의 이름으로 바꾸었을 뿐 그 내용은 똑같이 작성했다.

XXX급 성인 비디오 가게를 연 지 2년만에 로코는 시카고에 5개의 프랜차이즈 가맹점을 열었고, 5년만에 미국 중부에 30개의 비디오 체인점을 소유하게 되었다. 일부는 프랜차이즈 형태였으며 일부는 직영했다. 그는 로열티와 커미션으로 엄청난 수입을 올렸으므로, 비용도 전혀 들지 않았다.

1994년 말 로코는 포르노의 황제가 되어 있었다. 연수입 500만 달러에, 순수익 350만 달러의 프랜차이즈 비즈니스의 독점 판매업자가 되어 있었다.

1995년 초 로코는 캘리포니아 소재의 메이저 성인 비디오 공급 체인업체에 자신의 회사를 천만 달러에 팔았다. 그후 그는 판매대금 중 상당액을 시카고 지역의 교회 자선단체에 기부했다.

●교훈 - 살아남아야 일어설 수 있다

처음 시작한 프랜차이즈 가맹점이 파산 지경에 이르렀을 때 로 코와 같은 결정을 내렸을 사람이 몇이나 될까? 단지 살아남기 위 해서, 사업을 번창시키기 위해서 자신의 모든 명예와 사회적 지위, 친구와 남의 이목을 무시할 수 있는 사람이 몇 명이나 될까.

당신은 이렇게 하지 못했을 것이다. 당신은 차라리 파산신청을 내고 빈손으로 다시 시작하는 곤욕을 치렀을 것이다. 그러나 로코 는 가정 파탄을 막기 위해, 자식들이 계속 대학에 다닐 수 있도록, 실업수당으로 연명하는 것을 피하기 위해 기꺼이 지역 사회의 이 단자의 길을 택했다. 솔직히 말해 우리 스스로는 로코와 같은 결정 을 내렸으리라고는 확신할 수 없다. 그러나 로코는 사업에 있어서 무모할 정도로 저돌적이었다는 점 때문에 언제나 기업 성장의 영 웅으로 남아 있다.

분명 성인용 비디오 점을 연다는 것은 로코와 그의 아내가 고귀 하게 여기던 윤리관을 벗어나는 일이었다. 로코가 자신의 성장 배 경과 가치관에 위배되는 사업을 어떻게 계속할 것인가 고민하여 밤마다 잠도 못 잤을 것은 분명하다. 그러나 로코에게 정말 다른 대안이 있었을까? 로코의 가치관으로 볼 때, 파산신청을 하고 정부 의 보조나 받는 것은 한 개인으로서 가장 수치스런 일이었을 것이 다. 다른 사람들에게 구걸하면서 빈둥빈둥 사느니보다는 차라리 법에 위배되지 않는 한 무슨 일이라도 하는 것이 그에게는 훨씬 나 은 선택이었다. 세상 사람들이 모두 욕해도 로코는 살아남는 길을 택했다.

로코는 처음 사업을 시작할 때 XXX급 비디오에 대해서 아무것도 몰랐다. 그가 아는 것이라고는 단지 고객층이 누구인가, 어떻게 그들에게 접근할 것인가 하는 점뿐이었다. 그를 비난하는 다른 업자들에게 혹시라도 꼬투리를 잡히지 않기 위해 노심초사하며, 자신의 사업으로 인해 법적인 분쟁에 휘말리는 것을 피하는 방법만을 알고 있었다.

동시에 그는 프랜차이즈 사업에 대하여 아무것도 몰랐지만, 프랜차이즈 가맹점을 해본 경험을 십분 활용하여 자신이 선뜻 계약을 할 수 있는 사업이라면 다른 사람들도 거리낌없이 계약에 임하리라고 생각했다. 분명 잘 돌아갈 것이 뻔한데 무엇 때문에 변호사나 회계사 비용으로 수천 달러를 지불할 것인가?

로코는 어느 유명한 여배우의 말처럼 '인기만이 가장 훌륭한 인기다'라는 점을 잘 알고 있었다. 그의 부정적인 이미지가 돈 한푼 안 들이고 동네 사람들에게 사업을 홍보하여 매상을 높이는 데 기여했다는 점은 아이러니컬한 일이다. 만약 동네 사람들이 철저히 그를 무시하고 관심조차 안 두었더라면 로코의 사업은 엄청난 타격을 입었을 것이다.

로코는 자신의 성인용 비디오 프랜차이즈 사업권을 천만 달러에 매각한 뒤 상당한 액수를 자선단체에 기부했다. 물론 세금을 감면받기 위해 그런 면도 있지만, 로코는 사업가로서 다른 역할도 잘 알고 있었다. 성공한 기업가가 일단 정상에 도달하면 더 이상 생존의 문제에 연연해하지 않고 박애주의자나 사회사업가가 된다는 점은 참 재미있는 일이다.

19세기의 악덕 자본가들이라고 불리는 앤드류 카네기나 존 D. 록펠러 같은 사업가들이 이 세상에 얼마나 많은 선행을 베풀었는 가를 생각해 보라.

이들이 선량하고 사랑받는 사람들이었다면, 어떻게 악덕 자본가 란 말을 들었겠는가? 그들의 기부행위는 마키아벨리적인 마케팅의 일환이었을까? 대중의 환심을 사기 위한 계산된 행위였을까? 아니 면 그들 자신이 저질렀던 모든 더럽고 역겹고 무모했던 행위들에 대한 보상심리로 그런 행동을 했을까? 그것은 본인들만이 알 일이 다.

제2부

굿 아이디어는 바른 생각에서

다섯번째 법칙

"오늘 돈을 벌어야 내일 좋아하는 일을 한다"

당신은 왜 사업가가 되기를 원하는가?

그 이유는 돈도 잘 벌고, 다른 사람 밑에서 일할 때는 얻지 못하는 그 무엇을 원하기 때문일 것이다. 즉 일에 대한 보람과 능력에 대한 보상 말이다. 그러나 금전적, 물질적인 보상이 있을 것 같은 사업이라도, 재미있고 자기 성취적이며 지적인 자극을 주리라는 보장은 절대 없다.

금전적인 측면에서만 볼 때 수익성이 좋을 것 같은 사업은 일반적으로 고등학교 졸업 정도의 학력을 가진 사람들도 차지할 수 있는 것이다.

주변 사람들이 드라이크리닝 사업이나 슈퍼마켓을 경영하느라 정신없을 때, 한쪽에서는 3000년도에나 쓸 수 있는 차세대 컴퓨터 소프트웨어를 개발하느라 수많은 시간과 돈을 쓰고 있는 미래지향적인 사업가가 있다. 능력, 재력 면에서 볼 때 드라이크리닝 사업이나 슈퍼마켓 경영 정도는 누구나 손쉽게 할 수 있는 일이다. 18세기의 극작가 올리버 골드스미스의 말마따나 사업에서 성공하기 위해서는 '자신을 낮추고 참고 견디며 때를 기다렸다가 목적을 이뤄야 한다.'

박사학위가 세 개나 있는데 왜 부자가 되지 못할까?

미국의 지금 세대는 아마도 역사상 가장 교육 수준이 높은 세대일 것이다. 많은 사람들이 4년제 대학을 나왔으며 대학원 이상의 학력을 가진 사람도 많다. 그러나 교육을 많이 받았다고 다 이로운 것은 아니다.

교육은 칼의 양날과도 같다. 특히 사업에서는 더욱 그렇다. 유명한 기업가의 자서전을 읽어보면 그들의 약력에는 높은 학벌을 자랑하는 경우가 거의 없다. 아마도 우리 시대의 가장 유명한 기업가인 MS의 빌 게이츠가 그 한 예일 것이다. 그는 대학을 중퇴하고 컴퓨터 소프트웨어 사업에 뛰어든 사람이다.

당신이 학벌이 높다면 학창시절에 공부를 잘했다는 것을 의미한다. 그러면 당신은 어떻게 공부를 잘할 수 있었을까? 학교의 룰을 잘 따랐기 때문이다. 선생님들이 가르치려는 것을 열심히 배우고 익힌 결과였다. 달리 말하면 머리를 쓰는 방법을 배운 것이다. 그런데 이 머리를 써서 배운 이론과 개념 등은 그 자체가 논리적이기는 하지만 현실 생활과는 거의 아무런 관련이 없다. '미국역사 I'을 수강하여 시험에 통과하면 '미국역사 II'를 수강하는 식으로 교육과정의 순서대로 배우는 게 학교다.

그러나 우리가 아는 한, 현실은 논리적이지도 이론적이지도 않다. 또한 시간이 없어서 입문분야 따위는 건너뛸 수밖에 없기도 한 세계다. 기회는 사람들이 준비할 때까지 기다려주지 않는다.

학위가 중요하기는 하지만 그것에 얽매이지 말라

다시 한 번 말하지만 오해는 하지 마라. 우리는 교육이 필요없다거나 높은 교육을 반대하는 것이 아니다. 일부 첨단 기술 분야에 있어서는 공학, 수학, 물리 등과 같은 전문적 지식이 없으면 결코 성공할 수 없다. 크게 성공한 사람들 중 일부는 교육을 많이 받은 사람들이다.

다만 성공한 기업인을 관찰해 본 결과, 높은 교육을 받은 사람들이 자신들의 학위에 연연하는 바람에 사업에서 실패하는 경우가 있는가 하면, 반면 학력이 낮은 사람들은 눈앞의 것만 보기 때문에 성공한 경우도 있다는 점을 말하려는 것이다. 성공한 어느 유명한 기업가는 "처음에 백만 달러를 버는 것이 이렇게 어려운 줄 알았다면 고등학교만 마쳤을 텐데……." 라고 실토한 적이 있다.

그러나 사업의 성공은 당신의 지식보다는 현장 경험, 상황에 대한 직관과 인식, 그리고 단호한 결단력에 달려 있다.

새로이 사업을 구상할 때에는 자신의 학력은 무시해야 한다. 처음 사업을 시작하는 사람은 자신의 교육과 지식과 창조력을 활용할 수 있는, 재미있고 흥미로우며 '매력적인' 일을 찾으려 한다. 그러나 성공적인 사업 아이디어는 종종 바로 당신의 코앞에서 "바로 이것을 하라! 이렇게 하면 돈을 번다"라고 외치고 있다. 그러나 그러한 아이디어는 너무 단순하고 쉬워 보이며, 상상력이나 창조력이나 지식을 필요로 하지 않으므로 배운 사람들은 체면에 손상이 갈까봐 무시하는 경향이 있다.

만약 당신이 사는 곳에 단 몇백 달러의 투자로 연수입 10만 달러 이상을 벌 수 있는 절호의 사업 기회가 있다고 한다면 당신은 관심을 가질까?

기업체의 사무실, 식당, 화장실 등의 청소 용역업 기회가 주어진다면 당신은 어떻게 할 것인가? 아마도 당신은 이 일에 달려들고 싶은 마음이 없을 것이다. 이런 일을 하지 못할 이유는 무엇일까? 대학 졸업장을 가진 당신은 그러한 일을 할 수 있는 기술이나 능력을 충분히 가지고 있다. 뿐만 아니라 초기비용 정도는 자신의 능력으로 충분히 부담할 수가 있다. 그 일은 10만 달러 이상의 소득이 보장되는 일이다. 그러나 당신은 망설일 것이다. 무슨 이유에서? 당신의 학벌이 걸림돌이 되고, 이 일로 인해 이미지가 구겨질 것을 걱정하는 것은 아닐까?

별로 배우지 못한 사람들은 남의 시선에 신경쓰기보다는 세상 돌아가는 것에 더 관심이 많다. 그들은 종종 새로운 창업에 더 잘 적응한다. 왜냐하면 눈에 보이는 것만을 찾아 그것을 좇을 수밖에 없기 때문이다.

어느 누구도 자신의 능력보다 하찮은 일을 한다고 생각하기를 좋아하는 사람은 없다. 그러나 철학 석사학위를 활용할 그 무언가를 기다리느라 좋은 사업 기회를 놓쳐버리면 당신은 결코 부자가 될 수가 없고 유명해질 수도 없으며, 또 자신의 운명을 바꿀 수도 없다.

오늘은 돈을 벌자. 그리고 내일 좋아하는 일을 하겠다

창업을 꿈꾸는 사람들이 바로 눈앞에 보이는 기회도 붙잡지 못하면서 둘러대는 핑계는, 체면이 깎일 거라고 생각되는 상황은 달갑지가 않다는 것이다. "나도 돈을 많이 벌 수 있다는 걸 알아. 하지만 마음이 내키지 않아. 그런 사업을 하다보면 체면이나 깎이고 결국 흥미도 잃게 될 테니까, 차라리 안 하는 편이 좋겠어."

이 말이 맞을지도 모른다. 그러나 그저 잠시동안 그 일을 하고, 나중에 가서 보다 나은 일을 할 수 있다고 마음먹어 보자. 그러면 내키지 않고 재미없는 일도 잠시동안은 기꺼이 할 수 있다는 점을 깨달을 것이다. 내키지 않았던 일이라도 5년 안에 백만 달러를 벌 수 있는 기회가 주어진다면 "좋아. 해보자. 백만 달러를 벌면 복학하여 박사학위를 따서 내가 그렇게 원하던 이집트 고고학자가 되자."라고 분명 대답할 것이다.

새로 사업을 시작하려는 사람이 성공이 뻔히 보이는 일을 두고도 모르는 척하면서 둘러대는 또 다른 핑계는 전망이 없다고 말하는 것이다.

"각 민족 고유의 특산품 가게를 내면 사람들이 아주 좋아할 거야. 누군가가 이 아이디어를 채택해서 프랜차이즈 형태로 회사를 세워 인터넷에서 팔기 시작하면 다른 가게들은 한방에 날아가겠지. 시간 문제일 뿐이야."

이 아이디어가 실현될 날이 올지도 모른다. 그렇다면 높은 교육을 받은 당신이 바로 이 일을 진척시킬 수 있는 적임자라는 생각은 왜 하질 못하는가?

앨리스 고비뉴

숀블륌에서 태어난 앨리스 고비뉴는 학창시절 똑똑한 학생이었다. 그녀는 자신이 자란 뉴햄프셔 주(州)의 한 고등학교 시절, 운동은 물론 공부도 잘해서 수석 졸업을 했다. 그녀는 필라델피아의 명문 대학에 진학하여 철학과 프랑스어를 복수 전공했다. 대학 졸업 후 그녀는 프랑스의 유명한 대학에서 장학생으로 공부해 20세기 유럽철학 석사학위를 취득한 뒤 모교에 강사직을 얻어 돌아왔다.

그녀는 프랑스에서 공부하는 동안 파리의 저명한 검사의 아들 샤를 고비뉴를 만나 서로 사랑하여 결혼을 했다. 샤를은 프랑스의 유명 요리학원에서 요리를 배운 뒤 파리의 최고급 레스토랑에서 실습을 하고 있었다. 그가 맡은 일은 수프 재료를 준비하거나 가끔 시험삼아 오르되브르를 만들어보는 일이 고작이었다.

미국으로 돌아온 뒤 앨리스는 모교의 철학과에서 강의를 했고 샤를은 필라델피아에 있는 프랑스 레스토랑에서 부주방장으로 일했다. 앨리스는 저명한 학술지에 논문을 여러 편 발표하기도 하고 <1898년의 스페인 철학자>라는 책을 쓰기도 했다. 분야가 좁기는 했지만 그녀는 자기 분야 최고의 학자가 되었다. 그러나 강사 임기가 끝나도록 그 대학의 철학과에는 교수 자리가 나지 않았다. 부단한 노력과 실존 철학의 대가들의 추천에도 불구하고 그녀는 다른 대학에서도 자리를 얻을 수 없었다. 한 번은 대학진학 예비학교에서 프랑스어 강사 자리를 제안해왔지만 그녀는 어느 대학 철학과에 자리가 나리란 생각에 그 제안을 거절했다.

그동안 그녀의 남편 샤를은 주방장으로 승진해 있었다. 그는 새로운 요리로 명성을 얻었으며 일약 필라델피아의 유명 인사로 떠올랐다. 앨리스와 샤를은 심사숙고 끝에 프랑스 요리 캐터링(단체급식) 사업을 시작했다. 식단 준비와 요리는 샤를이 맡고 관리는 앨리스가 맡았다. 그들의 급식 사업은 비교적 성공적이었다.

우리가 두 사람을 처음 만났을 때 그들 부부는 필라델피아 외곽에서 10마일 가량 떨어진 뉴저지 남부에 정통 프랑스 요리 전문점을 열 계획이라고 했다. 근처에 프랑스 요리 전문점이 없다는 것이다. 앨리스가 말했다. "저이의 이름으로 식당을 열면 절대 망하지 않을 거예요."

창업을 하는 사람들이 "이건 전에 다른 사람들이 해본 적이 없는 거예요."라고 말할 때마다 우리는 다른 사람들이 그 사업을 하지 않은 데에는 분명 이유가 있을 거라고 생각한다. 우리는 앨리스에게 그 지역에 대해 자세히 얘기해 달라고 부탁했다.

"대학이 두 개나 있는 인구 30만 명의 도시예요."

그녀는 제법 많은 것을 연구한 듯했다.

"비교적 젊은 사람들의 도시예요. 대학생과 어린아이가 있는 젊은 부부가 주로 많이 살고 있죠. 나이 든 세대는 별로 없고요."

이 말을 듣는 순간 번뜩 우리의 머릿속에서 경보가 울렸다. 앨리스의 고객층은 주로 다음과 같았다.

▶어린아이를 키우고 있는 젊은 부모(3시간씩이나 앉아서 풀코스를 즐길 만한 여유가 없다)
▶대학생(정통 프랑스 요리를 먹을 돈도 없고 맛도 모른다)

우리는 그 지역에는 정통 프랑스 요리점이 맞지 않을 거라고 일러주었다. 그러자 앨리스는 한숨을 내쉬었다.

"은행에서도 같은 말을 하더라고요. 점 찍어둔 좋은 곳이 하나 있기는 있는데, 완전히 시내 중심가에 있거든요. 하지만 임대료가 천문학적이라 문제예요. 1인당 20~30달러를 받지 않고서도 우리가 원하는 그런 식당을 할 수 있는 방법을 모르겠어요."

우리는 비즈니스에서 모험을 좋아하지 않으므로 앨리스에게 다른 식당들은 어떤 것들이 있는지 물어보았다.

"중국 식당이 많아요. 피자 전문점과 이탈리아풍 식당이 대여섯 개, 또 인도 식당도 하나 있어요."

이 말을 듣자 클리프가 눈을 반짝이며 씨익 웃었다. 분명 무슨 감이 잡히는 것 같았다.

"앨리스, 꿩 대신 닭이라고 멕시칸 레스토랑을 해보면 어떻겠어요?"

앨리스가 클리프를 쳐다보았다. 마치 방금 외계에서 도착한 사람으로 보이는 모양이었다.

"멕시칸 레스토랑요? 그 잘난 타코스에다가 엔칠라다 그리고 리후라드 빈을 팔라구요?"

그녀는 단어 한 마디 한 마디를 발음할 때마다 한 번씩 미간을 찌푸렸다.

마일스가 클리프의 발을 툭 치며 만류했지만 그는 그 문제에 대해 열심히 얘기를 했다.

"그래요. 한 번 생각해 보세요. 아이들을 데리고 오는 부모는 싸고 맛있는 음식을 원해요. 그리고 가족끼리 같이 앉아서 식사하는 것을 좋아하죠. 그래서 이 지역에는 피자 가게와 중국 식당이 많은 거예요. 앨리스가 얘기한 것처럼 장사들도 잘되구요. 더군다나 대학생들도 그렇고…… 다른 사람은 어땠는지 모르겠지만, 내가 대학 다닐 때는 멕시칸 도시락을 자주 애용했어요. 대학생들은 그게 없으면 미칠려고 했어요."

앨리스가 말을 더듬었다.

"저기…… 두 구역만 더 가면 거기에 멕시칸 레스토랑이 하나 있는데……."

클리프가 앨리스의 말을 가로막았다.

"대학생들이 차도 없는데 어떻게 거기까지 갑니까? 대학생들은 주로 걸어서 갈 수 있는 식당에 가지요. 앨리스가 지금 있는 이곳은 두 개 대학의 학생들이 모두 걸어서 오기가 쉬운 곳에 있잖아요. 멕시칸 레스토랑이 최고예요. 이곳 입지 조건으로 보아 멕시칸 레스토랑만한 것이 없어요."

이때 테이블 뒤에 서서 대화를 듣고 있던 샤를이 끼어들었다.

"멕시칸 요리라구요? 하지만…… 어떤 바보라도 멕시칸 요리를 만들 줄 안다구요. 그건 노력도 요리법도 필요없다구요, 전혀!"

앨리스도 그 말에 동의를 했다.

"클리프, 당신의 말은 잘 알겠습니다. 하지만 샤를은 프랑스 정통 요리 전문가예요. 요리로 상도 탔고. 그에게 멕시칸 요리를 하라는 건 특급호텔 요리장에게 맥도날드에서 일하라는 것과 같아요. 좋은 아이디어이긴 하지만……."

마일즈도 끼어들었다.

"앨리스, <미쉐린 가이드>에 나오는 별 네 개짜리 레스토랑을 원하는 겁니까, 아니면 돈을 벌려는 겁니까?"

샤를이 앨리스의 대답을 가로챘다.

"좋은 말씀 고맙습니다. 한 번 생각해 보겠습니다. 좋은 아이디어였습니다."

우리는 수프 세례를 받기 전에 얼른 주제를 바꾸어야 했다.

6개월 후, 우리는 다시 앨리스와 샤를을 만날 기회가 있었다. 앨리스에게 계획이 어떻게 되었는지 물어보았다. 그녀는 머뭇거리다가 대답을 했다.

"망했어요."

"괜히 물어봤군요."

"참 속상해요. 두 분 말이 옳았어요. 우리 레스토랑 자리에 무슨 가게가 생겼는지 아세요?"

마일즈가 웃으며 물어보았다.

"멕시칸 레스토랑이 생겼군요?"

"맞아요. 그것도 프랜차이즈로요. 프랜차이즈니까 어디든지 맛이 똑같잖아요. 레스토랑을 해본 경험도 없는 사람들이 열었는데! 타코스와 토스타다도 구별할 줄 모르는 사람들이 프랜차이즈 본사에서 3주간 교육을 받고 시작했대요."

클리프가 조심스레 물어보았다.

"그래 장사는 잘 되나요?"

기어들어 가는 목소리의 대답이 들렸다.

"손님들이 바글바글해요. 동네에서 가장 장사가 잘 되는 집이에요. 주말에는 들어가지도 못해요."

●**교훈 – 수준 낮은 곳에서 오히려 두각이 나타난다**

앨리스의 학력으로 볼 때 멕시칸 레스토랑을 해보라는 클리프의 제안은 그녀에겐 무리한 요구였을 것이다. 실존철학 박사학위를 가진 사람이 보통 멕시칸 레스토랑을 열기란 쉽지 않다. 그렇게 할리가 없다. 더군다나 그녀는 남편에게 그 아이디어를 받아들이자고 설득해 보지도 않았을 것이다.

그러나 한 가지 분명한 것은, 그들은 프랑스로 돌아가 꼬뗴 아주르에 별 네 개짜리 레스토랑을 열 수 있을 만큼의 큰돈을 벌 기회를 놓쳐버리고 말았다는 사실이다.

그녀가 대부분 삶을 보냈던 대학에서 일자리를 얻지 못했을 때부터 앨리스의 인생의 첫단추는 잘못 끼워졌다. 그렇다고 이것이 그녀의 잘못은 아니다. 그녀는 실력은 우수했지만, 불행히도 시기적으로 기회를 잡지 못했다. 그녀가 선택한 전공에 수요가 없었던 점(인문학 분야에서 흔히 있는 일이다) 또한 한 원인이기도 했다. 그러나 그녀는 예전부터 공부에는 뛰어났기 때문에 스스로 학자이자 대학교수라는 생각을 버리지 않았다. 심지어는 유명한 대학입시 예비학교에서 불어를 강의할 수 있는 기회가 있었음에도 그녀는 대학 강단이 아닌 2류의 교편생활을 하는 것으로 받아들임으로써 스스로 그 기회를 놓쳐버리고 말았다.

우리 모두는 성장과정, 교육, 취향, 경험, 그리고 인생의 목표에 의해 우리 스스로가 만들어 놓은 자신의 이미지를 머릿속에 담고 있다.

대학을 못 나온 사람에게만 적합한 사업이 있는 것도 아닐 뿐더러, 아이비리그의 대학을 졸업한 사람에게만 적합한 사업이 있는 것도 아니다. 솔직히 말해, 어떤 사업이 나에게 적합한가 하는 문제는 경우에 따라 다르다. 한가지 분명한 것은 돈이 없는 것보다는 부자가 되는 것이 낫다는 사실이다.

앨리스가 남편과 함께 캐터링 사업을 하기 위해서는 그 일에 적응을 해야 했다. 남편이 요리에 재능은 있었지만 영어를 잘 구사하지도 못하고, 사업 경험도 없는 상황이었으므로 그녀가 이것저것 많은 것을 처리해야 했다. 심리학적으로 보아 그녀가 현실에 적응하는 방법은, 마음속으로 시내 중심가에 고급 식당을 낼 희망을 담아두는 것이었다. 그런 앨리스에게 안목을 낮추어 중산층을 공략하라는 클리프의 충고는 귀에 들어오지 않았다.

앨리스가 별 넷의 프랑스 요리 전문점에 마음을 둔 것은 그녀의 이력과 그들 부부의 야망과도 일치했다. 불행히도 그녀가 레스토랑을 열려고 했던 지역과 여건이 맞지 않은 것이 문제일 뿐이다.

그들이 필라델피아의 시내 한복판에 프랑스 요리 전문점을 열었다면, 장소와 샤를의 요리사로서의 명성, 또 앨리스의 마케팅 능력으로 볼 때 식당은 잘 운영되었을 것이다. 하지만 밴을 타고 다니는 변두리 지역에서 정통 프랑스 요리 전문점은 성공할 수가 없는 아이템이었던 것이다.

멕시칸 레스토랑은 염두에도 두지 않았던 것처럼 앨리스는 정통 프랑스 요리 전문점을 열 가능성에 대해서도 생각해 보지 않은 것이다. 멕시코 요리도 프랑스 요리처럼 질과 서비스가 매우 다양하다. 멕시코 시티에도 별 넷의 레스토랑이 있고 파리에도 있다. 멕시코 요리에도 싼 것이 있는 것처럼 프랑스 요리에도 싼 것이 있다.

멕시코 요리를 그저 타코스와 엔칠라다 정도로 생각하는 편견 때문에 앨리스는 샤를의 능력을 발휘하고, 자신들의 편견을 깨버릴 만큼 수준 높은 멕시칸 레스토랑을 가질 기회를 놓쳐 버린 것이다.

샤를의 요리 솜씨 정도라면, 뉴올리언스의 유명한 요리사 폴 푸 뤼돔이 몇 년 전 루이지애나 카준 주민들에게 멕시칸 요리의 새로운 진수를 선보였던 것처럼 그들도 새로운 맛을 선보일 수 있었을 것이다.

재주가 뛰어난 사람은 가끔 수준 낮은 곳에 가보는 것이 좋다. 그래야 빠르고 쉽게 두각을 드러내는 법이다.

"남을 부자로 만드는 일에 시간을 허비하지 말라"

대부분 사람들은 남의 밑에서 일을 하다가 싫증이 나서 자기 사업을 시작하고 싶어한다. 그러나 사업가가 사업 구상을 하느라 몇년을 허비하고 나서도 그 아이디어를 이용해 돈을 벌지 못하는 것은 흔한 일이다.

우리는 간혹 아이디어가 참신하고 훌륭한 사업 계획서를 볼 기회가 있다. 그러나 문제는 자본도 별로 없이 난생 처음 사업을 하려는 사람이 시제품 개발 단계까지 도달하기 위해 무려 500만 달러의 벤처 자본만 기대하고 있다는 점이다. 적어도 그 정도의 벤처 자금은 능력이 입증되지 않은 사람에게는, 더군다나 성공을 확신할 수 없는 상태에서는 모이지 않는다. 전문 투자가는 기술력이 입증된 사업에 투자하고 싶어한다. 그들은 당신의 현재 상황과 당신 스스로 어느 정도의 비전을 갖고 있는지도 알고 싶어한다. 안된 얘기지만, 이것이 현실이다.

가끔 아이디어는 좋지만 그것을 실용화하기에는 너무 어려운 것들도 있다. 그런 경우에는 과감히 포기하고 당신의 능력으로 할 수 있는 일에 전력을 기울이는 편이 낫다.

너무 뒤져서도, 너무 앞서도 안 된다

우리는 누구나 아이디어를 갖고 있고, 그 중에는 너무 거창한 것도 있다. 태양계의 화성이나 다른 행성에도 티타늄, 세슘 같은 아주 비싼 전략 물질이 존재한다는 사실은 언젠가 과학적으로 입증될 것이다. 지구의 물처럼 다른 행성에서는 지천에 깔려 있을지도 모르는 이러한 물질을 최초로 발굴하여 생산해낼 수 있는 방법을 개발하는 사람은 이 세상 누구보다도 더 큰 부자가 되고 유명해질 것이다.

그러나 여기에는 분명 함정이 있다. 이러한 벤처사업을 위해서는 초기 비용으로 얼마나 투자를 해야 할까? 이러한 금속을 한 삽 퍼서 지구로 가져오는 데 얼마나 많은 돈을 써야 할까? 우리는 로켓 과학자가 아니므로 추측만 해보자. 아마도 <포브스>지 선정 400대 기업의 전 재산을 합친 액수보다 더 많은 금액이 들어갈 것이다.

이 애기가 어이없게 들릴지 모른다. 그러나 놀랍게도 너무나 많은 사람들이 수년 동안 어렵게 번 큰돈을, 시대를 너무 앞선 이런 아이디어에, 아무도 투자하지 않을 게 분명하다고 본인 스스로도 생각하고 있는 일에 쓰고 있다.

좋은 아이디어다. 그러나 당신이 실천할 적임자인가?

"나는 좋은 아이디어를 갖고 있어도 그것을 실행에 옮길 수 없는 사람이야"라는 생각은 잘못된 생각이다. 모든 사람들은 모두 영웅 지향적인 생각을 갖고 있으며 마음속으로는 열정과 지식과 노력만 있으면 못할 게 없을 것처럼 보인다. 문제는 그것이 모든 경우에 해당되지 않는다는 점이다. 정성을 다해 연구해서 내놓은, 이론적으로 아무 하자가 없는 완벽한 아이디어라도 그것이 시대에 너무 앞선 것이라면 그 목적을 달성하기는 어렵다. 신기술과 벤처 기업에 위험을 무릅쓰고 투자하는 데 익숙한 벤처 투자가들도 생전 처음 들어보는 그러한 아이디어에는 섣불리 덤벼들지 않는다.

정말로 커다란 아이디어를 실현시키는 데 필요한 돈은 구멍가게 수준의 아마추어 투자가들에게서 나오지 않는다. 원대한 아이디어를 실현하려면 막대한 자본이 든다. 단지 막강한 힘을 가진 큰손들만이 그러한 일을 할 수가 있다. 문제는 이러한 큰손들은 당신에게는 기껏 해봐야 푼돈이나 쥐어주고 자기들이 직접 그 아이디어를 실행에 옮긴다는 점이다. 그러면 당신은 역사책에 이름이나 올릴 것이고.

우리의 경험으로 볼 때 좋은 아이디어를 실현시키는 데 가장 큰 장애물은 돈이지만, 반드시 돈만이 문제가 되는 건 아니다. 만약 당신이 좋은 아이디어를 실행에 옮기는 데 자신에게는 없는 기술이나 능력이 필요하다면, 직원이 많이 필요하다면, 넓은 땅이 필요하다면, 필요한 물건을 먼 곳에서 수입해야 한다면, 자신에게도 없고 1,2년 내에 자신의 능력으로도 구할 수 없는 물건이 필요하다면 그런 아이디어는 당신이 실행에 옮기기에는 너무 벅찬 아이디어다. 이루어질 수 없는 꿈을 이루기 위해 시간을 낭비하느니보다는 당신의 능력으로 할 수 있는 것, 당신이 최소의 시간과 최소의 비용으로 쉽게 이룰 수 있는 것을 찾아내도록 노력하라.

훌륭한 아이디어를 실현하기 위해 당신의 자산을 헛되이 쓰지 말고 그 값진 자산을 투자하기 전에 그 실현 가능성을 먼저 검증해 보라는 것이다.

다음과 같은 경우, 그 실현 가능성을 확인하라

▶신제품 개발 아이디어가 떠올랐다. 시제품 생산에 최소 백만 달러의 초기 비용이 필요하다.

▶<퓨처리스트> 잡지에서 앞으로 100년 동안 팔아먹을 수 있는 상품이나 서비스가 있다는 기사를 보고 아무도 달려들지 않는데 내가 뛰어들어야겠다는 생각이 든다.

▶브로드웨이 극장의 두 가지 추세— 고전의 뮤지컬화와 할리우드의 스타들을 등장시킨 연극의 옷벗기기에 주목하여 플로베르의 보바리 부인을 전라의 뮤지컬 코미디로 각색, 기네스 팰로우

에게 그 주역을 맡기고 싶다.

▶멋진 새로운 발명을 했지만 만족할 만한 시제품을 만들 때까지 시장조사를 연기해야겠다는 생각이 든다.

로베르토 사빌

로베르토 사빌은 전형적인 성공한 미국인이었다. 안경을 낀 정열적이고 열성적인 흑인인 그는 미주리의 세인트루이스에 위치한 한 창고의 지게차 운전기사의 7남매 중 다섯째로 태어났다. 빈민가 출신의 로베르토는 ABC TV의 'Better Chance' 프로그램에서 선발되어 미국 최고의 명문 예비학교 중의 한 곳에 입학하는 영광을 누렸다. 이 기회를 놓치지 않고 그는 다른 백인 학생들보다 두 배로 노력하여 졸업 때는 수석을 차지했다. 그후 아이비리그의 한 대학에 입학한 그는 학업성적이 우수했을 뿐만 아니라, 운동에 있어서도 뛰어난 재능을 보였다.

졸업 후 유명한 매니지먼트 컨설팅 회사에 취직을 한 그는, 30대 초반에 세인트루이스 지사장 겸 고위 기술자문위원의 자리에까지 올랐다. 대기업의 정보화 작업을 총괄하게 된 로베르토에게는 모르는 것이 없었다. 그는 회사 내에서 만물박사— 고객이 원하는 것이 무엇인지를 아는 유일한 사람으로 평가받았다.

어느 날 저녁 마일즈가 사무실에서 늦게까지 일을 하고 있을 때 로베르토에게서 전화가 걸려왔다.

그는 마일즈가 "여보세요" 하기도 전에 말부터 꺼냈다.

"마일즈, 새로운 고객을 만나러 나 지금 뉴욕에 와 있어. 이봐, 가능하면 오늘 저녁에 만났으면 하는데. 요즘 궁리하는 게 있는데, 이것 때문에 다른 일을 못하겠어. 멋진 건데 대박을 터뜨릴 수 있을 것 같아. 자네하고 상의하고 싶어. 오늘 저녁에 시간 나지?"

마일즈에게서 대답을 듣기도 전에 그는 말을 계속했다.

"내일은 다른 고객을 만나러 샌프란시스코에 가야 해. 3주정도 걸릴 것 같아. 내 아이디어에 대해 자네의 생각을 들어보지 않고서는 거기에서도 다리를 펴고 잘 수 없을 것 같아서 그러는 거야."

마일즈로서는 알았다고 얘기할 수밖에 없었다.

"알았어. 두 시간 후에 코네티컷의 브리지포트 근처에 있는 스포츠 바로 나갈게."

마일즈는 무슨 일일까 하고 잠시 생각을 해봤다. 로베르토를 처음에 소개한 사람은 클리프였으므로 그와 자리를 같이 하면 좋겠다는 생각이 들었다. 2시간 뒤 마일즈와 클리프는 약속장소에 나갔다. 그들은 담배연기 자욱한 바의 뒤편에 자리를 잡고 앉아 폐쇄회로 TV의 하이알라이 경기(스페인·중남미의 핸드볼 비슷한 경기)를 보며 그를 기다렸다. 트레이드마크나 다름없는 뿔테 안경에 2천 달러짜리 양복에 트렌치 코트를 걸쳐 입은 로베르토가 약속 시간 2분 전에 나타났다. 겨드랑이에는 커다란 설계도가 끼여 있었다.

그들은 조용한 방으로 자리를 옮겼다. 로베르토는 거의 일주일 동안 잠을 자지 못한 사람 같았다. 그러나 빈번한 장기 출장이 삶의 일부가 되어버린 젊은 경영 컨설턴트에게 그런 일은 별로 대수롭지 않은 일이었다. 그들이 놀란 것은 로베르토가 애지중지하며 흥분해서 내놓은 두 장의 설계도 때문이었다.

"요점만 얘기할게. 6개월 전에 친구를 만나러 시카고 선물거래소의 객장에 가보니까 중개인들이 매매주문을 내느라 난리법석인데 바닥에는 주문을 내는 데 썼던 종이가 즐비하게 널려 있더라고. 그래서 혼자 생각해 봤지. 모든 일을 컴퓨터로 처리하면 어떨까, 그리고 매장을 따로 두면 어떨까. 아무리 해도 이 생각을 지워 버릴 수가 없었어. 시스템 통합으로 되는 문제인데 이걸 내가 하면 돈 좀 벌 것 같았어. 그래서 설계도를 하나 그려보기 시작했지. 그런데 해보니까 시간이 꽤 걸리더라고. 시간 날 때마다 틈틈이 그려보았지. 이봐, 이 일은 내가 따낼 수 있을 거야. 증권거래, 선물거래, 옵션거래 모두를 통합할 수 있는 길을 찾았단 말이야. 퍼스널 컴퓨터를 사용하면 돼. 이걸 완성하면 아마 10억 달러는 벌 거야, 10억 달러!"

마일즈와 클리프는 서로 얼굴을 쳐다보았다. 그들 중 가장 판단력이 뛰어나고 냉정하다는 평가를 듣고 있는 로베르토가 정신이 나간 게 아닌가 하는 생각이 들었다. 주말에 해변에서 다시 얘기해 보자고 하기도 전에, 그는 테이블 위에 설계도를 펼쳐 보였다. 설계도에는 퍼스널 컴퓨터를 이용한 증권거래 시스템에 관한 플로우 차트가 도표로 일목요연하게 그려져 있었다(이때가 1991년이었다). 로베르토는 이 시스템에 대해 하나하나 짚어가며 서로 다른 시스템의 인터페이스를 구성하는 방법과 필요한 컴퓨터 장비와 시스템을 통합하는 데 드는 비용에 대해 설명을 했다.

마일즈와 클리프 모두 젊어서부터 월스트리트에서 일을 해왔으므로 증권거래소에 대해서는 훤히 알고 있었다. 그들은 질문을 퍼붓기 시작했다. 로베르토의 답변은 어느 것 하나 막힘이 없었다. 그가 생각해 낸 사업계획은 어느 면으로 보나 완벽했고 마일즈와 클리프가 지적할 수 있는 모든 잠재적인 문제점들에 대해서도 해결책이 마련되어 있었다. 의심의 여지가 없었다. 로베르토가 무엇인가 대박을 터뜨릴 것 같았다. 대기업이 해도 몇 년이 걸릴 일을, 수백 명이 달라붙어도 힘든 일을, 개발비로 수백만 달러가 들어갈 일을 그가 6개월만에 해낸 것이었다. 그 모든 것이 두 장의 종이에 들어 있었다.

프리젠테이션이 끝나자 앞에 놓인 스타우트 맥주를 몇 병 벌컥 벌컥 들이마신 그는, 마일즈와 클리프가 신랄한 질문을 퍼부어 댈 준비를 하는 동안 의자에 등을 기대며 말했다.

"이제 알겠지. 이건 꿈이 아냐! 현실이라고. 얼마든지 가능한 일이야!"

세 사람은 오랫동안 아무 말이 없었다. 침묵을 깬 사람은 마일즈였다.

"로베르토, 우리가 졌어. 정말 환상적이야. 놀라워. 클리프, 어때?"

"말해 뭐해. 컴퓨터에 도사인, 레오나르도 다빈치 같은 천재나 할 수 있는 일이지."

클리프가 목을 가다듬으며 말을 덧붙였다.

"그런데 말야, 이것을 디자인하고 설치하는 데 자금이 얼마나 들겠어? 하드웨어 구매와 소프트웨어 개발, 시험운영체계 구성, 증권 회사와의 연결체계 구축 등에 얼마나 들까?"

"그래서 밤새 고민한 거야. 500만 달러면 할 수 있을 것 같아."

모두가 맥주를 들이켰다.

마일즈가 말했다.

"그래? 내 생각에는 그 이상이 들 것 같은데."

로베르토가 의아한 표정으로 그를 보며 물었다.

"얼마나 있어야 할 것 같아?"

"4천5백만 달러 이상."

"5천만 달러?"

클리프가 거들었다.

"내 생각도 마일즈하고 같아. 오해하지 마. 로베르토, 이 일은 자네가 집에서 혼자 해낸 일이야. 우리는 이 일에 대해 비판을 하려고 여기에 온 게 아냐. 내 생각에 500만 달러로는 하드웨어와 소프트웨어 개발 그리고 마케팅 초기 작업 정도밖에 못할 거야. 그건 시작일 뿐이잖아."

로베르토는 당황하는 기색이 역력했다.

"시작일 뿐이라니?"

마일즈가 말을 하려고 했지만 클리프가 가로막았다.

"내가 그래도 명색이 변호사야. 이런 일이 정부의 승인 없이 될 것 같아?"

로베르토가 다소 굳은 표정을 지었다.

"무슨 말인지 알아. 증권거래위원회가 이 일을 허락해야 된다는 거 아냐. 나도 알아."

"맞아. 그러면 증권거래위원회가 새로운 증권거래법을 마지막으로 승인한 게 언제였는지는 알아?"

로베르토가 갑자기 놀란 표정으로 뒤로 물러앉았다.

"으—음. 모르겠는데."

"생각해 봐…… 1939년이야."

로베르토가 놀란 토끼 눈을 했다.

"1939년? 52년 전에 말이야?"

"그래. 이 아이디어를 갖고 증권거래위원회에 가 봐. 마침 잘 왔다고 할 사람이 있을 것 같아? 승인을 받으려면 몇 달, 아니 몇 년이 걸릴지도 몰라. 그 사람들이 쉽게 도장을 찍어줄 사람들이야? 누군가가 이 문제는 특별히 잘 좀 처리해 달라고 얘기를 해줘도 움직일까 말까 한 사람들이야. 증권거래위원회의 활동을 감독하는 국회의 소관 상임위원회 같은 데서 압력을 넣어야 한다고. 그러자면 의회에 끈이 있는 사람이 있어야 하잖아. 로베르토, 아이디어는 대단해. 하지만 정계에 막강한 힘을 갖고 있어서 증권거래소의 담당자들과 접촉을 할 수 있는 사람을 먼저 찾아야 할 거야."

로베르토가 본능적으로 계속 반박에 나섰다.

"하지만 이걸 필요로 하는 사람이 어디 한두 명이야? 그거야 내 아이디어를 필요로 하는 사람들이 나서서 증권거래위원회에 압력을 넣겠지."

클리프가 대꾸했다.

"이봐, 그러지 말고 다시 한 번 생각해 봐. 잘 생각해 보라고. 이 아이디어에 반대하는 사람도 있을 거라는 생각이 들지 않아?"

로베르토의 얼굴이 창백하게 변했다.

"반대를 한다고?"

마일즈가 대답했다.

"누구나 다 신기술을 좋아하는 건 아냐. 첨단기술에 의한 변화는 급격할 수밖에 없어. 그런데 이러한 급격한 변화를 탐탁지 않게 여기는 사람들도 있어. 자신들의 이해가 걸려 있는 거니까. 증권거래, 옵션거래, 선물거래, 다 좋아. 한 번 생각해 봐. 메이저 증권회사들은 지금 자기들이 쓰고 있는 시스템에 수백 만 달러를 투자했어. 거기에 딸린 식구가 얼만데, 자네 아이디어대로라면, 다 한방에 목이 날아갈 거야. 자기 목이 걸린 일인데 그들이 가만히 있겠어. 끝까지 투쟁을 벌일 거야."

"말도 안돼……."

클리프가 거들었다.

"이 친구 말이 맞아. 아이디어가 남보다 앞섰다는 점에 있어서는 좋아. 설계도 좋고. 증권회사, 컴퓨터 회사, 통신회사도 언젠가는 필요로 하겠지. 하지만 지금은 아니야. 그리고 이런 일은 회사 내부적으로 하는 일이야. 제아무리 믿을 만한 사람이 있다고 해도, 이렇게 큰 일에는 외부 사람은 쓰지 않아."

마일즈가 말을 덧붙였다.

"물론, 대형 컴퓨터회사나 통신회사에 이 아이디어를 팔 수도 있겠지. 그러면 핵심내용만 쏙 빼먹고 말 거야. 그렇다고 자네가 특허를 낼 수도 없잖아. 내용을 조금 바꿔 놓고 자기들이 개발한 거라고 우기면 그만이니까. 게다가 자네가 지금 다니고 있는 회사에서 가만히 있겠어? 자기 회사 직원이 하라는 일은 안하고 다른 일을 하고 다닌다고 뭐라고 할 거야. 그렇다고 지금 당장 회사를 그만 둘 거는 아니잖아."

로베르토의 기분이 상한 게 분명했다. 설계도가 바닥에 떨어져도 신경 쓰지 않고, 뒤로 물러나 앉으며 혼자말로 중얼거렸다.

"하긴 나도 내 아이디어가 무사통과하리라고는 생각하지 않았어."

클리프가 그를 위로했다.

"자학하지 마. 기술적인 측면이나 기능적인 측면에서 보면, 이건 대단한 일이야. 역시 천재야. 이 아이디어를 보니까 더 그런 생각이 들어. 문제는 이렇게 복잡한 시스템을 하나 하나 개발하느라 정치적인 문제나 인간적인 문제를 미처 생각하지 못한 것뿐이야. 어떤 일이든 다 문제는 있는 거야. 발명가나 신기술을 개발한 사람들은 언제나 똑같은 문제에 직면해."

"난 문제를 만들려는 게 아냐."

잠시 침묵이 흘렀다.

계산서가 나왔다. 우리가 할 수 있는 거라곤 그의 맥주값을 내주는 일뿐이었다.

후일담 : 2년 뒤 마일즈는 <포춘>지 선정 컴퓨터부문 100대 기업과 통신부문 200대 기업 그리고 증권사의 조인트 벤처 사업에 대한 기사를 비즈니스 잡지에서 읽었다. 증권거래, 채권거래, 옵션

거래, 선물거래 등을 하는 데 필요한 퍼스널 컴퓨터 시스템을 2년 안에 개발하는 것을 목표로 세 회사가 풀(pool)을 구성할 예정이라는 내용이었다.

그는 로베르토에게 전화를 걸었다. 그는 이미 비즈니스 컨설팅 업계를 떠나 캘리포니아에 있는 첨단 테크놀로지 회사의 운영팀장으로 근무하고 있었다. 그 기사를 읽어보았는지 묻자, 그는 웃으며 말했다.

"그럼. 벌써 세번째 이런 질문을 받는 건데. 세상 일이 내가 이미 2년 전에 생각했던 것과 똑같은 방향으로 돌아가고 있지. 그날 난 사실 기분이 완전히 잡쳤지. 자네들이 그런 말을 하리라고 나도 예상은 했었지만 말이야. 그러나 기분이 나빴던 건 나빴던 거고, 다시 잘 생각해보니까 정말 자네들 말이 맞더라고. '그래, 아이디어는 좋다. 하지만 내가 그 아이디어를 실천에 옮길 수 있는 적임자는 아니다'라는 생각이 들더라고. 그래서 그날 밤 뉴욕으로 돌아가는 길에 설계도를 기차에 그냥 놔두고 내렸어. 더 이상 그 일 때문에 시간낭비하고 싶지 않았거든. 역에 있던 거지가 운이 좋았으면 주웠을 거야. 주웠어도 그게 뭔지 알 수나 있겠어?"

● 교훈 - 아이디어의 걸림돌을 생각하라

우리가 만났던 사람들 중에서 가장 머리가 좋았던 사람 5명만 꼽는다면 로베르토도 그중 한 명일 것이다. 그는 비전과 정열과 지식을 가졌고, 그 정도의 능력이라면 무언가 큰 일을 하나 해낼 만한 사람이었다. 그의 아이디어와 비슷한 증권거래 시스템 아이디어는, 결국 수많은 기술자와 시스템 설계자가 수년간 각고의 노력을 기울인 끝에 대기업 합작이란 형태로 채택되었다. 그러나 로베르토는, 제 아무리 훌륭한 아이디어라도 그것이 다른 사람 손에 넘어가 그 아이디어를 낸 사람은 뒷전인 채 남들만 배를 채운다면 그것은 아무짝에도 쓸모없는 것이라는 사실을 배웠다.

우리가 아는 한, 로베르토만큼 증권거래 PC 시스템에 관해 좋은 아이디어를 갖고 있던 사람은 없을 것이다. 대부분의 사업가에게 훌륭한 아이디어는 그저 아이디어로 끝날 뿐, 햇빛을 보지도 못하는 경우가 수없이 많다.

로베르토의 아이디어는 정열과 끈기, 그리고 강한 의지의 소산이다. 그가 첨단기술 분야에 종사하는 다른 사람들과 마찬가지로 아이디어를 완성할 때까지 남들과 상의조차 하지 않았던 점은 큰 실수였다. 그는 자신의 아이디어에 맞는 시스템을 개발하는 데 드는 비용을 정확히 산출하고, 달랑 2장의 설계도와 사업계획서만 있으면 자본을 모을 수 있다고 생각했지만, 자신이 극복해야 할 정치적 법률적인 장애물은 간과하고 말았다.

만약 그가 자신의 아이디어를 완성하기 전에 다른 사람과 상의를 했더라면, 자기보다는 더 힘이 있고 권력이 있는 사람들만이 그러한 아이디어로 자금을 끌어 모으고 돈을 벌 수 있다는 사실을 보다 일찍 깨달았을 것이다.

미국의 비즈니스 역사를 보면 뛰어난 발명가도 많고 훌륭한 비전을 갖고 있던 사람들도 많다. 그러나 그들은 자신들의 아이디어가 다른 사람들의 배만 불리는 것을 뜬눈으로 바라보며 가난하게 살다가 죽은 경우가 허다하다.

새로운 상품과 서비스를 개발할 때는 혼자서 하면 안 된다. 개발 과정의 각 단계에서 다른 사람들의 의견을 듣고, 계획의 실현 가능성 여부를 체크하고 정말로 획기적인 아이디어가 혹시 엉뚱한 사람의 배나 불리게 하는 게 아닌지 심사숙고하여 귀중한 시간을 투자해도 좋은지를 결정해야 한다.

"하루아침 성공도 20년이 걸린다"

끈기는 성공한 기업가들의 특징이다. 연예계에서도 끈기 하나로
성공한 예는 많이 있다.

어느 날 자고 일어나 보니 하룻밤 새에 스타가 되어 있었다는
배우들도 사실은 수년 동안 무명으로 고생고생하며 바로 이 순간
을 위해 평생 노력한 사람들이다. 아마도 연예계보다도 사업에 이
런 경우가 더 많을 것이다.

어떤 사람은 자기 사업을 시작하기 전에, 남의 회사에서 남을 위
해 수십 년 동안 일해주고 경험을 쌓은 다음에야 창업을 한다. 아
니면 여러 번 실패를 겪은 후에야 실패의 경험을 토대로 성공의 고
삐를 움켜잡는 사람도 있다.

성공은 경험에서 나온다

현장 경험은 성공에 꼭 필요한 요소이다. 당신이 수년간 쌓아 놓은 현장 경험과 인맥은 투자자들의 신뢰를 얻는 데 큰 도움이 된다. 그들은 자신들이 투자할 회사가 난관을 뚫고 나가려면 시장에 대한 당신의 지식이 필요하다고 믿기 때문이다.

우리가 아는 사업가 중에 20년 동안 자전거 분야에만 종사했던 사람이 있다. 그가 이 분야 사업을 하는 동안 바나나 모양의 자전거 시트, 나비 모양의 자전거 손잡이 등이 개발되었다. 1990년대에 들어서는 산악용 자전거가 시판되어 히트를 기록했으며, 자전거 몸체, 안장, 바퀴 등에도 첨단기술이 적용된 제품이 선을 보였다. 이러한 분야에서 성공하려면 새로운 기술을 응용하는 방법을 알아야 하므로, 그동안 별다른 발전이 없던 자전거 사업 분야에서 수십 년 동안 그저 열심히 일했던 그는 비로소 혜택을 누려 재미를 볼 수 있었다.

새로운 사업은 종종 새로운 기술을 창출한다

새로운 사업이라고 해도 결국은 무(無)에서 나왔다. 예를 들어 인터넷 사업의 폭발적인 증가는 그야말로 '하루아침'에 성공한 많은 회사들을 탄생시켰다. 그때까지 온라인 커뮤니케이션 경험자가 없었기 때문이다. 이처럼 온라인 커뮤니케이션과 온라인 마케팅에 경험이 있는 사람들은 분명 극소수에 불과한데도, 이런 사업을 시작한 사람들은 도대체 무얼 하던 사람들인가? 그들 중 많은 사람들은 구텐베르크가 인쇄술을 발견한 이래 계속 존재해 왔던 출판업계 출신이다. 대부분의 새로운 산업은 사실 기존 산업이 발전한 것이거나 영역이 확장된 것이다. 그러한 상황에서는 이전의 경험이 매우 중요하다.

심지어 날로 팽창하고 있는 인터넷 산업에서도 관련 분야에 경험이 있는 사람들에게 그 기회가 돌아가고 있다. 온라인 네트워크 iVillage의 설립자인 캔디스 카펜터의 예를 들어보자. 그녀는 타임 워너 및 아메리칸 익스프레스와 같은 대기업의 미디어 네트워크 담당 전문가였다.

컴퓨터 동호회를 구성하는 데 꽤 능력이 있던 그녀는 전세계의 여성들을 연결하는 좋은 아이디어가 떠오르자 여성들이 서로 정보를 교환할 수 있는 온라인 포럼을 개설했다. 미디어에 대한 그녀의 풍부한 지식은 어떤 인터넷 관련 회사보다도 더 많은 자본을 끌어모을 만큼 투자자들에게 강한 믿음을 주었다. 그녀의 성공이 '하루아침'에 이루어졌다고 보이겠지만, 마침내 기회가 올 때까지 그녀가 자신만의 네트워크와 지식을 구축하기 위하여 오랜 시간을 쏟았다는 사실을 잊어서는 안 된다.

다음 같은 경우 '끈기만이 살길이다'라는 것을 기억하라

▶사업이 지지부진하고 성장 기미가 보이지 않는다.

▶회사를 여러 번 창업해 보았지만 그때마다 실패하여 시골에

내려가 민박집이나 운영해 보려고 한다.

▶당신이 사어(死語) 및 고대 그리스와 로마의 동전을 연구하는 고고학자인데, 변호사인 친구가 자신의 고객 중 한 사람이 인터넷에 고고학 관련 사이트 개설 작업을 도와줄 사람을 구한다는 말을 들었다.

▶당신이 잘 나가는 회사에서 수년간 쌓은 경력을 보고, 이제 막 창업을 하려는 사람들이 자꾸 동업을 제의해 온다.

더글라스 매칼라스터

더글라스 매칼라스터는 쉰이 넘은 나이에도 활력있는 사람이었다. 자신의 제품과 회사에 남다른 애정을 갖고 있던 그는 아주 감정이 풍부했다. 아이오와의 더뷰크에서 자랄 때에도 가족 모임에서 아마도 인기를 독차지했으리라 생각될 정도로 스타 기질이 있는 사람이었다. 대견해 하는 부모들을 위해 분명 기피 테이블 위에서 탭댄스를 멋지게 추곤 했을 것이다.

그는 이이오와에 있는 프레코셔스 펜 사(社)의 사장이었다. 그의 회사에서는 펜, 연필, 형광펜뿐만 아니라, 종이에 색칠을 하는 데 필요한 것은 모두 생산하고 있었다. 이 회사의 뿌리는 30년 전으로 거슬러 올라간다. 대학을 막 졸업하여 가진 것이라고는 한푼도 없던 그는 특수펜 개발에 몰두하여, 1960년대 초에는 볼펜, 저절로 없어지는 사인펜, 번지지 않는 특수잉크 등과 같은 신상품의 개발에 주력했다.

　그는 스페이스펜, 볼펜, 카트리지, 펠트 제품, 칼 등과 같은 문구류를 생산하는 데 심혈을 기울였다. 필기구만 해도 무려 100여 개가 넘는 특허를 따내면서도 계속 신제품 연구에 주력했다. 그는 신제품 개발에 상당한 만족감을 얻을 뿐, 제품 판매에는 별로 관심이 없었다. 1970년대에 들어서야 그는 자신의 특허를 이용해 다른 2명의 동업자와 함께 회사를 세우고 1975년에는 부동산 투자 회사도 차렸다.

　하지만 새로 차린 부동산 회사는 1980년대에 들어 불황으로 침체에 빠져들었다. 1989년 초 금리가 내려가자 그는 부동산을 처분했다. 그해 말에는 금리가 최고에 달했으므로 늦게 부동산을 처분했더라면 그는 완전히 파산하고 말았을 것이다. 20여년 동안 필기구 생산업체를 운영한 그는 1992년, 세번째 사업을 시작하게 되었다.

　프레코셔스 펜이라는 회사 이름이 다소 이상하기는 했지만 그는 이번에는 모든 것이 잘될 것 같은 기분이 들었다. 주위에서 부동산에 투기하라고 유혹하는 손길이 많았지만, 그렇게 하면 회사에 너무 큰 부담이 될 것 같았다. 예전의 사업을 다시 시작할 만큼 자금이 충분했으므로, 이번에는 전에처럼 다른 사람들에게 돈을 구걸하지 않아도 되리라고 확신했다.

　프레코셔스 펜 사(社)를 설립한 더글라스는 예전의 특허를 회수하여 전에 생산하던 품목 중 주요 품목만을 생산하기 시작했다. 자신의 다른 회사들도 어려운 상황에 처해 있으므로 그에게는 신제품을 생산할 여력이 없었다. 조촐하긴 했지만 건실한 출발 덕분에 회사의 매출이 수백만 달러가 되고 연평균 20%의 성장률을 기록하여 적자를 모면할 정도는 되었다. 그러나 매출은 그 이상 늘지 않았다. 더욱이 발명가인 그의 마음속에는 2년마다 새로운 상품을 세 개 정도는 개발, 시판해야겠다는 의욕이 넘치고 있었다.

그 무렵 소매시장의 환경은 엄청나게 변하고 있었다. 월마트, K마트, 타겟 스토어 등과 같은 대형 할인점들이 전국적으로 그 판매망을 확장시키고 있는 중이었다. 전에 그에게서 물건을 사가던 소형 문구점들은 사라지고 스태플스, 오피스 데팟, 오피스 맥스, 퓨어 & 퓨어 등과 같은 대형 문구 체인점들과 대량 거래를 했다. 이윤이 점점 박해지고 분기별 판촉행사는 점점 늘어나는 추세였다.

크리스마스, 할로윈, 부활절 이외에도 새로운 특수 기념일 판촉행사가 생겨나기 시작했다. 이 기회가 그의 운명을 영원히 바꾸어놓을 줄이야 누가 알았을까.

대형 할인점들은 판촉 행사로 '학생층을 겨냥한 판매'라는 컨셉트를 개발했다. 이 컨셉드에 따라 부모들과 아이들이 물건을 사러 오게 되고, 매년 신학기를 맞이하는 아이들을 대상으로 한 고정 시장이 형성되었다. 그러자 대형 할인점들은 의류와 도시락 이외에도 다양한 문구류를 원했다.

더글라스에게는 더할 나위 없는 기회였다. 핫펜슬, 펜, 서류철, 스티커 등과 같은, 그가 생산하는 제품은 대형 할인점이 원하던 바로 그런 품목이었다. 이윤이 크고 대금결제 조건 또한 좋았으며 매진되는 품목도 많았다. 그러다가 갑자기 그는 한 시즌에 세 개의 신상품으로는 적으니 적어도 25개 이상의 신상품을 납품해 달라는 요청을 받게 되었다.

그의 영업력과 대형 할인점의 구매력은 대량 주문으로 이어졌다. 프레코셔스 펜은 누구나 하나쯤은 갖고 있어야 하는 필수품이 되어 있었다. 그후 3년 동안 연속 100%의 성장을 기록한 그의 회사의 총매출액은 4천만 달러나 되었고 이윤도 크게 늘었다.

투자가들의 발길이 끊이지 않았다. 먼저 벤처 투자자금을 유치한 그는 곧바로 주식을 상장하여 무려 5천만 달러의 자금을 조달했다. 이것은 30년 동안 시장에 대한 그의 안목이 생산량의 증가, 주문량의 증가, 이익의 증대에 기여하리라고 투자자들이 확신했기 때문이었다.

●교훈 - 계란을 한 바구니에 담고, 그것만 잘 지켜라

프레코셔스 펜이 5천만 달러를 주식시장에서 조달할 수 있었던 이유는 더글라스가 계속 문구업계에서 일을 해왔기 때문이다. 문구 산업에 대한 그의 해박한 지식과 신제품 개발에 대한 그의 천부적인 재능이 투자자들에게 일시적인 손실이 있을지라도 그의 회사에 발전의 기회가 주어질 것이라는 확신을 심어준 것이다.

이것저것 사업을 하면서 잘못된 투자를 한 적도 있었지만, 그는 결국 다른 것에 한눈 팔지 않고 오직 필기구만을 개발하는 일에 몰두했다. 더글라스가 이룬 성공은 갑작스럽게 이루어진 것처럼 보일지도 모른다. 그러나 그 성공은 30년 동안의 끊임없는 노력과 준비와 인내 끝에 이루어진 것이다.

어떤 한 분야에 전문지식을 갖고 있다면, "계란을 바구니에 하나에 모두 몰아넣고 그 바구니를 잘 지켜라!"라는 마크 트웨인의 소설에 나오는 말을 따라야 한다. 더글라스는 부동산 투자에 손을 대지 말았어야 했다. 필기구와 부동산처럼 성격이 전혀 다른 사업 모두에서 성공한 사람은 거의 없다. 어느 한 쪽에서 이익을 보아도 결국은 다른 한 쪽에서 손해를 볼 것이 뻔하기 때문이다. 더글라스가 이것을 깨닫는 데에는 20년이나 걸렸다.

모든 사업에는 성공에 이르는 어떤 기본적인 핵심이 있다. 일단 깨닫기만 하면 간단한 일이다. 그 핵심을 깨닫는 데에는 그리 많은 시간이 걸리지 않는다. 더글라스는 20여 년 동안 필기구 업계에 일했으므로 어느 회사라도 한두 가지 품목을 가지고는 경쟁력이 없다는 사실을 잘 알고 있었다. 그는 빠른 속도로 꾸준히 신제품을 출시하는 능력이 이 업계에서 성공하는 지름길이라는 것과, 다양하고 질 좋은 제품을 생산해야 한다는 사실도 알고 있었다. 그 결과 그는 열심히 일하여 대형 판매점에는 어디에나 납품을 할 수 있었다.

사업에는 운도 따라야 한다. 비즈니스 세계는 아주 빠른 속도로 변하고 있고, 만약 당신이 이것저것 손을 대다 보면 모든 것을 다 망치는 수가 생긴다. 더글라스처럼 기회가 올 때를 대비하고 있어야 한다. 학생용품의 소비 증가와 대형 할인점의 구매력 증가는 1990년대 초의 중요한 추세였다. 그것은 더글라스가 부동산 회사 문제로 심각한 어려움에 처해 있을 때 성장의 원동력이 되었다. 만약 그가 부동산으로 대박을 터뜨리기 위하여 많은 시간을 썼더라면, 그는 필기구 시장에 불어닥친 기회를 놓치고 말았을 것이다.

벼락부자도 하루아침에 되는 게 아니다. 기회가 올 때까지 끈기 있게 기다려야만 행운을 잡을 수 있다.

제3부
시장과 경쟁

"남들이 당나귀라고 놀리면 안장을 준비하라"

창업자들에게 좋은 경구를 만들어낸 인물은 다름 아닌 클리프의 할머니 알메린다 루지에로였다.(친구와 가족들 사이에서는 '아이린'이라는 이름으로 불렸다.)

1900년대 초반 이탈리아 살레르노 인근 마을에서 온 이민 1세대였던 아이린은 브루클린에서 이발사와 결혼하여 네 자녀를 낳아 키웠다. 어느 날 쓰레기통에서 <셰익스피어 전집>을 주운 아이린은 영어-이탈리아어 사전에서 단어를 찾고, 그래도 감이 안 잡히는 엘리자베스 여왕 시대의 고어(古語)에 부딪치면 아이들한테 그 뜻을 물어보고 희미한 호롱불 아래서 한 자 한 자 읽어가며 영어를 배웠다.

아이린은 사업을 한 적이 없었지만, 그야말로 사업가적인 기질만은 몸에 밴 사람이었다. 그녀가 구사하는 영어는 2천여 년에 걸쳐 역경을 이겨낸 철학과 금욕주의가 가득한 정말로 멋진 언어였다.

클리프는 어린 시절 운동보다 책을 더 좋아해서 아이들의 놀림감이 되곤 했다. 그가 아이들의 놀림에 대해 불평하자, 할머니가 해주었던 얘기가 있다.

"애야, 내가 어릴 때 들은 이탈리아 속담이 있단다. 뭔지 아니? '어떤 사람이 너더러 당나귀라고 놀리면 그냥 웃어 넘겨라. 만일 열 사람이 똑같이 그런 소리를 하면 그때는 안장을 사서 손님을 태워 주며 돈을 벌어라' 이런 속담이란다."

그는 이 말을 오늘날까지 잊지 않고 있다. 그리고 할머니의 지혜의 말에 대한 자신의 응답도 생생하게 기억하고 있다.

"할머니, 아주 멋진 말인데요! 근데 그게 무슨 뜻이죠?"

우리는 최근에야 클리프의 할머니가 했던 말뜻을 알 수 있었다. 그것은 모든 사업가에게 좌우명이 될 수 있는 심오한 경구였다. 사업을 구상할 때, 그 사업의 전망을 결정하는 것은 절대 당신이 아니라, 바로 '시장'이 그런 결정을 하는 것이다.

당신이 어떤 사람인가, 어떤 일을 할 수 있고 어떤 일을 할 수 없는가를 알려주는 것은 바로 고객들이다. 시장에 귀를 기울여서 시장이 무엇을 원하고 있는가를 제대로 알아 두라. 설령 당신의 사업 계획에 차질이 생기더라도 시장의 요구 사항을 들어주는 태도가 바로 사업의 성공에 결정적인 열쇠가 되는 경우가 적지 않기 때문이다.

사업의 방향을 결정하는 것은 경영자가 아니다

대다수의 사업가들은 자신이 원하는 사업이 어떤 것인지를 잘 알고 있었다. 모두 다 그런 건 아니지만, 특히 새로 창업을 한 사람들이 그렇다. 이런 사람들의 사업 계획은 대단히 상세하게 짜여져 있다. 판매할 물건과 그에 대한 서비스 및 판매방법에 대해서도 세밀히 기록되어 있으며, 또 최상의 경우와 최악의 경우, 그리고 실현 가능한 예상 수익까지도 산출되어 있다.

그런데 이런 계획에는 한 가지 문제점이 있다. 시장에서 커브볼과 같은 엉뚱한 상황—회사의 판매나 영업 노선을 전면 수정해야 하는 상황—을 예상하지 못하고 있다는 점이다. 시장은 나름대로의 속성이 있어서 시장에서 항상 원하는 결과만을 얻을 수는 없다. 머릿속으로만 생각하지 말고 시장에서의 소비자의 구매 성향에 맞춰 사업 계획을 짜는 것이 훨씬 성공 가능성이 높다.

소규모 창업 세미나나 설명회를 할 때 우리가 강조하는 점은, "어떤 사업을 해야 할지 모르는 사람이야말로 장차 빨리 성공할 가능성이 큰 사람"이라는 것이다. 이런 사람은 아무런 편견이나 선입견이 없기 때문에 시장이 원하는 것이 무엇인지, 소비자가가 사고 자 하는 물건이 무엇인지에 대해 적극적으로 의견을 수렴한다. 또 자신의 욕심과 두려움은 물론 시장의 요구와 같은 구매 결정 요소에 대해서도 결코 주관적으로 판단하지 않기 때문이다.

열 사람이 당나귀라고 놀리면, 안장을 사서 잘 꾸미며 손님을 태울 준비를 하라. 당신 자신의 지금 그 모습을 이용하여 돈을 벌라!

꼭 살 것 같은 물건을 왜 소비자가 사지 않을까?

'사람들이 당나귀라고 놀리면 안장을 사라'는 속담은, 비즈니스의 세계에 들어서서 스스로 운명의 개척자라고 자처하는 사람들에게는 썩 유쾌하지 못한 말일 수도 있다. 안됐지만, 잘 팔릴 것 같은 상품이 생각과는 정반대로 잘 팔리지 않는 경우가 비일비재하다. 모두들 한번 자기 확신에 빠지기 시작하면, 아무리 옆에서 누가 사실을 사실대로 얘기해도 그 생각을 떨쳐버리기란 거의 불가능하다.

많은 사업가들은 자사 제품은 생활에 '꼭 필요한 물건'이므로 '꼭 사야 한다'고 말한다. 그러나 '꼭 필요로 하는 물건을 사는 사람은 아무도 없다.' 당신은 이 거부감 느끼게 하는 진리를 알아야 한다. 사람들이 필요한 물건을 살 때에는 다음과 같은 두 가지 조건이 동시에 맞아떨어져야 된다.

▶그 물건이 필요하다는 사실을 깨닫고 인정해야 한다.
▶그와 같은 인정을 행동으로 옮겨야 한다.

우선 첫 단계부터 살펴보자. 우리는 살아가는 데 무엇이 필요한가를 정말로 다 알고 있을까? 물론 그렇지 못하다. 만일 정말로 알고 있다면 사업가도 필요 없고, 사업 계획도 필요 없을 것이다. 전쟁이나 소송도 없어질 것이다. 라디오의 상담 프로그램이나 '고독한 연인들'을 위한 신문 칼럼, 교회, 사원, 명상 센터 등도 마찬가지로 필요 없을 것이다. 자아를 향상시키고 삶의 질을 높이기 위한 성인 교육 과정과 집단 치료법도 물론 필요치 않게 될 것이다. 인생에서 필요한 것이 무엇인가를 즉시, 본능적으로 알 수 있다면, 얼마나 멋진 세상이 되겠는가!

사람들이 어떤 물건이 필요하다는 사실을 깨닫도록 기다리지만 말고, 거금을 써서라도 왜 그런 게 필요한지를 먼저 깨우쳐 줘야 할 때가 많다.

만약에, 정말 만에 하나라도 당신이 인생에서 무엇이 필요한가를 진짜로 알고 있는 아주 드문 그런 '인간'이라고 가정하자. 그러면 당신은 항상 그런 인식에 따라 행동하고 진짜 필요한 것은 모조리 꼭 구매를 할 것인가?

이렇게 가정해 보자. 당신이 지금 배가 몹시 고프다. 그런데 커다란 냄비로 하나 가득 끓여 놓은 콜리플라워와, 브뤼셀 스프라우트, 양배추, 당근, 브로콜리 등이 있으니 좀 먹으라고 누군가가 권한다. 그러면 당신은 몸에 좋은 이 음식을 얼마나 먹을까? 보통의 미국인이라면, 이 야채를 전부 다 먹지는 않을 것이다. 왜 그럴까? 당신은 분명 신문이나 잡지에서 건강 관련 기사를 읽었을 것이다. 당신은 분명 이 야채 요리에 각종 비타민과 미네럴, 산화방지효소, 베타카로틴 등이 들어 있다는 사실을 알고 있을 것이다. 물론 잘만 먹으면 암도 치료할 수 있고 말이다. 그러나 몸에 좋은 이 '야채 잡탕'은 아무리 생각해 봐도 그리 군침 도는 음식은 아닐 것이다.

자, 그럼 이번에는 '야채 잡탕' 말고, "나도 배가 엄청 고프니, 같이 피자나 먹으러 갈까?"하고 제안을 한다면, 당신은 어떤 반응을 보일까? 아마도 피자가 훨씬 먹음직스럽다는 생각이 들 것이다. 물론 우리 모두는 피자가 '힘을 돋궈주고 수명을 늘려주는' 그렇게 좋은 건강 식품이 아니라는 사실을 잘 알고 있다.

아까 했던 질문을 다시 반복해 보자. 뭐가 필요한지를 알게 되면, 당신은 필요한 '그것'을 항상 사게 되는가? 당신은 절대 그러지 않을 것이다.

구매욕구와 억제욕구가 시장을 지배한다

사람들은 사고 싶은 물건이 있으면 어떤 특정한 때에 특정한 계기가 있어야 살 것인지 말 것인지 결정을 내린다. 이것은 사업가들이 정말 배우기 힘든 교훈이다. 시장에서의 '구매욕구와 그 반대인 억제욕구'는 당신이 좌우할 수 없기 때문이다. 오직 거기에 맞게 대응할 수 있을 뿐이다. 다음과 같은 경우에 특히 그렇다.

▶사람들이 어떤 특정한 제품이나 서비스를 '반드시' 구매하리라고 생각한다.
▶새로운 사업 아이디어를 가지고 있는데, 칵테일 파티에서 당신 이야기를 들은 사람들만이 전망 좋은 아이디어라고 맞장구를 친다(사람들은 당신이 듣고 싶어하는 말만 골라서 해준다!).
▶시장 조사 결과, 당신의 제품이나 서비스에 대한 소비자의 구매욕구 수치가 낮게 나왔지만, 시장의 동향을 제대로 파악하지

못한 통계 착오라고 간주하여 무시한다.

▶당신의 상품에 대한 소비자의 선호도, 구매방법, 구매동기 등에 대해 아무것도 모르면서, 새로운 제품을 발명하거나 개발하고 싶은 욕심이 있다.

▶물건을 만들기만 하면 다른 사람들도 살 것 같은 아이디어가 떠올랐다.

비노드 자이라프트라

몇해 전, 클리프는 코네티컷 남부에서 작은 법률 사무소를 운영하고 있었다. 몇 명 안 되는 그의 고객은 대부분 인도 출신의 IT 관련 벤처 사업가들이었다. 이들은 클리프의 고객인 어느 인도 출신 벤처 투자자가 소개한 사람들이었다.

어느 날 머니헌트 웹사이트의 서버가 갑자기 고장나서 클리프는 고객 중 한 명인 비노드 자이라프트라에게 수리를 부탁했다. 마일즈는 비노드를 처음 만났던 때를 결코 잊을 수 없다.

비노드는 아주 멋진 신사였다. 머리에는 터번을 두르고 수염을 가슴까지 늘어뜨린 그는 더블 양복에 조끼를 받쳐입고 플로세임 브로엄 구두를 신고 있었다. 마치 오마 샤리프를 닮은 듯한 모습이었다.

비노드가 인도인 특유의 액센트로 말했다.

"비노드입니다. 펜을 하나 드리겠습니다."

그가 건네준 펜은 25센티쯤 되고 굵기가 엄지손가락보다 조금 굵었다. 펜의 옆면에는 가느다란 금속 조각이 붙어 있었다. 마일즈가 그 금속 조각을 잡아당기자, 흰색과 금색이 어우러진 15센티쯤 되는 실크천이 돌돌 말려 나왔다. 이 천에는 비노드가 미소짓고 있는 모습과 '비노드 자이라프트라─당신의 데이터베이스 닥터'라는 문구가 영어와 힌디어로 인쇄되어 있었다. 정말로 색다른 만남이었다.

마일즈는 그의 이름을 '바인야드'라고 잘못 부르는 실수를 범했다. '바인야드'는 마일즈가 아내와 함께 휴가를 다녀온 휴양지의 이름이었다. 비노드는 빙그레 웃으며 미안해 하는 마일즈를 안심시켰다.

"아, 그런 거야 뭐 좀 어떻습니까? 괜찮아요. 그냥 VJ라고 부르거나 여기 코네티컷의 친구들처럼 비니라고 불러도 돼요. 그러고 보니 클리프 씨가 저한테 여러 번 이야기하던 마일-리즈 선생이시군요."

마일즈, 아니 마일-리즈는 비노드를 무척 마음에 들어했다.

비노드는 마케팅 분야에서 일하는 사람처럼 보였지만 컴퓨터 수리에 일가견이 있는 사람이었다. 그가 다운된 소프트웨어 인터페이스를 재작성하고, 웹사이트의 데이터를 전부 복구하는 데에는 세 시간도 걸리지 않았다. 데이터가 모두 날아갔을까봐 걱정하던 마일즈는 전보다 더 빠른 속도로 서버가 정상 작동되는 것을 보고 그의 솜씨에 감탄하지 않을 수 없었다.

마일즈는 비노드의 다채로운 경력에 대해 좀더 알고 싶었다. 다음은 비노드가 들려준 얘기다.

비노드는 인도 남부 우타르 프라데시의 한 가난한 마을에서 태어나 그곳에서 자랐다. 그는 여덟 살이 되던 해까지 전국 규모의 경시대회를 여러 차례나 석권한 수학의 신동이었다. 열두 살에 고등학교를 졸업한 그는 인도의 명문 대학인 봄베이 공과대학에 장학생으로 입학했다.(여기는 아마도 세계에서 가장 혹독하고 우수한, 소프트웨어 엔지니어 양성 기관일 것이다.)

학생들이 보통 C나 D를 받는 이 학교에서 그는 평균 A학점을 받았다. 컴퓨터 공학 석사과정이 끝나던 1980년대 말, 뉴저지의 벨 연구소 출신으로 그곳에 교환교수로 와 있던 교수의 눈에 띄어 그의 소개로 벨 연구소에 들어갔다. 비노드가 이 연구소의 엘리트 그룹인 소프트웨어 엔지니어 그룹까지 올라가는 데는 별로 시간이 걸리지 않았다. 이곳에서 5~6년을 보내는 동안 그는 고향 아가씨를 만나 결혼도 하고 뉴저지 교외에 집도 마련했다. 곧이어 명문 대학에서 수학 박사학위를 받은 비노드는 미국 영주권을 취득할 준비도 진행했다.

벨 연구소에서 많은 최첨단 IT 프로젝트에 참가하면서도 그는 '연계 데이터베이스 소프트웨어'를 개발하고 싶은 욕심을 버릴 수 없었다. '연계 데이터베이스 소프트웨어'란 대형 회사가 방대한 양의 데이터를 보관, 유지하면서도 여러 장소에서 여러 대의 개인 컴퓨터 서버가 중앙의 데이터베이스에 접근할 수 있게 해주는 소프트웨어이다. 당시까지 이 '연계 데이터베이스'를 만들고 업그레이드하는 데 필요한 수학 지식을 제대로 갖춘 소프트웨어 엔지니어들은 전세계적으로도 다섯 손가락 안에 꼽을 정도였다. 그 가운데 한 사람이 바로 비노드였다.

1990년대 초, 전통 있는 벨 연구소는 독과점방지법에 의해 여러 부분으로 분할되어 그 중 일부는 대형 회사로 흡수되었다. 이때 비노드의 개발팀이 해체되었다. 비노드는 실직한 뒤 석 달 동안 많은 어려움을 겪었다. 직장에서 쫓겨난 경험이 전혀 없던 그에게는, 이력서를 들고 다른 사람들을 만나는 일이 너무 낯설었다. 그러나 재취업을 위해 여러 번 면접을 하는 동안 비노드는 자기 자신을 세일즈하고 마케팅하는 일에 흥미를 느끼게 되었다. 동네 책방에서 창업 전문지를 사서 읽다가 문득, 소프트웨어 컨설팅 비즈니스를 직접 시작해도 괜찮겠다는 생각이 떠올랐다.

비노드는 뉴저지에서 열린 MIT 엔터프라이즈 포럼에 참석하여 우연히 코네티컷에서 사업을 하고 있는 인도 출신의 벤처 투자자가를 만났다. 그를 통해 클리프를 소개받은 비노드는 이제 어엿한 사업가로 변해 있었다.

차를 마시며 마일즈가 물었다.

"지금 하고 계신 사업의 핵심 내용이 무엇입니까?"

"그러니까…… 제가 정말로 하고 싶은 사업은 '연계 데이터베이스'에 관한 것인데……."

비노드의 대답이 이어졌다.

"여기 코네티컷 남부에는 대기업들이 많이 있죠. 그 점이 바로 여기로 이사한 이유입니다. 이들 대기업들은 모두 연계 데이터베이스 프로그램을 사용하고 있습니다. 사용하다 보면 문제가 많이 발생하는데, 이 소프트웨어의 문제 해결은 어떤 정해진 방법이 없습니다. 문제가 생길 때마다 일일이 그때마다 처리하는 수밖에 없습니다. 한 번 도전해 볼 만한 일이죠. 전 이 일이 좋습니다."

"재미있군요. 그런데 사업은 잘 되고 있습니까? <포춘>지 선정 500대 기업 중 이 지역에서 몇 곳이나 '데이터베이스 닥터' 회원으로 가입했습니까?"

잠시 침묵이 흐른 뒤, 비노드가 한숨을 쉬면서 말했다.

"아직 한 건도 없습니다. 어떤 회사도 제 사업에 관심을 보이지 않더군요. 그래서 클리프 씨가 소개할 때 몹시 기뻤습니다. 저에게는 꼭 필요한 일이었습니다."

마일즈는 비노드를 도와주어도 괜찮겠다는 생각이 들었다. 펜과 예쁜 실크천 때문이 아니라 비노드의 사업이 그만한 가치가 있었기 때문이었다.

마일즈는 마케팅에 관한 질문을 하기 시작했다.

"기업에서 누구에게 사업 설명을 했나요? 사람을 제대로 만나야 하는데 말입니다."

"기업에 가면 홍보실장을 만나서 이야기했습니다. 제 이력서를 내밀면 쉽게 만나주더군요."

"그렇다면 상담 상대는 제대로 만난 거로군요. 거기까진 문제가 없습니다. 이번에는 저에게 세일즈를 한 번 해보시지요."

비노드는 마치 세일즈를 하듯이 마일즈에게 데이터베이스 업그레이드와 버그 수정 프로젝트에 대해 상세하게 설명했다. 그의 프리젠테이션은 훌륭했다. 그는 자신의 서비스에 대해 자신감을 갖고 있었다.

"좋습니다. 비노드 씨의 설명을 들으면 누구나 참 좋은 서비스구나 생각할 텐데, 왜 가입하지 않겠다고 그러던가요?"

"이미 연계 데이터베이스를 담당하는 프로젝트팀이 있다고 하더군요. 아마도 데이터베이스 안에 저장된 자료가 회사의 1급 기밀에 속하기 때문에, 그런 작업을 외부 인물에게 맡긴다는 것에 상당한 부담을 느끼는 것 같았습니다. 몇 군데 좋은 회사에는 직원으로라도 들어가고 싶다고 해봤지만, 그런 회사에서는 보수가 충분치 않았습니다. 어떤 형태가 됐든 조만간에 이 일을 시작해야 합니다. 더 이상 식구들한테 빌붙어서 살 수야 없으니까요."

마일즈는 잠시 생각을 하고 다시 목소리를 높여 말했다.

"저, 그런데 말이죠. 회사들이 그런 업무를 외부의 컨설턴트에게 맡기지 않는 것은 당연한 겁니다. 기업이란 게 원래 내부 자료에 대해서는 지나치다 싶을 정도로 민감한 법이니까요."

마일즈는 오랫동안 침묵을 지키다가 다시 물었다.

"저, 혹시 사적인 대화에서 들은 얘기는 없습니까? 사적인 얘기가 시장의 상황을 파악하는 데 단서가 될 수도 있거든요."

잠시 생각에 잠겨 있던 비노드가 천천히 입을 열었다.

"아, 그렇군요. 그 말을 들으니까 생각나는데, 많은 사람들을 만나면서 들은 이야기가 있긴 있습니다."

"그게 뭡니까?"

마일즈가 물었다.

"믿어지지 않으시겠지만, 아는 사람 중에 워드 프로세서를 다룰 수 있는 사람이 있느냐고 물었습니다."

"네? 워드 프로세서요? 편지를 쓰거나 메모를 작성할 때 쓰는 프로그램 말입니까?"

"네, 맞습니다. 사무실과 공장이 전국적으로 흩어져 있는데, 이들 사무실과 공장의 상당수가 다른 회사들에서 인수하거나, 아니면 설립 시기가 제각각이더군요. 따라서 사용하는 워드 프로세서도 서로 다르고 컴퓨터끼리 호환할 수가 없다고 합니다. 홍보부 사람들은 그런 문제 때문에 아주 미칠 지경이라더군요."

이 '기밀누설'에 충격을 받았다는 듯이 마일즈는 앉았던 의자에서 몸을 숙이며 말했다.

"지난번에 우리 서버를 완벽하게 수리하셨죠? 여러 가지 워드 프로세서들이 서로 호환성을 가질 수 있도록 소프트웨어 인터페이스를 짜실 수 있겠습니까? 어떻습니까?"

"물론 할 수 있습니다!"

다소 모욕을 받았을 때처럼 비노드의 목소리가 높아졌다.

"워드 프로세서의 수학적 모형은 아주 간단합니다. 그런 거야…… 어린애들 장난이죠. 그런데……?"

비노드는 갑자기 놀란 표정을 지었다. 신참 힌두교 승려가 마치 오랫동안의 고행 끝에 깨달음을 얻었을 때의 표정과 같았다.

"먼저 찾아갔던 회사에 다시 가서 본인이 직접 '워드 프로세서' 문제를 해결하겠다고 해보세요. 내 생각엔 비노드 씨가 그 회사들이 진짜로 필요한 아이템에 대한 힌트를 귀담아듣지 않은 것 같습니다. 물론 워드 프로세서를 가지고 하는 작업이야 애들 장난이라는 건 나도 알고 있습니다만, 비노드 씨는 일단 이런 대기업에 발을 들여놓아야 할 거라는 생각이 듭니다. 중요 프로젝트는 절대 잘 모르는 사람들에게 외주를 주지 않습니다. 그러니 조금 수준이 낮더라도 맡은 프로젝트를 잘 수행해서 능력을 인정받으면, 다음에는 하고 싶은 일을 할 수 있게 되지 않을까요?"

비노드는 마일즈에게 진심으로 고마워했다. 그는 너무 골똘히 생각에 잠긴 나머지 웹사이트 수리 요금 청구서도 안 주고 사무실을 나갔다.

비노드는 지난번에 갔던 기업체를 다시 찾아갔다. 한 달이 채 안 되어 같은 지역 내의 기업 서너 군데에서 '워드 프로세서'와 관련된 컨설팅 업무를 맡게 되었다. 1주일 내내 하루 18시간씩 일에 매달린 비노드는 맡은 프로젝트에 관한 문제를 어찌나 신속하고 완벽하게 해결해냈던지 가는 회사마다 최고 경영자들이 놀란 입을 다물지 못할 정도였다.

결국 그가 처음 바랐던 대로 이들 기업체들로부터 '연계 데이터베이스' 프로그램을 맡는 데는 그다지 오랜 시간이 걸리지 않았다. 예전과 달리 이번에는 그도 회사의 직원과 다름없기 때문이었다. 비노드는 일이 늘어나자 직원까지 고용하게 되었다. 직원 중에는 벨 연구소 시절의 동료와 친구들도 있었고, 봄베이 공대 출신의 인턴 사원도 있었다.

수많은 기업들이 Y2K 문제로 전전긍긍하고 있던 1997년, 사람들은 수학의 천재만이 이 문제를 풀어낼 수 있다는 사실을 깨닫게 되었다. 비노드는 전화 코드를 뽑아 놓아야 할 정도로 바빴다. 석 달만에 그의 컨설팅 비즈니스는 세 배로 커졌다. 뉴잉글랜드 지역에서 초고속 성장을 거듭하고 있는 IT 컨설팅 회사의 소유주인 그는 지금은 벤처 투자에도 진출하고 있다.

크리스마스와 유태교의 하누카 축제 때에 우리는 고객과 친구들로부터 많은 선물을 받는다. 1998년 크리스마스 이틀 전, 마일즈는 '바인야드 IT 컨설턴트'로부터 두터운 타원형 상자 하나를 받았다. 언뜻 보기에는 시가가 든 것처럼 보였다. 회사 이름도 제대로 확인하지 않은 상태에서 상자를 열어보았다. 커다란 펜을 보는 순간 마일즈가 빙그레 웃었다. 비노드가 보낸 선물임을 알았기 때문이었다.

펜 한쪽에 붙은 금속 조각을 당기자 비노드의 컬러 사진과 회사 이름이 들어 있는 15센티 크기의 실크천이 나왔다. 그 위에는 다음과 같은 문구가 인쇄되어 있었다.

"Y2K— 2000년 1월 1일은 VJ의 날입니다!"

●교훈 - 사람들은 진실을 말해주지 않는다

시장에서 사람들이 진정으로 원하는 것이 무엇인지를 알기란 대단히 어려울 때가 많다. 사람들은 진실을 말해주지 않는다. 물건을 사거나 서비스를 이용하는 이유가 실제 무엇 때문인지 스스로 깨닫지 못해서일 수도 있고, 당신을 너무나 좋아하는 나머지 당신이 듣고 싶은 말만 해주기 때문에 그럴 수도 있다. 시장의 상황을 알기가 어려우므로 그 내막이 밝혀지도록 잘 접근해야만 한다.

비노드의 경우는 좀 달랐다. 비노드의 시장에서는 사람들이 당장 원하는 것이 있었고 그는 그 정해진 것만 해결해 주면 쉽게 많은 돈을 벌 수 있었다. 자신이 하고 싶은 일에만 초점을 맞추고 있던 비노드는 시장의 요구에 귀를 기울이지 않는 바람에 IT 컨설팅이라는 거대한 사업 영역에서 손을 털기 일보 직전까지 갔다.

비노드가 처음에 거절했던 워드 프로세서 관련 업무로 되돌아갈 수 있었던 것은 행운이었다. 정직한 개성과 원만한 성격 덕분에 그를 면접했던 홍보부 관리자들과의 연결이 끊기지 않았던 것도 한 원인이 되었다. 다른 사람 같으면 뭔가 불평 한마디라도 했거나, 거절했던 일을 자진해서 다시 하겠다고 하지는 못했을 것이다. 그러나 그는 타고난 성품과 재능 덕택에 다시 돌아가 기업체들로부터 일을 따낼 수 있었다. 그리고 이것을 기회로 삼아 그는 보다 짜릿한 도약의 문을 열었다.

결과적으로 비노드의 성공은 다른 경쟁자들과의 차별화 전략에 그 비결이 있었다. 경쟁이 매우 치열한 부문에서는 자신의 장점을 짧은 시간 안에 상세히 설명해야 한다. 그럴 능력이 없다면, 당신은 미래의 고객으로부터 관심을 끌지 못할 것이며, 나아가서는 사업 자체도 주저앉게 된다.

우수한 능력을 갖춘 컴퓨터 컨설턴트들은 시장에 널려 있었다. 기술적 능력에서 볼 때 비노드와 비슷하거나 오히려 앞선 경쟁자들도 많았지만, 어느 누구도 자기만의 펜을 가진 사람은 없었다. 그의 촌스러운 슬로건이나 자기 PR용 펜을 보고 어쩌면 웃음이 나올지도 모른다. 그러나 사람들의 관심을 끌고 비노드의 이름을 기억할 수 있게끔 해준 것은 다름 아닌 바로 그 촌스러운 슬로건과 펜이었던 것이다!

"골드러시에는 삽을 팔아라"

아주 재미있는 얘기가 하나 있다.

어느 유치원 교사가 세 명의 아이들에게 장래 무엇이 되고 싶은 지 묻자, 한 아이가 대답했다.

"전 외과 의사가 되어서 심장 이식 수술을 해보고 싶어요."

그러자 다른 아이가 대답했다.

"전 변호사가 되어서 사람들을 감옥에서 나오게 하고 싶어요."

마지막 아이는 이런 대답을 했다.

"전 옷가게를 열고 싶어요."

야망이 없어 보이는 이 대답을 듣고 선생님의 얼굴에 놀라움이 스쳐갔다. 그러자 세번째 아이가 얼른 덧붙였다.

"심장 이식이 필요한 환자도 있고, 감옥에서 어서 나오고 싶은 사람도 있겠지만, 옷은 누구나 필요한 거잖아요!"

골드러시에는 다양한 선택의 가능성이 열려 있다. 금광 채굴업자가 되어 곡괭이나 삽, 선광용(選鑛用) 냄비 따위의 채굴 도구를 사들일 수도 있으며, 황무지에 말뚝을 박아 놓고 채굴권을 주장할 수도 있다.

이도 저도 아니라면, 채굴업자들을 상대로 삽이나 곡괭이, 냄비를 파는 판매업자가 될 수도 있다.

흐름을 좇지 말고, 흐름을 이용하라

'전국적인 열기'가 불어닥쳤을 때는 그 열기에 참여하는 사람들이 사용할 도구를 팔아라!

좋은 사례가 있다. 1890년대 알래스카에 골드러시가 불어닥쳤을 때, 실제 묻혀 있는 황금보다 금을 개겠다는 광산업자들이 더 많았다. 그러다 보니 황금보다 더 많은 삽이 필요했다.

최근의 사례를 보자. 1990년대 중반부터 불기 시작한 인터넷 열기를 보면, 수천 수만 명의 사업가들이 인터넷에 사이트를 올리고 있다.

문제는 보통 사람은 이 모든 사이트에 접속할 수 있는 방법을 필요로 한다는 점이다. 야후나 AOL에 들어가 보라. 이러한 사이트는 원하는 것은 무엇이든지 인터넷에서 누구나 쉽게 찾을 수 있도록 해주는 디렉토리와 소프트웨어를 무수히 제공하고 있다.

그러나 명심해야 할 사항이 있다. '골드러시'나 핫 마켓처럼 뜨겁게 달궈진 것들 중에서 영원히 살아남는 것은 거의 없다는 사실이다. 금맥이 마르면 삽을 찾는 사람들도 사라진다.

때문에 시장의 상황에 재빠르게 적응해야 한다. 당신이 자신의 브랜드를 지키려면 골드러시를 이용하라. 그러다가 골드러시가 끝나면, 금광을 캐는 데 사용했던 삽을 활용할 다른 아이템을 찾아보라.

어떤 사업이 유행의 급류를 탈 때, 사람들은 누구나 이 물살에 편승하고 싶어한다. 많은 사업가들이 새로운 시장의 가운데로 뛰어들려고 애쓴다. 거기에 돈과 명예와 환희가 모여 있기 때문이다.

디스코 댄스 열기가 최고조에 달했던 1970년대에는, 너나 할 것 없이 동네에 댄스 클럽을 여는 것이 꿈이었다. 문제가 있다면 단 하나, 모든 사람들이 똑같은 생각을 했다는 점이다. 작은 동네에 디스코텍이 두세 군데씩 앞다투어 들어서자 수요에 비해 공급 과잉 현상이 빚어졌다.

이러한 디스코텍의 붐에 편승하여 싸이키 조명과 인테리어 제품, 최첨단 음향 기기 제작업체들도 덩달아 호황을 누렸다. 그런데 당시에는 어느 누구도 미래에 대해서는 관심이 없었다.

시장이 뜨겁게 달아오를 때에 오히려 가장 재미없고 별볼일없는 곳일 경우가 많다. 당신이 돈을 벌든지 말든지 선택은 각자의 자유이다.

애드리언 휘트

과학에 관심이 많던 애드리언 휘트는 실험하는 것을 좋아했다. 1968년식 고물 픽업을 몰고 와이오밍 서부 로키산맥에 자리한 작은 시골집을 나와 실험실로 간다.

커피를 두어 잔 마시고, 가운을 입은 채 비커와 버너와 그라인더와 씨름하며, 이미 삶의 한 부분이 되어버린 우레탄 연구로 그에게는 더할 나위 없이 행복한 일과였다. 그는 다른 어떤 것보다도 우레탄에 인생의 모든 정열을 쏟았다.

사실 우레탄 연구는 휘트의 인생에서 가장 중요한 세 가지 일 중의 하나였다. 다른 두 가지 중요한 것은 콜럼비아 대학에서 화학 박사학위를 받는 동안 만났던 연구실 조교와 서른에 한 결혼과, 지역 스키 순찰대의 낙하산 자원봉사자로서 산에서 실종되었거나 부상당한 스키어들을 수색하고 구조하는 일이었다.

애드리언은 어느 모로 보나 틀림없는 과학자였다. 처음 만났을 때, 우리는 그의 해박한 전문 지식에 깊은 인상을 받았다. 그는 우리가 전혀 알지도 못하는 우레탄에 대해 여러 가지 얘기도 하고, 과학 학술지에 발표된 자신의 논문과 기술향상에 기여한 공로로 미국 우레탄 제조협회에서 받은 인증서를 보여주기도 했다.

애드리언은 대단히 정열적이고 분명한 태도로, 우레탄이 무엇이고 어떻게 쓰이며 왜 세상 사람들이 우레탄에 관심을 가져야 하는가를 쉽고 명쾌하고 간략하게 설명했다. 그의 말투에는 아인슈타인의 전문지식과 어린이 프로의 진행자 같은 자상함이 절묘하게 조화를 이루고 있었다.

애드리언의 발명은 '재발명'이나 다름없었다. 값이 싼 우레탄으로 단단한 바퀴와 실린더를 만들 수 있다는 것을 알아낸 애드리언은 현금 입출금기에 쓰이는 롤러와 휠을 제작하는 회사를 창업했다. 그는 곧이어 필수적인 제품, 예를 들어 여행용 가방의 바퀴라든가 스케이트보드의 바퀴 등을 생산하는 라인도 설치했다. 애드리언의 사업은 몇 년 동안 그럭저럭 잘 되었다. 그동안 그는 제품의 가격을 낮추고 내구성을 강화하는 데는 성공했으나, 벤처 자본의 투자를 유치할 가망은 극히 적었다. 입출금기나 스케이트보드 분야에서 우레탄 제품은 주요 부품이 아니었기 때문이다.

한편, 1980년대 후반, 프로 아이스하키 선수였던 미네소타 출신의 스코트 홀스트롬은 여름철에도 쉬지 않고 아이스 스케이팅 훈련을 계속할 수 있는 방법을 찾고 있었다. 마침내 그는 차고에서 새로운 개념의 스케이트를 발명했다. 바퀴가 일렬로 달린 인라인 스케이트였다.(일반적으로 알려져 있는 롤러블레이드란 명칭은 미국의 인라인 스케이트 제작 회사의 제품 이름이다. - 옮긴이)

초창기 인라인 스케이트는 상당히 조악했다. 부츠는 딱딱한 플라스틱인데다, 바퀴는 플라스틱이나 경화(硬化) 고무로 되어 있어 스타트가 몹시 느렸다. 바퀴 성능이 극히 안 좋기 때문에 속도가 나지 않고 얼마 안 가서 닳아버렸다.

스코트는 잡지에서 우레탄 바퀴의 품질에 대한 애드리언의 강연 내용을 읽고 무릎을 쳤다. 운명적인 만남이었다. 스피드와 조임, 내구성 등 모든 성능이 이상적이었다. 인라인 스케이트에 쓸 고성능 바퀴를 개발할 수 있는 사람은 분명 애드리언뿐이라는 생각이 들었다.

얼마 후 두 사람은 만났다. 스코트와 처음 만났을 때, 애드리언은 바퀴만 제대로 만들면 인라인 스케이트가 전세계는 아니더라도 미국 전역에서만은 일대 붐을 일으킬 잠재력이 충분하다는 것을 직감했다. 20여 년에 걸친 우레탄 연구가 바야흐로 경제적인 결실을 맺으려는 순간이었다.

밤도 잊고 주말도 잊은 채, 애드리언은 자신의 연구실에서 최고 성능의 우레탄 바퀴를 개발해냈다. 스코트에게 제품을 보여주자 그는 채 2분도 지나지 않아 50만 개의 바퀴를 주문했다.

이 정도에서 끝날 것 같던 두 사람의 인연은 끝이 나질 않았다. 애드리언과 스코트는 승승장구했다. 타이밍이 기가 막히게 맞아떨어졌다. 그즈음 규칙적인 운동의 중요성을 인식하기 시작한 미국인들에게 인라인 스케이팅은 더할 나위 없이 좋은 스포츠로 각광받기 시작한 것이다. 인라인 스케이팅은 두 발만 있으면 누구나 쉽게 할 수 있는 새로운 운동이며, 일년 내내 즐길 수 있는 스피드 만점의 스포츠였다. 인라인 스케이트 산업은 1990년대 초부터 5년 동안 연속 100퍼센트의 성장률을 보였다. 이에 힘입어 인라인 스케이팅은 자전거 다음으로 인기있는 미국의 대중 스포츠로 자리잡게 되었다.

새로운 유행이 스포츠용품 산업을 강타하자, 이 물결을 타려는 사업가들이 꼬리에 꼬리를 물고 나타났다. 너도 나도 사돈의 팔촌까지 동원해서 인라인 산업에 뛰어들었다. 인라인 스케이팅의 열기가 확산되고 있던 처음 두 해 동안, 수십 개의 제조업체들이 우후죽순처럼 생겨났다. 경쟁이 치열해진다는 것은 스코트에게는 그리 달갑지 않았지만 애드리언에게는 아주 반가운 소식이었다.

각 회사의 인라인 스케이트에는 브랜드가 달라도 바퀴는 꼭 필요했다. 스케이트 1세트에 바퀴 8개가 들어가는데 마모 기간이 평균 6개월이었다. 스케이트 제조업체들은 신발을 한 번 팔면 그만이지만, 애드리언은 바퀴를 팔고 또 팔고, 또 팔 수 있는 상황이었다.

인라인 스케이트 시장은 1990년대에 폭발적으로 발전하여, 레크레이셔널, 어그레시브, 레이싱, 하키 등 다양한 종류의 인라인 스케이트가 선을 보였다. 애드리언도 이러한 흐름에 맞춰 다양한 특수 바퀴를 개발해냈다. 새로운 디자인을 개발할 필요가 생길 때마다 애드리언은 연구실로 돌아갔다. 그에게는 그곳이 진정으로 행복한 곳이었다. 얼마 지나지 않아 애드리언의 회사는 세계적인 인라인 스케이트 바퀴 제조업체로 우뚝 서게 되었다.

2년 간 초고속 성장을 지속하던 애드리언은, 전체 생산량의 절반 이상을 구매하던 한 인라인 스케이트 제조업체로부터 편지를 받았다. 지금까지의 독점 납품 계약을 파기하고 시중의 다른 업체들로부터 구매하겠다는 내용이었다. 막 인라인 스케이트 시즌이 시작될 즈음에, 이 제조업체는 120만 개나 되는 주문을 전격적으로 취소해 버렸다.

애드리언의 회사에 시련이 닥친 것이다. 이는 곧 60만 달러치의 물건이 회사 창고에 그대로 재고로 쌓이게 된다는 것을 의미했다. 물건을 빨리 팔지 못하면, 현금 유동성에 심각한 타격을 받게 되어 자칫 회사가 파산의 위기를 맞을 수도 있는 상황이었다.

그러나 시장에는 또 다른 힘이 작용하고 있었다. 인라인 스케이트 붐이 일기 시작하던 초기에 샀던 스케이트의 바퀴들이 이미 다 닳아서 못 쓸 지경이 되어 있었다. 사람들은 바퀴를 바꾸어야만 했고, 이것은 애드리언에게 큰 행운이었다. 소매점에서 바퀴 주문이 줄을 이었다. 새로운 수요가 창출된 것이다. 미국 북부의 모든 스포츠용품 가게에는 인라인 스케이트 바퀴 확보에 비상이 걸렸다. 애드리언은 스케이트 제조업체를 통하지 않고 이 새로운 시장에 다이렉트로 접근할 방법을 생각해냈다. 창고에서 먼지가 뽀얗게 쌓인 120만 개의 바퀴에 그는 자신의 고유 브랜드를 붙여 스포츠용품 가게와 소매업자들에게 판매하기 시작했다. 바퀴는 종류별로 그 특성을 나타낼 수 있도록 포장의 색상을 달리했다. 그의 제품은 질이 좋아 인기를 끌었다. 사람들이 스케이트를 살 때는 부착된 바퀴가 애드리언 회사의 제품인가를 확인하고 살 정도였다.

애드리언이 회사의 성장에 필요한 자본을 유치하고자 했을 때, 투자자들이 줄을 이었다. 그가 300만 달러의 자금을 조달하기 위해 자신이 갖고 있는 주식의 일부를 내놓자 3명의 투자자들이 동시에 달려들었다. 그는 26일 만에 투자 의향서에 사인을 하는 것으로 자본 유치 작업을 마무리했다.

애드리언의 성공은 우레탄에 대한 해박한 지식과 시장의 변화에 신속하게 대처할 수 있는 능력이 그 원천이었다. '한번 일이 잘 풀리면 걷잡을 수가 없다.' 인라인 스케이트 시장이 포화 상태에 이르러 성장이 둔화되기 시작하던 1995년, 스케이트 부츠 제조업체와 바퀴 제조업체는 모두 침체되었지만, 애드리언의 제품만은 그 우수성을 인정받아 캐스터와 롤러, 산업용 휠 등 다양한 우레탄 제품의 대형 납품 계약을 성사시킬 수 있었다.

●교훈 - 그 분야의 전문가가 된 후 때를 기다려라

어떤 산업이든지 다음에 다가올 주요한 흐름을 예측하기란 정말 힘든 일이다. 하지만 적절한 시기에 적절한 분야에 몸담고 있다면 인생을 장밋빛으로 빛낼 수도 있다. 그런데 재미있는 것은, 1990년대 초반 인라인 스케이팅이 스포츠용품 업계를 휩쓴 것처럼 새로운 흐름이 어떤 산업 분야를 강타하면, 해당 산업에서 가장 스포트라이트를 받는 부문(인라인 스케이팅 부츠처럼)이 '돈이 되는 곳'이 아닌 경우가 많다는 사실이다. 애드리언은 현명하게도 인라인 스케이트 열기도 바퀴가 없으면 아무 것도 아니라는 점을 확실히 깨닫고 있었다.

그는 인라인 스케이팅의 붐을 충분히 탈 수 있을 만큼 적절한 분야에 있었다. 애드리언은 우레탄 분야의 세계적인 전문가가 되기 위해 평생을 연구에 바친 결과, 인라인 스케이트 산업이 붐을 일으킬 때 우레탄 바퀴 제조 경험을 바탕으로 그에 맞는 고성능 바퀴의 개발에 곧바로 뛰어들 수 있었다.

인라인 스케이트가 무엇인지도 모르던 그에게 스코트가 바퀴를 개발해 보자고 했을 때 그는 과감히 그의 제안을 받아들였다. 만일 애드리언이 개발을 미루었거나, 스코트의 발명에 대한 잠재력을 알아내지 못했거나, 인라인 스케이트 산업이 좀더 제자리를 잡을 때까지 기다렸다면, 다른 우레탄 제조업체들이 먼저 시장을 선점했을 것이다.

고객이 120만 개 바퀴의 주문을 취소했을 때, 애드리언은 재고품을 막대한 손실 정도로 생각하고 단념할 수도 있었다. 하지만 애드리언은 바퀴 수요 증가를 등에 업고 오히려 이를 막대한 자본으로 만들었다. 물론 새 부츠에 새 바퀴가 부착된 상태로 스케이트가 팔리던 초창기라면 이런 생각이 떠오르지 않았을 것이다. 어느 누가 '스페어 바퀴'를 생각이나 할 수 있었겠는가! 인라인 스케이트 붐이 한 4~5년 지속되면서 원래 부착되었던 바퀴가 닳기 시작하자, 대체 시장이 새롭게 생겨났던 것이다. 그런데 마침 120만 개의 바퀴 재고를 갖고 쩔쩔매고 있던 사람이 있었는데, 바로 애드리언이었다.

애드리언이 거둔 성공의 핵심은 우레탄에 관한 해박한 지식을 자본화한 능력이었다. 인라인 스케이팅 산업분야에서 자신의 브랜드가 전국적인 지명도를 갖게 되자 그는 다양한 우레탄 휠을 생산하는 독보적인 위치를 차지하게 되었다. 결국 '한번 일이 잘 풀리면 걷잡을 수가 없다.' 단 몇 분간만이라도 그를 만나 이야기를 나눠 본 사람이라면 애드리언 앞에서는 우레탄에 대해서 아무 말도 할 수 없다는 사실을 체험하게 될 것이다.

"그때는 정말 좋은 아이디어였는데…"

아이디어가 좋으면 사업의 시작도 좋다. 그러나 아이디어가 좋다고 언제나 그 결과가 좋은 것은 아니다. 문제는 어떤 아이디어든 그 생명력이 짧다는 것이다. 사업가들 중에는 자기 아이디어에 너무 집착한 나머지 시장, 경쟁력, 법률적 환경 등 사업에 아주 중요한 요인들을 검토해 보지 않는 사람들이 많다. 대단한 아이디어를 갖고 있는 사업가들도 통제할 수 없는 화물열차— 즉 사업의 부담에 치여 무너지는 경우가 종종 있다. 그러나 그에 대비하는 습관을 기르지 않으면 그 짐에 깔릴 가능성은 더욱 커진다.

위기가 닥치기 전에는 반드시 징조가 나타나는 법이다. "그때는 정말 좋은 아이디어였는데……"라는 말만 되풀이하며 변화에 대처하지 못하면 당신은 사업이라는 짐에 치여 압사하고 말 것이다.

시장조사가 최선의 길이다

우리 모두는 아이디어를 갖고 있다. 어떤 사람은 10분에 한 번 꼴로 아이디어를 생각해낸다. 그렇다고 그 아이디어로 매번 시간과 돈을 들여가며 사업을 해야 한다는 뜻은 아니다.

우리는 "사람들은 그 물건을 왜 살까요?"하는 질문을 해본다. 그렇다. 이 질문은 직설적이다. 숨기는 것도 없고 빙빙 돌려 물어보는 것도 아니다. 그러나 이 질문에 제대로 대답을 하는 사람이 거의 없다는 사실은 참으로 놀랍다. 대부분 "그러니까 제 물건을 사야 하는 이유는……" 아니면 "제 물건이 필요한 이유는……"이다.

이런 대답은 우리가 원하는 게 아니다. 우리의 질문은 사람들이 특정 회사의 물건을 사야 하는 이유를 묻는 것이 아니다. 사고 싶은 이유를 묻는 것이다. 달리 말하자면, 소비자의 구매 선호도에 대한 조사 결과가 어떻게 나왔는가 하는 점이다. 그리고 제품의 장점은 무엇인가 하는 점이다. 사람들은 많은 물건을 사야 하지만, 사실은 사지 않는다. 사람들은 물건을 고를 때 그 필요성을 느끼지 못하면 사지 않는다. 심지어 필요한 것조차도 사지 않는 경우가 있다. 사야 할 게 지천이니까.

생산자와 소비자는 서로 해야 할 일을 절대로 하지 않는다. 재미있는 현상이다. 사업에서 성공하려면 먼저 세상이 돌아가는 이치를 깨달아 사업계획을 현실에 맞게 뜯어 고쳐야 한다. 소비자가 행동 패턴을 바꾸어 당신의 빛나는 아이디어가 꽃을 피울 수 있도록 해주기를 기대한다면 착각이다.

친구들과 상의하는 것은 시장조사가 아니다

사업가들은 보통 세일즈의 귀재들이다. 그들은 자기 자신도 팔 수 있을 만큼 판매에는 도사들이다. 문제는 자기들의 아이디어가 그럴 듯하다고 여겨, 소비자들이 그 아이디어에 호응할 거라고 확신한다는 점이다.

소비자들이 새로운 것을 받아들이려면, 지금까지 몸에 밴 습관과 기존의 관심과는 정반대로 행동해야 한다는 것을 사업가들은 모른다. 실제로 사람들이 행동을 바꾸는 법은 거의 없다. 진정으로 소비자들이 당신의 아이디어에 따라 행동양식을 바꾸리라 믿는다면, 당신은 비참한 대가를 치르게 될 것이다.

보다 더 큰 문제는 비공식적인 루트를 통한 무성의하고 불완전한 시장조사를 믿고 사업계획을 짠다는 점이다. 친구들을 방안에 모아 놓고 사업계획을 설명한 다음, 그들의 의견을 물어 보라. 모두들 아이디어가 좋다고 할 것이고, 그렇게 되면 당신은 돈을 쏟아 넣어 시제품 생산에 나설 것이다. 친구들은 절대 진심을 말하지 않는다. 당신이 듣기를 원하는 말만 골라서 한다. 아무리 좋은 친구라도 마찬가지이다. 이 때문에 친구와 같이 사업 구상을 할 때는 조심해야 한다.

당신의 친구들은 방에서 나가면서 분명, "저 친구 이번에는 완전히 갔어. 난 저런 터무니없는 사업에 단 한 푼도 투자하고 싶은 생각이 없어."라고 할 것이다.

커크 사뮤엘즈

반질반질하게 올백으로 넘긴 머리, 잘 맞는 양복에 멜빵, 게다가 구찌 구두까지 신고 있는 커크 사뮤엘즈의 모습은 월스트리트의 증권맨들과 너무 흡사했다. 대기업의 경영 컨설턴트인 그는 거래처의 임원들이 벤처 사업을 하기 위해 퇴사하는 것을 수없이 보았다. 다른 경영 컨설턴트들처럼 그 역시 자신이 고객들보다는 비즈니스에 대하여 많이 알고 있고, 회사도 더 잘 운영할 수 있다고 믿고 있었다.

어느 여름날 커크는 햄프턴 해변 별장에서 월가의 친구들과 함께 술을 마시고 있었다. 같이 비치발리볼을 마친 뒤였다. 그가 새로운 사업구상을 친구들에게 얘기하자, 그들은 모두 이구동성으로 너무 멋진 아이디어라고 맞장구를 쳤다.

그의 회사 Grimm CD의 사업구상은 그가 음악을 좋아하는 데서 나온 것이었다. 대학 시절 커크는 레코드 구입을 몹시 싫어했다. 신싸 좋은 곡은 앨범마다 한두 곡밖에 없다는 것이 그의 지론이었다. 그러나 그는 대학방송국에서 활동했기 때문에 레코드를 사느라 돈을 들일 필요가 없었다. 그는 좋아하는 곡을 공짜로 마음대로 들을 수 있었다. 커크는 공테이프를 잔뜩 사 가지고 한밤중에 문이 닫힌 방송국에 가서는, 레코드에서 좋아하는 곡만 골라 테이프에 녹음을 했다. 그는 이 테이프들을 약간의 돈을 받고 친구들에게 팔기도 했는데, 이 테이프는 대학 내 모든 동아리에서 대단한 호평을 받았다. 그 자신도 이 테이프가 저작권법에 위배된다는 것을 잘 알고 있었지만, 규모가 크지 않기 때문에 레코드 업계에서도 별다른 조치를 취하지 않을 것이라는 점도 알고 있었다. 사실 1980년대만 해도 대학 캠퍼스에서는 누구나 그와 같은 일을 한 번씩은 해보았을 것이다.

커크의 아이디어는 바로 이와 같은 개념을 인터넷에 적용한 것이었다. 물론 이번에는 합법적인 절차를 밟기로 했다. 그의 계획은 Gimme CD를 통해 수천 곡의 음악이 담긴 온라인 데이터베이스를 네티즌에게 제공하여, 마우스를 클릭만 하면 다양한 곡을 들을 수도 있고, 또 여러 가수와 여러 음반 회사의 음악을 15곡 정도 선택해서 '맞춤CD'도 만들 수 있게 하려는 것이었다. 바그너와 비틀즈의 곡을 같은 CD에 넣어 만들 수도 있다. 일단 고객이 맞춤CD를 만들고 대금을 신용카드로 지불하기만 하면, 그 CD는 24시간 내에 택배로 받도록 하는 시스템이었다.

해변에 모였던 친구들은 모두 좋은 아이디어라고 입을 모았다. 그 주말 햄프턴에서 돌아온 직후, 커크는 곧바로 Gimme CD 웹사이트 구축을 위해 기술적인 조사에 착수했다.

고객들이 무작위로 노래를 선택해서 CD에 담을 수 있게 해주는 음악 데이터베이스의 구축 작업은 그다지 어려운 일이 아니었다. 커크는 곧 웹 디자이너를 만났고, 몇 주 지나지 않아 그는 웹사이트 디자인의 시안을 볼 수 있었다. 커크가 미처 생각지 못했던 부분까지도 디자인이 되어 있었다. 사람들이 이 사이트에 접속을 하면, 컴퓨터 앞에 앉아서 노래를 들을 수 있고, 음악을 감상하는 동안에도 CD에 추가할 수 있도록 되어 있었다. 커크는 예상보다 훨

썬 빨리 다이내믹한 웹사이트를 준비했다는 생각을 했다. 이 일은 절대 실패하지 않을 것 같았다.

타이밍도 괜찮다는 느낌이 들었다. 인터넷 붐을 타고, 너도나도 인터넷을 이용해 책과 테이프와 정보를 더 많이 판매할 길을 찾고 있었기 때문이다. 아마존에서는 이미 인터넷상에서 서적을 판매하고 있었으며, 물론 커크처럼 맞춤 개념은 아니었지만 CDNow에서도 AOL을 통해서 음악 CD를 판매하고 있었다.

인터넷에서의 CD 판매는 어려운 일이 아니었다. 고객이 주문하면 그 즉시 주문 내용이 음반 회사로 넘어가고 그는 수수료를 받기만 하면 되는 시스템이었다. 어쨌든 전반적인 판매량이 증가하게 되므로 대형 음반 회사들과 제작사들 모두 Gimme CD를 좋아할 것 같았다. 대학생들도 이제는 한 번에 한 곡씩 불법적인 카세트 녹음을 하느라 시간을 들이고 고생하던 방식에서 벗어나, 이제 그러한 일은 음반 회사와 컴퓨터 전문가에게 맡기고, 합법적으로 CD 수준의 음악을 녹음할 수가 있다.

커크는 이 Gimme CD 사이트가 지금과 같은 방식에서 한 단계 더 발전할 수 있다고 생각했다. 이 사이트가 인터넷에서의 뮤직 거래에 새로운 흐름을 창조해낼 수 있을 것 같았다. 그렇게만 된다면 맞춤CD 제작 기술을 개발한 사람은 바로 자신이므로 투자자들은 그를 맞춤CD의 선구자로 인정할 것 같았다.

그의 생각은 적중했다. 한 달만에 그는 25만 달러의 자본금을 마련하여 Gimme CD 사이트를 개발, 전문적인 웹사이트 사업에 나섰다. 그래도 아직 해결하지 못한 한 가지 문제가 남아 있었다. 기술력도 있고, 시장 상황도 좋고, 투자자들도 줄을 서고 있다. 이제 그가 해야 할 일이라고는 오직 대형 음반 회사들로부터 라이선스를 얻는 일뿐이었다. 그래야 데이터베이스를 구축할 수 있고, 고객들도 웹사이트에서 원하는 대로 녹음을 할 수가 있기 때문이었다.

손에는 사업 계획서를 들고 마음속으로 노래를 부르며, 그는 세계 음반 시장의 90% 이상을 장악하고 있는 5대 메이저 음반 회사들을 상대로 프리젠테이션을 가졌다. 커크는 그들에게 모든 곡에 대한 인터넷 맞춤편집 독점 판매권을 요구했다.

그러나 커크는 낭패를 보고 말았다. 1주일이 지나도록 메이저 음반 회사들로부터는 아무런 연락이 오지 않았다. 무척 당혹스러웠다. 처음에는 이 메이저들과 연줄이 없기 때문이라고 생각해, 연예계에 막강한 영향력이 있는 매니저와, 음반 회사들과 거래가 있는 빅 식스 회계 법인에게 도움을 요청했다. 그들의 소개로 커크는 다시 음반 회사의 임원들을 만나보았다. 그러나 그들이 사업에 관심이 있어서라기보다는 매니저나 회계법인의 체면 때문에 억지로 자신을 만나주고 있다는 인상을 받았다. 웹사이트도 훌륭하고 비즈니스 컨셉트도 좋은데…… 그러나 커크에게는 음반이 없었다! 소규모의 클래식 음반 전문업체 두 군데서 '한 6개월 정도만 시험적으로 해보자'는 말을 들은 게 고작이었다.

거의 6개월 동안 그는 분을 삭이지 못하고 지냈다. 비로소 음반 업계의 냉엄한 현실에 눈을 뜰 수 있었다. 애당초 음반 회사들이 보유한 곡들을 기꺼이 내놓으리라고 생각한 것 자체가 실수였다. 그들은 다른 경쟁사들에게 이익을 나누어주고 싶은 마음이 애당초 없었다. 실적도 없는 작은 회사에, 더군다나 자신들의 자산에 대한 독점권을 넘겨주지 않는 것은 어쩌면 당연한 일이었다. 설령 커크의 아이디어가 마음에 들었더라도, 그들이 자체적으로 맞춤CD 사이트를 만들지 못할 이유가 없었다. 물론 그럴 경우에는 선택 곡목이 한 회사의 곡들로 한정되었겠지만.

커크는 패배를 인정하지 않을 수 없었다.

'군소 음반 회사들을 끌어들이면 그럭저럭 해나가겠지만, 그 정도 가지고는 수백만 달러가 들어가는 사업을 유지할 수 없다. 5대 메이저들이 움직이지 않는다면 사업이고 뭐고 때려치우자.'

생각이 여기에 미치자, 그는 대학 시절 DJ를 하던 때가 떠올랐다. '흘러간 명곡선집'이 모두 같은 음반 회사에서 나온 같은 아티스트의 작품이 담겨 있는 이유가 항상 궁금했었다. '여러 음반 회사의 유명 아티스트의 히트작만을 모아 만들 수 없는 이유가 무엇일까' 궁금했었다. 그런데 이제야 그 이유를 깨달았다.

●교훈 - 사업의 울타리 안과 밖은 천지차이다

8월의 더운 여름날 밤 햄프턴에서 커크와 그의 친구들이 구상한 컨셉트는 당시엔 물론 멋진 아이디어였지만, 음반 업계의 현실을 감안한다면 도저히 실현 가능성이 없는 것이었다. 그러나 거기 모인 친구들 중에서 그런 사실을 알고 있는 사람은 한 사람도 없었다. 음반 회사들로서는 Gimme CD 사이트를 통해 돈 한푼 안 들이고 수익을 더 올릴 수 있으므로 당연히 관심을 가질 듯한데도, 실제로는 그렇지 않았다. 자신들이 소유하고 있는 곡을 다른 경쟁사들과 공유한다는 것은 건방진 풋내기한테 맡기기엔 너무나 큰 모험이었다.

아이디어가 좋고 젊음이 있고 정열이 있다면, 활동적인 비즈니스에 도움이 된다. 그러나 시작하려는 사업 분야가 실제로 어떻게 돌아가고 있는가를 파악하는 안목만은 무엇과도 바꿀 수 없는 것이다. 해변가에서 맥주를 들이키며 친구들에게 몇 가지 물어본 것을 시장 조사라고는 할 수 없다. 커크가 음반 산업 분야에서 일한 경험이 있다거나, 아니면 Gimme CD 개발에 시간과 돈을 투자하기 전에 먼저 음반 회사의 임원들에게서 정보 취재라도 좀 했더라면, 대부분의 뮤직 컨텐츠를 메이저들이 장악하고 있는 상황에서 자신의 아이디어가 거의 실현 가능성이 없다는 사실을 곧바로 알아차릴 수 있었을 것이다.

당신이 Gimme CD와 같은 사업을 고려하고 있다면, 사업 계획을 세우는 순간부터 수요자뿐만 아니라 공급자 측면도 고려해야 한다. 공급은 수요를 따른다는 명제가 항상 맞는 것은 아니다. 특히 공급자의 최대 관심사가 소수의 채널을 독점하려고 한다면 더욱 그러하다.

마지막으로, 창업을 염두에 두고 있는 경영 컨설턴트나 금융 자문가 같은 사람들에게 한 마디 덧붙이고 싶다. 당신이 창업가와 사업가들에게 자문을 해준 경험이 있다고 해서 실제 비즈니스에서도 항상 그들보다 우위에 있다고 생각하는 것은 큰 오산이다. 우리는 지금까지 울타리 안과 밖을 함께 보며 지내 왔다. 울타리 안에 있을 때와 울타리 밖에 있을 때는 천지 차이가 난다. 살아남고 성장하기 위해서는, 우리 역시 중소기업 세미나와 프로그램에서 강의했던 과거의 룰을 과감하게 깨지 않으면 안 될 때가 많았다. 우리는 그런 과정을 거쳐 새로운 룰을 터득하는 것이다. 만약 우리가 안에서 밖을 내다보기만 했더라면, 그러한 새로운 룰은 결코 터득하지 못했을 것이다.

당신도 물론 그럴 것이다.

제4부
비즈니스에 도움이 되는 사람

"사소한 것은 사소할 뿐이다"

사업가가 자신의 일을 남에게 맡기기란 쉽지 않다. 특히 창업 초기에는 일을 맡길 만한 사람이 없어 모든 것을 혼자서 처리하는 경우가 있다. 성공하는 사업가는 사업 초기 몇 년간은 팔방미인이 되어 모든 업무를 어느 정도 제대로 처리할 수 있다.

그러나 어느 사업이든 혼자서 처리할 수 없는 때가 오게 마련이다. 그런 경우 성공하는 사업가는 직접 할 일과, 직원이나 외부의 도움, 예를 들어 변호사나 회계사 같은 사람들에게 위임할 일을 구분할 줄 안다.

남에게 맡길 수 없는 회사의 핵심 업무와 아웃소싱 할 업무를 구별할 줄 안다는 것은 곧 성공한 기업인이 되느냐 실패한 기업인이 되느냐의 갈림길과 같다.

진짜 중요한 업무만 빼고 남에게 맡겨라

회사의 경영과 성장을 위해 사업가가 직접 챙겨야 하는 일은 많아 봐야 네댓 가지 정도이다. 사업의 성격에 따라 다르겠지만, 회사를 창업한다든지 경쟁에 이기기 위해 창업자가 직접 나서야 하는 일처럼 다른 사람이 대신할 수 없는 일 등이다.

그러나 사업가 중 상당수는 '필수적인' 일과 '덜 필수적인' 일, 즉 남에게 맡겨도 좋은 일을 구별하지 못한다. 회사가 초기의 창업단계에서 벗어나기 위해서는, 창업자는 실제로 모든 업무를 직접 다 해야 할 때라도 필수적인 업무를 제외하고 그것을 위임하는 방법을 배워야 한다. 창업자가 일은 줄이되 경영에 신경을 더 많이 써야 한다는 것은, 필수적인 업무는 확실히 챙기고 반면 중요치 않은 업무는 다른 사람에게 맡겨야 한다는 뜻이다.

대부분의 사업가들은 남에게 일을 맡기기를 싫어한다. 다른 사람들보다 자신이 훨씬 일을 잘한다고 생각하거나, 아니면 어느 누구도 자신만큼 사업에 대해 열정이 없다고 생각하기 때문이다. 가끔은 이 생각이 옳을 수도 있다. 그러나 이것은 중요한 문제를 놓치고 있는 것이다.

어느 특정한 업무를 완벽하게 해야 하는 것이 그토록 중요한 일일까? 아무리 경쟁이 심하다고 해도, 대부분의 업무는 70~90% 정도만 처리되어도 회사 운영에 아무 지장이 없다. 그 업무를 100% 완벽하게 해내려고 얽매이다 보면, 정작 100% 달성되어야 할 중요한 일에 관심을 쏟지 못하게 된다. 사업가들에게 묻는다면 대부분

'필수적인 업무는 100%, 다른 업무는 80~90%까지'만 해내면 된다고 말할 것이다.

사소하고 중요하지 않은 일, 예를 들면 편지봉투에 우표를 제대로 붙이지 않으면 마치 회사가 곧 망하기라도 할 것처럼 생각하는 사업가가 제법 많다. 사업가가 세세한 것 하나까지 꼼꼼히 챙기는 태도는 사업의 성공에 필수적인 요소이다. 모든 것이 불확실한 상황에서는 그렇게 하면 성공할 수도 있다. 그러나 정도가 지나치면 오히려 장애가 된다. 밤늦게까지 자지 않고 고객에게 보낼 다량의 우편물에 침이나 바르는 일과, 경쟁업체의 허를 찌를 수 있는 전략을 짜는 일 중 당신은 어떤 일을 할 것인가?

맡지도 않은 일에 책임질 사람은 없다

사업가들 중에는 실제로는 세세한 일까지 직접 챙기면서 권한을 위임한 것처럼 행동하는 사람들을 종종 볼 수 있다. 소규모 제조업체에서 흔히 볼 수 있는 일이지만, 그들은 종업원에게 이런 말을 자주 한다.

"이 일은 이렇게 해야지. 오늘까지 완성해."

그리고는 채 5분도 지나지 않아 '어떻게 되었느냐?'고 묻는다. 직원이 "말씀하신 대로 하고 있습니다"라고 대답하면 "이건 어떻게 되었어? 그리고 또 이건? 언제까지 할 거야? 그리고 저건?" 하는 식으로 카운터 펀치를 날린다. 이렇게 되면 직원들은 책임을 지려는 자세를 버리고 스스로 알아서 일할 생각은 하지 않는다. 그저 '사장 마음대로 하라'는 식이 되어버린다.

다음과 같은 경우에는 필수적인 업무에만 전념하라

▶아침에 계획을 세 가지 세웠는데, 저녁까지 아무것도 제대로 된 것이 없다.

▶밤과 주말을 이용해 업무를 처리하는 시간이 점점 늘고 있다.

▶적어도 한 달에 한 번은 변호사, 회계사 혹은 다른 전문가의 자문을 구해야 하는데 그러지 못하고 있다.

▶고객의 서비스 불만에 대하여 전과 달리 직접 처리하고 있다.

▶사업계획서에는 오탈자가 하나도 없다. 하지만 6개월 전과 내용이 똑같다.

▶"매출을 늘릴 수 있는 1년 계획은 어떻게 되었느냐"는 질문을 받고는 "깊이 생각해 보지 않았다"고 대답한다.

다그마 스벤슨

패션업계에서 디자이너의 이름이 특이하면 사업에 도움이 된다. 그리고 자신의 이름을 브랜드로 사용하는 것 또한 필수적이다. 그 좋은 예가 바로 다그마 스벤슨이다.

우리는 웨딩드레스 업계에서 아주 재미있는 사람들을 몇 명 만났는데 다그마 스벤슨도 그 중의 한 명이었다.

그녀는 미네소타 북부의 루터교 마을에서 태어나 엄격한 가정 환경에서 유년시절을 보낸 때문인지 여느 패션 디자이너들과는 달리 야한 면이 별로 없었다.

그녀는 한 번도 사업가가 되고 싶다는 꿈을 가져본 적이 없었다. 일찍 결혼한 그녀는 미네아폴리스 세인트 폴의 교외에서 네 자녀를 키우며 지내는 평범한 주부였다. 남편이 잘 나가던 회사에서 퇴직해, 전 회사의 컨설턴트로 근근히 살아가게 되자 그녀는 일자리가 필요했다. 그래서 자녀를 돌보고 집안 일을 하면서도 짬짬이 시간 내어 할 수 있는 부업거리를 찾아보았다.

재봉 일에 재주가 있던 그녀는 웨딩드레스의 화관 디자인을 잘한다고 소문이 나 있었다. 결혼식에 쓸 신부의 화관을 독특하게 디자인해 달라는 주문을 하는 친구들이 많았다. 어느 유명 웨딩드레스 전문지가 봄 특집으로 그녀의 디자인을 기사화한 뒤부터 그녀는 화관 디자인 사업을 시작하게 되었다. 뉴욕, 캘리포니아, 심지어는 유럽의 유명 웨딩드레스 디자이너들도 최신 유행 디자인에 대해 그녀에게 자문을 구하러 몰려들었다.

그녀가 사업을 시작한 지 1년이 채 되지 않아 남편도 컨설팅 비즈니스를 그만두고 아내의 사업을 위해 전적으로 발벗고 나서게 될 정도로 사업이 번창했다.

웨딩드레스 디자이너들은 그녀를 좋아했다. 다른 사람에게 주문하면 30일 이상 걸리는 물건을 그녀는 10일 이내에 만들어주기 때문이었다. 집에서 직접 하는 일이라, 사업 규모가 큰 다른 디자이너들이 시간을 못 맞추는 물건도 그녀는 기한 내에 만들 수 있는 것이 큰 장점이었다.

이것이 왜 그녀의 장점일까? 하이패션 산업에 종사하는 디자이너들처럼, 웨딩드레스 디자이너들도 마지막 순간까지 작품을 공개하지 않는 성향이 있다. 매년 개최되는 봄·가을 웨딩드레스 패션쇼에 선보일 작품이 준비되어도 디자이너들은 핀을 박았다가 뺐다가, 주름을 접었다 폈다 하면서 여기저기 손보기를 좋아한다. 다그마가 화관 디자인을 빨리 끝내줄수록 디자이너들은 변덕스럽고 급변하는 시장 환경에 맞추어 작품을 멋지게 손볼 수 있는 시간적 여유를 많이 가질 수 있었다.

가끔 다그마에게 법률 자문을 해주고 있던 클리프는 어느 날 그녀로부터 전화를 받았다.

"클리프 씨, 전국을 돌아다니며 웨딩드레스 쇼에 참석하는 일은 이제 그만두기로 작정했어요. 시간을 너무 뺏겨 제 일을 할 수가 없거든요. 또 제가 영업사원도 아니잖아요. 웨딩드레스 사업에 대해 아주 잘 아는, 정말 괜찮은 사람이 하나 있는데, 그 사람이 영업담당 부사장으로 같이 일하기로 했어요."

클리프가 대답했다.

"잘 되었습니다. 물론 고용계약서를 작성하셔야 할 테니까, 제가 곧……."

"괜찮아요. 도서관에서 찾아보니까, 고용계약서 작성법에 관한 책이 좋은 게 있더라고요. 부록으로 양식이 실려 있기에 그 중 몇 가지만 고쳐서 컴퓨터에 입력해 두었어요. 제가 만든 계약서를 보낼 테니까 그냥 한 번 살펴보시고, 혹시 빠뜨린 게 있나 좀 봐주시겠어요? 너무 기분 나쁘게 생각하지 마세요. 급하기도 하고 지금은 돈을 많이 드릴 처지도 못되거든요."

"괜찮습니다. 저에게 보내 주세요. 무척 바쁜 때일 텐데…… 비용이 부담스러운 형편이라는 점 잘 알겠습니다. 한 시간 내로 검토해 보고 연락 드리겠습니다."

클리프는 전화를 끊고, '이게 아닌데……'하는 생각이 들었다. 그는 계약서 작성법에 관한 책을 많이 보았다. 그러나 대부분 책들은 사람들이 생각하는 것처럼 그렇게 쉽게 계약서 양식을 구하여, 빈 칸이나 채워 사용할 수 있는 것이 아니었다.

계약서는 관련 업무와 상황에 맞게 작성해야 한다. 이 주(州)에서 사용하는 양식을 다른 주에서는 사용할 수 없는 경우도 있다. 어떤 조항은 특수한 경우에만 적용되므로 생략하거나 삭제하고 써야 하는 경우도 있다. 클리프는 다그마가 필요로 하는 계약서를 완벽하게 고치려면 적어도 서너 시간은 걸리리라는 생각이 들었다. 그러나 1시간 내로 검토해서 알려주겠다고 했으므로 어쩔 수 없었다.

몇 분 뒤 다그마의 고용계약서가 팩스로 들어왔다. 클리프가 읽어보니까 그 내용이 완벽했다. 다그마가 좋아하는 문구들도 훌륭하게 들어 있었다. 쓸데없는 말은 모두 없애고 꼭 필요한 말만 모두 들어가 있었다. 앞으로 생길 수 있는 특별한 경우에 대비해서는 두세 가지의 단서조항이 붙어 있었다.

클리프는 계약서를 읽어보고는 곧바로 그녀에게 전화를 걸었다. "이거 놀랍습니다. 제가 오히려 돈을 내야겠는데요. 서류는 완벽

합니다. 참 잘하셨어요! 제가 더 이상 손볼 게 없으니 솔직히 말해 자문료를 청구할 수가 없군요. 그런데 어떤 책을 보고 이 서류를 작성하셨습니까? 이처럼 좋은 양식이 있다면 저도 참고해 보고 싶군요. 참 사업은 잘 되시죠? 이제 제법 바빠지시겠군요."

다그마의 울먹이는 소리가 들려왔다.

"아뇨. 그렇지 못해요. 주문이 30일치나 밀려 있어요. 물건은 완성되지도 않았는데 사람들이 들이닥쳐요."

그녀의 황당한 얘기에 클리프는 의자에 등을 기댔다.

"저런…… 하지만 시간을 칼같이 지키는 사람이 왜 그래요? 10일 이내에 작품을 완성하는 것이 사업 철학이잖습니까. 조금 깐깐한 손님이 있나 보죠? 그래도 어떻게 그런 일이 일어나죠?"

다그마는 한참 동안 말이 없었다.

마침내 그녀의 대답이 들렸다.

"지난 2주 동안 그 빌어먹을 계약서 문구 하나 하나를 손보느라 다른 일을 할 시간이 전혀 없었어요."

● 교훈 – 떡은 떡집에 맡겨라

다그마가 과연 변호사 자문 비용을 아꼈을까? 물론 그렇다. 다그마가 만든 계약서에는 고칠 곳이 한 군데도 없어 클리프는 계약서 검토 비용조차 청구하지 못했으니까.

다그마는 클리프만큼 훌륭하게 고용계약서를 작성했는가? 물론 그렇다. 그녀는 제대로 된 양식을 구해, 시간이 오래 걸리기는 했지만 단어 하나까지도 정확하게 작성했다. 클리프가 계약서가 손볼 데가 없다면서, 심지어는 그 양식이 실린 책의 제목을 가르쳐 달라고까지 했으니까.

그렇다면 다그마가 사업에 도움이 되는 일을 한 셈일까?

대답은 '노'였다. 그녀는 변호사 비용을 아끼고 계약서를 제법 훌륭하게 작성했지만, 그 세부적인 내용에 너무 신경을 쓴 나머지 자신의 본업에 관심을 기울이지 못했으니까.

그녀는 늦었다고 불평하는 고객을 이해시킬 수는 있었지만, 그 대가로 값을 깎아줘야 했다. 그 결과 이익이 줄고 그 뒤 몇 달 동안 사업이 흔들리는 위험까지 감수해야 했다.

그녀의 필수적인 업무, 즉 남에게 맡길 수 없는 업무는 화관 주문을 약속 날짜인 10일 이내에 끝마치는 것이었다. 10일 이내에 주문 맡은 일을 끝내는 일이야말로 그녀가 사업에서 성공하는 데 꼭 필요한 일이며 동시에 다른 경쟁자들과 싸워 이길 수 있는 그녀만의 장점이었다. 그녀는 고용계약서 작성과 같은 덜 중요한 업무는 성공적으로 마칠 수 있었지만, 결국 사업을 위험에 빠뜨리고 만 셈이었다.

그녀는 클리프가 그 일을 했더라면 두세 시간 안에 끝냈으리란 것을 나중에야 알았다. 클리프가 계약서를 만들었다면, 그녀가 만든 것만큼은 못되었을지 모른다. 그러나 그렇게 했더라면 그녀의 사업에도 도움이 되었을 테고 이익도 유지되었을 것이다. 클리프에게 계약서 작성을 맡기는 일은 당장 금전적으로 부담되는 일이기는 했지만, 헛되어 쓴 시간과 기회를 고려해 볼 때, 과연 그녀가 한 행동이 올바른 일이었을까?

변호사나 회계사 혹은 다른 전문가에게 돈을 지불하기를 좋아하는 사람은 아무도 없다. 그러나 사업을 하는 데에는 비용이 든다. 그것은 세금과도 같은 것이다.

"법률적인 문제는 제가 해결해 드리겠습니다", 혹은 "제가 계약서를 작성해 드리겠습니다" 하는 말 대신 클리프는 고객에게 다음과 같이 말한다. "고객께서 시간을 잘 활용하실 수 있도록 제가 미력하나마 돕겠습니다."

시간과 기회가 충분하다면, 당신은 혼자 모든 것을 해결하는 방법을 배울 수 있다. 직접 계약서도 만들고, 직접 세무 신고도 하고, 직접 급여대장을 작성할 수도 있다. 이런 일에는 최첨단 기술이 필요한 것도 아니다.

그러나 당신이 하려면 시간이 많이 걸리지만 다른 사람에게 맡기면 쉽게 끝날 일을 무엇 때문에 직접 하려 하는가? 정력과 시간을 사업의 성공에 도움이 되는 일에 집중하되 다른 업무는 그 일을 효율적으로 빨리 처리할 수 있는 사람에게 맡기면, 당신은 그에 따른 비용이나 임금을 쉽게 지불할 수 있는 단계에 금방 다다를 것이다.

"동업자와 친구를 혼동하지 말라"

창업 초기에는 친구나 친척, 대학동창, 혹은 다른 가까운 사람을 자기 사업에 끌어들이고 싶은 마음이 생긴다. 사실 이러한 유혹을 뿌리치기는 무척 힘들다.

그 이유는 이러한 사람들과는 마음을 터놓고 얘기를 나눌 수 있을 것 같기 때문이다. 특히 오랫동안 가정에 소홀하면서까지 대기업에서 일하다 감원되는 바람에 창업한 사람들 중에는 "집사람과 (혹은 자식이나, 애인, 사촌 등 누가 되었든) 새로 사업을 시작했어. 같이 많은 시간을 보낼 수 있어서 좋잖아."라고 말하는 사람을 종종 보게 된다.

또 친구나 가족은 가까운 마음에, 혹은 우정 때문에 적은 보수를 받고도 기꺼이 동참하기 때문이다. 적어도 사업 초기에 그들은 많은 것을 원하지 않으며 심지어 아무 것도 요구하지 않는 경우도 있다.

　가장 중요한 점은, 창업 초기의 사업가들에게 친구와 가족은 다급하게 도움을 요청할 수 있는 유일한 사람들이란 점이다.

가까운 이들에게 SOS 치고 싶은 유혹은 누구에게나 있다

　우리 역시 친구와 가족에게 도움을 부탁하고 싶은 유혹을 일시적이나마 뿌리치기 힘든 때가 있었다. TV에서 처음 머니헌트 프로그램을 시작했을 때 마일즈는 자기 어머니를 카메라 담당으로 임명한 적도 있었으며, 한밤중에 친구에게 전화를 걸어 "얼른 기차 타고 필라델피아로 와서 촬영 직전에 병이 난 자문위원의 대타로 참석해 달라"고 부탁한 적도 있었다.

　그러나 당신의 사업과 아무런 관계가 없는 사람들—친구나 가족, 혹은 당신이 알고 있는 다른 중요한 사람들—과 함께 사업을 한다는 것은 아주 미묘한 문제다. 종종 그들과 같이 일을 하면 어려운 경우가 많이 생기기 때문이다.

최악의 사업 파트너를 구한다면 친구를 선택하라

　친구나 가족과 함께 사업을 하다 보면 당신은 자주 비즈니스와 우정 사이에서 갈등을 겪게 된다. 예를 들면 회사의 주식을 너무 조금 받았다고 섭섭해하는 친구도 있을 것이다. 회사에 대한 기여도로 볼 때 그 정도 지분을 받으면 충분한 것 같은 친구라도 자신을 당신과 동등한 파트너로 생각하는 경우가 있다.

떡이 크다보면 가끔 그 몫을 가지고 싸우다가 우정도 가족간의 정도 다 깨지는 수가 있다. 가족끼리 사업을 하다 의가 상해 소송을 하는 사례는 비일비재하다.

사업에서 성공하려면 냉정하고 초연한 눈으로 현실을 직시해야 한다. 이런 마음으로 현실을 그대로 받아들이되 냉정하게 상황에 대처해야 한다. 사실 해고 대상이 당신의 어머니라면 초연한 마음을 갖는다는 것은 힘든 일이기는 하지만 말이다.

그밖에도 비즈니스 관계에서는 단도직입적이고 직선적이며 가끔은 매몰찬 자세가 필요하다. 이러한 상황이 되면 대부분 아끼거나 좋아하는 사람과 대면하는 것을 꺼려한다. 그리고 때로는 "괜히 서로 감정만 상할 텐데, 정말 하고 싶은 얘기는 꺼내지 않는 편이 좋겠어"하는 생각을 마음 한구석에 담아둔 채 엉뚱한 얘기로 말씨름만 하게 된다. 그렇지 않다고 생각한다면, 아내를 똑바로 쳐다보며 솔직하게 말한 게 언제인지를 곰곰이 돌이켜보라.

동업자끼리 사업 문제로 대화를 나누면서 실상을 알리지 않고 말꼬리를 흐리는 일은 절대로 해서는 안 된다. 성공한 사업가들은 사업 문제로 얘기할 때는 파트너끼리도 서로 인정사정보지 않고 격론을 벌인다. 당장은 고통스럽겠지만, 최악의 시나리오를 배제하고 사업의 체질을 강화하기 위한 것이다.

올바른 결정을 내리기 위해서는 모든 문제를 솔직하게 털어놓고 철저히 검토하여 파악하는 일을 두려워해서는 안 된다. 다른 사람들이 당신에 대해서 어떻게 생각할 것인가, 또 사업의 목적을 달성하려다 오랜 친분 관계가 상하지나 않을까 너무 신경 쓰다 보면, 사업의 운영에 꼭 필요한 솔직한 의사소통이 막혀버릴 수도 있다. 서로의 관계에 금이 가지 않을까 전전긍긍하다가 서로 말도 하기 싫은 상황까지 가는 것을 피하기 위해, 성공한 사업가들은 비교적 안면이 적은 사람들과 사업을 같이 한다. 이런 사람들은 일을 마치고 각자 집으로 돌아가면 다음번 격론이 벌어질 때까지는 무슨 일이 일어났는지 까맣게 잊어버리는 사람들이다.

심한 의견 충돌도 의사 소통의 한 방법이다

서로 의견이 대립되면 고통스럽기 때문에 사람들은 가능하면 어떤 식으로든 그것을 피하려고 한다. 특히 친구나 가까운 사람들과는 더욱 그렇다. 사업가는 다음과 같은 방법으로 의견대립을 회피하려고 하는 경우가 많다.

▶친구나 가까운 사람과는 사업상 관계없는 얘기만 한다.
▶사무실에서 사업 문제에 관해 토론하는 것을 회피하면서, 다른 전문가와 상의해 보라고 날짜까지 못박는다.
▶친구나 가까운 사람들에게 사적인 관계를 무시하고 공적인 관

계만으로 대한다.

▶사내의 주요 인물이 전적으로 동의하는 문제에 대해서는 이의를 제기하지 못하도록 한다.

다음 같은 경우, 가족이나 친구는 최상의 파트너가 될 수 없다

▶창업 초기 단계에서 최초로 경영진을 구성할 때

▶계약해야 할 일이 많지만, 스탭진이 부족할 때

▶창업을 하기 위해 부자인 친척에게서 돈을 빌리고자 할 때

▶사업상의 대인관계를 좀더 돈독하게 만들고 싶을 때

피니어스와 필

피니어스의 아내와 필의 아내는 서로 이런 말을 한 적이 있다. "피니어스와 필처럼 성격이 똑같은 사람은 없을 거예요. 두 사람을 보고 있으면 정말 쌍둥이 같아요."

피니어스는 자신의 말처럼 황금빛 인생을 산 사람이었다. 그는 뉴잉글랜드 앵글로 색슨계의 명문가 막내아들로 태어났다. 그의 아버지는 월스트리트에서 영향력이 큰 투자가였다. 그는 잘생긴 외모에 말솜씨가 좋고 유머감각도 뛰어났다. 더군다나 멋진 옷차림으로 따르는 여자도 많았다. 그가 쳐다보기만 해도 모두들 좋아할 정도였다.

명문 사립학교의 풋볼 스타 플레이어인 그가 뉴욕의 골프장이나

댄스 파티에 나타나면 여자들은 모두 대환영이었다. 그런데도 피니어스는 우쭐대지 않았다. 그가 유명 사립대학에 입학한 지 1년 뒤, 그의 아버지는 투자에 여러 번 실패하여 알거지가 되었다. 피니어스는 대학을 중퇴하고, 증시가 호황이던 1980년대에 월스트리트의 한 증권회사에 선물 중개인으로 들어갔다. 입사한 지 1년만에 회사의 스타 트레이더가 된 그는 스물일곱에 백만장자가 되었다.

경제적 기반을 잡은 그는 30대 초반에 뉴잉글랜드 외곽에 투자 자문 회사를 세웠다. 그 뒤 2년 동안 그는 당시에 급성장세를 보이던 테크놀로지, 유전 개발, 부동산 개발에 수백만 달러를 투자했다. 사람들은 그를 보고 '언제나 바쁜 젊은이'라고 불렀다. 그는 하루에 서너 시간밖에 자지 않고 일만 한 사람이었다.

필의 성장 배경은 피니어스와는 정반대였다. 뉴욕 브룩클린의 소수민족 이민 가정에서 노동자의 아들로 태어난 그는 돈이 없으면 아무 것도 할 수 없고, 싸우지 않으면 아무 것도 얻을 수 없다는 사실을 거리에서 배우며 자랐다. 일단 싸움에 뛰어들면 다른 것은 생각지도 않았다. 터프하면서 집중력이 강하고, 솔직하고 사교성이 있었지만 일단 옳다고 생각되는 일은 강하게 밀어붙이는 성격이었다. 그의 고등학교 성적은 우수했다. 뿐만 아니라 웅변반 회장을 맡기도 하고, 전미 챔피언 풋볼팀의 공격수를 맡기도 했다. 그러면서도 하루에 두차례씩 100여 가구에 신문배달까지 했다. 고등학교를 졸업할 때는 수석을 차지하여 아이비리그의 두 대학에서 장학금을 제의해오기도 했다.

집에서 제법 멀리 떨어진 유명한 로스쿨에 입학한 그는 대학에서도 곧 두각을 나타내기 시작했다. 그러나 대학 마지막 학기가 되었을 때에는 융자를 받은 학자금조차 다 떨어지고 수중엔 한푼도 없었다. 더군다나 부친이 병이 나 여러 달 동안 병원신세를 지고 있는 터였다. 등록금에다 기숙사비, 식대조차 낼 방법이 없게 되자 필은 아르바이트로 두 가지 일을 시작했다. 그 지역 법원에서 도서관 사서 일을 하는 한편 동료 학생들의 보고서를 대신 타이핑해 주는 일을 하면서도, 그는 우수한 성적으로 대학을 졸업했다. 그러나 그의 수중에는 10달러밖에 없었다.

피니어스와 필이 처음 만난 것은 둘 다 한창 잘 나가던 시절이었다. 피니어스는 새로운 형태의 투자로 회사를 키우고 있었고, 필은 월스트리트의 유명한 로펌에서 젊은 변호사로 막 일을 시작한 때였다. 성장 배경과 스타일이 전혀 달랐지만, 그들은 금방 친해졌다. 둘 다 모두 혼자 힘으로 힘겹게 대학을 마쳤고, 돈이 없으면 굶어죽을 수밖에 없다는 사실을 뼈저리게 경험했기 때문이었다.

어느 날 피니어스는 새로운 사업에 대한 아이디어가 번뜩 떠올랐다. 그가 이 아이디어를 상의해 왔을 때, 필은 흔쾌히 돕겠다고 말했다. 그들은 주말이면 필의 차고에서 같이 밤을 새워가며 시제품 개발과 상세한 사업계획을 짜기 시작했다. 피니어스는 시장 조사와 제품 디자인을 맡고, 필은 다른 회사 제품을 조사하고 여러 가지 법률적인 절차를 알아봄과 동시에 초기 투자비용과 예상 수익을 구체적으로 산출하는 일을 맡았다.

필은 친구인 피니어스를 도와주는 일이 기뻤다. 하지만 어떤 보상을 받을지도 모르는 일에 금쪽 같은 시간을 투자하는 데에는 이유가 있었다. 그는 가까운 장래에 변호사를 그만두고 급성장하고 있는 창업회사에 투신하여 수석 컨설턴트 내지는 임원이 될 기회를 기대하고 있었다. 그러나 가족이나 다른 사람들에게는 자신의 속마음을 얘기하지 않았다. 그는 친구가 사업을 시작하는 즉시 무슨 자리든 하나는 주리라고 기대했지만, 욕심 사나워 보일까 두려워 말도 꺼내지 못하고 있었다.

회사에 생각보다 많은 돈을 투자해야 하는 상황이 되자, 피니어스는 전에 다니던 회사에서 M&A에 같이 참여한 적이 있는 전문 투자가들에게서 자금을 조달하기 위해 동분서주했다. 여러 사람에게 투자 의향을 타진했지만, 정작 투자하겠다고 나선 사람은 소규모 벤처 투자 회사의 사장인 조뿐이었다. 조는 예전 피니어스가 성사시킨 M&A에서 소주주로 참여했던 사람이었다. 이 문제는 법률적인 문제가 아니었으므로 피니어스는 필의 의견도 묻지 않고 조와 함께 각각 10만 달러씩을 투자해 벤처기업을 세우기로 결정했다.

피니어스가 필에게 조와의 합작투자 계약서 작성을 부탁하자, 필은 이 거래가 성사되면 자신이 현재 일하고 있는 로펌에 한 건 올렸다고 생색낼 수 있겠다고 생각했다. 그는 즐거운 마음으로 피니어스와 조의 투자계약 조건에 대한 미팅에 참석했다. 그러나 경영권 문제에 이르자 필은 깜짝 놀랐다. 새로운 회사는 피니어스와 조가 50대 50으로 지분을 소유하게 되어 있어 필이 끼여들 여지가 없었다.

자기도 파트너로 끼워 주리라는 기대가 깨어졌지만, 필은 전혀 불쾌한 내색을 보이지 않았다.

"피니어스, 잠깐만. 나도 처음부터 이 일을 같이 해왔잖아. 나도 같이 끼워 주리라고 생각했는데……."

필이 시간을 아끼지 않고 사업을 도운 이유를 그제서야 알게 된 피니어스는 애써 시선을 피하며 말을 돌렸다.

"으……음. 솔직히 말해서 난 그런 생각을 해본 적이 없어. 내 생각에 자네는 그저 이 일에 필요한 법률적인 문제만 맡아주었으면 좋겠어. 나도 훌륭한 변호사가 필요하니까. 물론 그 비용은 낼게. 하지만 동업은…… 정말 생각해 보지도 못했어. 내 말은 자네가 사업 파트너가 되면…… 물론 좋겠지. 조와 나처럼 10만 달러를 투자한다면……."

이 말에 필은 언성을 높였다.

"말도 안 되는 소리 하지 마. 우리가 하루 이틀 본 사이냐? 내가 기반을 잡을 만한 일을 얼마나 하고 싶어하는지를 잘 알잖아. 내 맘을 은연중에 비치기도 했고. 또 내게 지금 10만 달러나 투자할 여력이 어디 있어? 자네에게 그 정도의 돈은 푼돈이나 다름없겠지만 나는 마누라에 애들이 둘이지, 거기에다 은행에서 빌린 돈도 있어. 이 일을 하려면 내가 어떻게 해야 하는지 자네는 잘 알 거야. 지금 다니는 로펌을 그만두어도 난 내 고객이 있으니까 수입이 좀 있을 거야. 지금 주식을 조금 줘도 좋고, 아니면 이익이 어느 정도 나면 그때 가서 주겠다는 옵션을 걸어도 좋아. 그러면 지금 내 월급의 반 정도에 같이 일해 줄게. 하지만 처음 2년간 최소한 5만 달러의 소득은 보장해 주어야 해. 자네가 같이 한 번 해보자고 하면,

내 할 일은 확실하게 할게. 어때?"

'푼돈'이란 말에 다소 화가 난 피니어스는 목청을 가다듬으며 대답했다.

"물론 같이 일하고 싶지. 다른 의도는 없어. 하지만 이제 막 시작한 회사야. 그러니까 풀타임 변호사는 필요 없어. 지금 우리에게 필요한 건 돈이야, 돈! 돈이 필요하단 말이야. 10만 달러 이상이 더 필요해. 이 사업을 위해 난 앞으로 2년 동안 죽기 살기로 매달려야 돼. 하지만 돈을 댈 사람이 없잖아."

필이 물었다.

"그럼, 투자회사는 그만둘 거야?"

"아니. 그 회사는 나의 주수입원이야. 앞으로 더 클 거고."

"그럼 누가 이 사업을 맡아 운영할 거지?"

"내가 직접 할 거야."

"피니어스, 자넨 세일즈맨이야. 세일즈맨으로는 더할 나위없이 훌륭하지만 딜메이커로서는 아니야. 자네는 머리도 좋고, 눈치도 빨라. 하지만 나도 많은 회사와 거래를 해보았어. 사업을 하다 보면 미처 생각지도 못했던 일도 많이 생겨. 그런 일에는 자네와 성격이 다른 사람이 필요해. 자네에게 그런 사람이 필요하다면, 내가 적임자일 거야. 지금까지 난 비즈니스 업무를 계속 맡아서 해왔잖아."

"알아. 하지만 직접 회사를 경영해본 건 아니잖아."

피니어스는 이 말을 하고나서 아차 싶었다. 필이 그렇게 상심하는 모습은 난생 처음 보았다. 친구의 마음을 상하게 하려는 의도는 없었으므로 그는 목소리를 부드럽게 바꿨다.

"너무 걱정하지 마. 내가 사업에 대해서는 좀 알아. 사업계획서를 검토해 보고 자세히 연구하고 있어. 창업한다는 게 말처럼 쉬운 게 아니라는 것도 알아. 일이 벅차면 <뉴욕타임즈>에 '파트타임 직원 구함. 주 10시간에서 20시간까지 근무 가능'이라는 광고를 낼 거야. 그렇게 하면 될 거야. 그렇다고 자네에게 내 심부름만 해달라는 얘기는 아냐. 돈을 벌면 우리 둘 모두에게 도움이 되는 일을 할 생각이야. 개인적으로가 아니고 공적으로 말이야."

그후 몇 달 동안 둘은 매우 바빴다. 피니어스는 필에게 맡겨야 할 법률적인 문제를 챙기느라 바빴고, 필은 별로 돈이 되지 않는 일이기는 하지만 그래도 그 문제를 맡아 해결하느라 바빴다. 두 사람의 아내가 친분을 유지한 덕분에 그들의 우정도 금이 가지 않았다. 그들은 곧 마음 상했던 일을 다 잊어버리고 전처럼 유쾌하게 지내게 되었다. 그러나 서로의 오해 때문에 난처한 경험을 한 그들은 법률적인 문제 외에 사업에 관해서는 일체 언급을 피했다.

초기에는 피니어스와 조가 함께 회사를 운영했지만, 얼마 지나지 않아 조는 다른 일로 바빠 피니어스 혼자 회사를 운영하게 되었다. 자신이 말했던 것처럼 그는 계속 파트타임 직원을 고용했다. 그러나 그들은 한 달 이상을 가지 않았다.

피니어스는 그들이 왜 오래 근무하지 않으려는지 그 이유를 알 수가 없었다. '결국 고학력 직원을 채용해 회사의 기틀을 잡아야 할 때가 아닌가' 하는 생각도 들었다. 이 새로운 벤처사업 때문에 피니어스는 점점 더 투자회사의 일을 보는 시간이 줄어들었다. 그는 모든 것을 극복하기 위해서 전보다 더욱 열심히 일을 해야 했다.

어느 날 그는 아내에게 이런 말을 했다.

"막대 끝에 접시를 백 개나 올려놓고 뱅뱅 돌리는 서커스 단원 있잖아. 나는 꼭 그런 사람 같아. 접시가 떨어져 깨질까봐 잠시도 쉬지 못하고 계속 빨리 돌리는 서커스 단원 말이야."

조는 처음 투자한 뒤로는, 자금이 빠듯한 상황에 닥쳐도 더 이상 투자하려 하지 않았다. 피니어스는 자기가 더 투자하든가 다른 투자자에게 특혜를 주면서까지 투자를 구걸해야 하는 상황에 빠졌다. 얼마 지나지 않아 투자자는 20여명이나 되었지만, 회사의 수익은 겨우 수천 달러 수준이었다.

어느 날 필은 피니어스에게서 전화를 받았다. 몹시 다급한 목소리였다.

"이봐. 사업이 초장부터 엉망이야. 투자자들이 나를 고소한다고 난리야."

"피니어스, 진정하고 무슨 일이 있었는지 자세히 얘기해 봐. 왜 그렇게 흥분하는 거야?"

"우리 회사가 두 번이나 연속으로 소득세 신고를 하지 않았대. 그게 다 내 잘못이라는 거야. 죽어라고 일만 했는데……."

"진정해. 그 문제는 회계사에게 모두 맡겼을 텐데, 어떻게 두 번 연속 세무신고를 하지 않았지?"

"나도 잘 모르겠어. 우리 물건이 좋으니까 주문을 받는 것은 문제가 아냐. 판매사원들이 주문은 잘 받아오는데, 계속 그 주문을 다 놓치고 있어."

"무슨 일인데 그래?"

"납기를 제때 맞추지 못하는 게 문제야. 하지만…… 자네가 지금 무슨 생각을 하고 있는지 다 알아! 나 때문이 아냐. 커뮤니케이션 문제 때문이야. 디자이너가 포장 규격에 대해 공장 사람들과 상의도 하지 않고 제멋대로 디자인하니까, 포장이 엉망이 되는 거야. 그러다 보니 공장 사람들이 디자이너에게 전화하느라고 날이 새."

"잠깐만! 디자인과 포장, 생산, 마케팅 모두 외주를 준 거야?"

"응. 우리 회사는 버추얼 컴퍼니야. 나 혼자뿐인 회사야. 그렇다고 내가 다 할 수는 없고. 서로 업무 협조가 잘 되기만 바라고 있어."

"아냐. 그러면 어려워. 납품만 문제가 되는 거야?"

"아니. 다른 문제도 있어."

"솔직하게 다 털어놔 봐."

"오더가 큰 게 있길래, 악착같이 달라붙었지. 그런데…… 구매 담당자라는 놈이 내 얼굴을 똑바로 쳐다보면서 이렇게 큰 오더는 어쩌고저쩌고 하더라고. 그 길로 와서 물건을 만들었지. 납품할 때가 되니까, 그 회사의 구조조정으로 담당자가 바뀌었더라고. 그런데 새로 온 놈이 발주한 사실이 없다고 오리발을 내미는 거 있지?"

"그래? 그건 계약 위반이야. 그런 문제는 내가 처리할 수 있어. 고소장을 써 줄까?"

잠시 침묵이 흘렀다. 피니어스의 목소리가 힘없이 처져 있었다.

"실제 계약한 건 아니고…… 계약서가 없었어. 어쨌든……."

필은 그 말뜻을 알아차렸다. 친구가 곤경에 처해 있다는 것을 안 필은 그에게 투자자들이나 잘 다독거리라고 하고, 자신은 회사에 몇 주 동안 휴가를 내고 친구의 회사 운영 상태를 매일 점검해 나갔다. 피니어스는 특유의 매력과 성실함과 노력으로, 불만에 차 있던 투자가들의 고소를 막았다. 또한 은행을 설득해 운전자금을 빌리는 데도 성공했다.

필은 매일 회사 운영을 체크했다. 그는 2명의 정식 직원을 채용하여 생산과 마케팅 업무를 맡기고 실적에 따라 임금을 주었다. 피니어스의 세일즈맨들이 새로 주문을 받아오면 필은 간단한 계약서를 만들어 주문자가 직접 사인을 한 뒤에야 공장에 생산을 의뢰했다. 또한 가능하면 세금을 줄여 투자자들이 안심할 수 있도록 회계사들과 긴밀하게 협조를 했다. 피니어스와 필은 수익의 일부분을 적립하기 시작하여 어느 정도 자금이 모이자 회사 경영에 불평하는 투자자들의 주식을 다시 사들였다. 일년도 채 안 되어 회사의 경영 수익은 3배로 불어났다. 그 결과 모든 투자자들은 정기 배당을 받았으며 투자자들의 수도 반으로 줄어들었다.

로펌 사무실로 복귀한 뒤에도 필은 매일 피니어스와 그의 직원들을 만나 모든 일이 순조롭게 돌아가고 있는지를 체크했다. 토요일 아침에는 커피와 빵으로 아침을 때우며 다음주 업무 계획을 상의하고 월별, 분기별, 연도별 자금운영 계획과 마케팅 계획을 세웠다.

2년 뒤 필은 피니어스로부터 전화를 받았다.

"이봐, 좋은 소식이 하나 있는데 들어볼래? 톱랭킹에 있는 벤처

투자회사에서 투자를 하겠대. 100만 달러 이상의 거금을 말이야. 3
년에서 5년 사이에 우리 회사가 나스닥에 상장될 것이 뻔하다나.
그런데 문제는 아웃소싱이 너무 많다는 점이 맘에 걸린다는 거야.
경영진이 좀더 많아야 한대. 이제 내가 몇 년 전에 한 약속을 지켜
야 할 때가 되었어. 같이 정식으로 일해서 우리 둘 다 돈 좀 벌자
고. 이제 돈이 막 굴러 들어오는 거야. 어때 자네 생각은?"

필은 너무 기뻐 의자에서 벌떡 일어났다.

"야! 그 말을 얼마나 기다렸는데, 자네가 약속했잖아! 이제 내 고
용계약은 어떻게 할 건데……."

●교훈 – 우정보다 파트너십이 우선이다

피니어스와 필은 이상적인 비즈니스 파트너였다. 문제는 그들이
이 사실을 너무 늦게 깨달았다는 점이다. 조를 비즈니스 파트너로
끌어들이기 전에 먼저 피니어스와 필은 마음을 맞대고, 각각 회사
에서 맡을 역할에 대해 의논한 다음 시간과 노력과 돈을 투자했어
야 했다. 일단 회사를 차린 뒤에 서로 놀랄 일이 없도록 세세한 것
까지도 상의하여 문서화했더라면 더 바랄 나위가 없었을 것이다.

우정의 끝이 어디고, 어디서부터 비즈니스 관계인지에 대하여
둘 다 알지 못했기 때문에 한때 심각한 오해가 생겼다. 피니어스는
필이 순수한 우정으로 도와주는 것으로 생각했을 뿐, 친구가 무엇
을 원하는지에 대해서는 미처 생각지 못했다. 필은 피니어스가 자

신의 도움을 받고 있으므로 회사의 미래에 대해 어떤 제안을 하리라고 생각을 했다. 하지만 피니어스는 필을 외부의 법률 고문으로만 생각했고 반면 필은 정식 직원으로 채용하겠다는 제안을 기다리고 있었을 뿐, 두 사람 모두 서로 상의해서 문제를 풀 생각은 하지 못했다.

피니어스와 필 둘 다 자신들의 목표와 목적에 대해 솔직하게 얘기하는 것을 꺼려했다. 소중한 우정이 의견 차이로 금이 가는 것을 두려워했기 때문이다.

우정과 파트너십은 의사 접근 방식이 전혀 다르다. 가장 좋은 파트너십은 사무실 밖에서도 사무적인 관계를 유지하는 것이다. 이와 반대로 최악의 파트너십은 남들의 평가에 전전긍긍하여 서로 속내를 털어놓기를 주저하는 것이다. 어떤 사람과 동업을 할 때는 파트너가 되는 것이 먼저고, 친구가 되는 것은 그 다음 일이다.

친구와 혹은 가까운 사람과 사업을 할 때도 전혀 모르는 사람과 사업을 할 때와 마찬가지로 모든 것을 계약 서류로 남겨 두는 것이 좋다. 로버트 프루스트의 말처럼 "울타리가 튼튼해야 이웃도 좋다."

"어려운 문제를 누구와 상의할 것인가"

사업이 성장단계에 있을 때 어떤 파트너를 선택할 것인가에 대해 생각해 보자. 창업이란 곧 고생길을 의미한다. 이러한 고생길에서는 종종 대인관계나 생활습관 때문에 많은 스트레스를 받는다. 시간과 노력을 바칠 하등의 가치가 없는 사람에게 희생을 하는 일은 창업 초기에 흔히 볼 수 있는, 정말 나쁜 것 중의 하나이다.

실리콘 밸리의 유명한 벤처 캐피털 회사인 클라이너 퍼킨스 코 필드 & 바이어스의 파트너였던 존 도어는, 누군가와 상의할 때는 제품생산과 마케팅 문제에 대한 것은 제쳐두고 먼저 스스로에게 이렇게 물어보라고 충고한 적이 있다.

▶ 이 사람들이 같이 상의할 만한 사람들인가?

▶디너 테이블에 앉아, 아니면 팬케이크를 놓고 앉아 곧 창업하여 키울 멋진 사업에 대해 매주 연속 3일 동안 5시간 이상 같이 열심히 상의할 만한 사람들인가?

▶가까운 친구의 공장이 제대로 돌아가지가 않는데 큰 납품 기한이 코앞에 다가왔다고 하자. 이번 여름휴가를 포기하고라도 도와주어야 할 친구니 이해해 달라고 아내에게 혹은 다른 사람들에게 수십 번 열심히 부탁하면 양해할까?

당신은 사업 파트너와 가족을 모두 만족시킬 수가 없다. 이러한 면에서 균형이 이루어지지 않는다면, 혹은 당신이 아끼는 사람이 그러한 선택을 신뢰하지 않거나 옳지 않다고 생각한다면 조심하라. 서로 마음이 상하는지도 모른다. 당신이 양쪽 모두에게서 지지를 받지 못하면 결국 사업을 포기하거나 아니면 가정과, 결혼생활을 포기하게 된다.

장래의 사업 파트너에 대해 조사하는 것을 꺼리지 마라

비즈니스 파트너가 개인적인 친구나 대학 동창이거나 친척이라면 사업가들은 그 파트너에 대하여 장님이 된다. "한 번 해보자"라는 말은, 파트너에게 곤란한 질문을 하지 못하는 사람들이 주로 쓰는 말이다.

별로 좋아하지도 신뢰하지도 않는 사람과 사업을 시작하면서

"그렇게 나쁜 사람은 아냐. 사업하다 보면 바뀌겠지"하는 사업가도 종종 있다. 자기에게 전혀 맞지 않는 사람과 결혼을 하면서 그 사람을 변화시킬 수 있다고 생각한다면 큰 오산이다. 결혼이 파경에 이르는 것은 불 보듯 뻔하다.

당신 스스로에게 "이 사람을 내가 진정으로 신뢰하는가?" 하는 물음을 던졌을 때, 즉시 "그렇다"라는 대답이 떠오른다면, 그건 절대 올바른 대답이 아니다.

스티브와 지미

우리는 이제껏 지미 샐바토와 같은 사람을 만나본 적이 없었다. 또 당분간은 그런 사람을 만나지 못할 것 같다. 곱슬곱슬한 머리가 거의 허리까지 내려온 장발에, 손가락에는 은반지를 끼고 청바지에 가죽 점퍼를 입고 있었다. 그는 유명한 레스토랑 경영주라기보다는 오히려 록밴드의 로드 매니저 같은 모습이었다. 그는 외모로 볼 때 전혀 사업가 타입이 아니었다. 말은 유창하고 정열적이며 쇼맨십이 강한 사람이었다.

그는 자신이 경영하는 레스토랑과는 별도로 새로이 개발한 마늘빵 회사를 만들고자 했다. 그는 이 사업을 하기 위해서는 스티브 캘드웰이라는 젊은 주방장의 도움이 절대적으로 필요하다는 사실을 잘 알고 있었다. 지미는 창업을 위해 유한회사를 차린 뒤 50대 50의 동업 계약서를 작성했다. 그러나 스티브가 계약서 사인을 차일피일 미루자 지미의 신경은 갈수록 날카로워졌다.

스티브는 지미가 경영하는 레스토랑 체인의 운영부장이었다. 고등학교를 마치자마자 레스토랑의 요리사로 사회생활을 시작한 그는 정규 교육은 못 받았어도 요리에는 일가견이 있었다. 어떤 요리를 만들어도 그 요리는 잘 팔렸으며, 요리 재료의 구매에도 남다른 능력이 있었다. 또한 그는 접시에 얼마나 음식을 담아야 하는지, 그 재료는 무엇인지, 비용은 얼마나 들지에 대하여 꿰뚫고 있었다. 만약 재료비가 어느 이상으로 올라가면, 그는 머릿속으로 계산을 해서, 다시 재료 가격이 적정 수준으로 내려 이익을 남길 수 있을 때까지는 메뉴판에서 그 요리 이름을 빼버렸다.

다른 주방장들이 그렇듯이 그도 주방을 떠나는 법이 없었다. 스티브는 요리사에서부터 웨이터에 이르기까지 완벽히 장악하여 음식을 제대로 내보내고 손님에게 훌륭한 서비스를 제공했다.

스티브는 마늘빵 사업을 같이 해보자는 지미의 제안을 이리저리 저울질하면서도, 그동안 지미가 베푼 은혜가 마음에 걸렸다. 스티브를 유명 요리학원에 보내주고, 그가 요리 전문가로 여러 토크쇼에 출연할 수 있도록 한 것도 지미였기 때문이다.

지미가 그를 아끼는 마음은 이에 그치지 않았다. 조리법을 연구하기 위해 유럽여행을 갈 때는 그를 데리고 갔으며, 그가 돈이 필요할 때면 종종 보너스를 주기도 했다. 스티브의 눈에 지미는 결코 나쁜 사람이 아니었다.

하지만 스티브는 레스토랑에서 같이 일하는 여자친구 안나와 이 문제를 상의한 뒤 마음이 더 흔들리게 되었다. 그녀는 지미 밑에서 일하는 경리 담당이었다. 스티브가 처음 이 문제에 대하여 말을 꺼내자 그녀는 의아해했다. 그러자 스티브는 사정을 털어놓았다. 지미는 스티브에게 사업 자금의 절반을 투자할 것을 요구하고 있었다. 지미에게는 큰 부담이 아닐지 몰라도 스티브에게는 분명 모험적인 투자였다. 그러나 스티브는 이런 일을 위해서 그동안 지미가 자신을 훈련시켜왔다고 생각했다. 지미의 사업에 스티브가 동참하는 것에 대해 모두들 당연한 일로 생각했다. 그러나 집에 도착할 때까지도 안나는 반대를 했다.

"어떤 일을 하든, 우리가 같이 있을 수 있는 시간이 줄어들 거예요. 조금 있으면 애도 낳을 텐데. 가진 돈으로 만족하면 돼요."

스티브는 안나의 반대가 마음에 걸려, 그 일에 뛰어들기 전에 모든 가능성에 대하여 신중히 생각해 보았다.

마늘빵을 만드는 과정은 아주 단순했다. 스티브는 만들어야 할 빵의 숫자가 엄청나게 늘어나자, 아이디어를 내어 슈퍼 빵을 개발했다. 주문이 들어오면 그는 즉시 이 빵을 아주 얇게 썰고 마늘과 치즈를 얹어 구워 냈다. 레스토랑 단골손님들의 주문 양이 엄청나게 늘어나자 그 수요에 맞추기 위해 생각해낸 묘안이었다.

지미는 이 빵을 다른 레스토랑에서도 팔 생각을 했다. 손님들이 냉동된 빵을 집으로 싸가지고 갈 수 있느냐고 묻기 시작하자, 그는 이 빵을 포장하여 슈퍼마켓이나 다른 이탈리아 식품점에 팔아야겠다는 생각을 해냈다. 지미와 스티브는 열심히 시장조사를 한 결과 이러한 개념의 제품은 그 지역 슈퍼마켓에는 없다는 사실을 발견했다. 프레스토! 지미 프레스토스 마늘빵은 이렇게 해서 태어났다.

한창 잘 나가는 자신들의 레스토랑의 이름을 본떠 이름을 지어 브랜드 작업은 어렵지 않은 일이었다. 초기에는 레스토랑의 오븐이 빈 시간을 이용하여 제품을 생산했으므로 따로 비용을 들여 제빵 시설을 갖출 필요가 없었다. 마늘빵 판촉을 위해 지미는 주변의 슈퍼마켓 주인과 그 직원들에게 시식용 마늘빵을 제공했다. 그들은 슈퍼마켓의 냉동식품 진열대에 제품을 진열하므로 다른 제품과는 달리 납품이 쉬웠다. 사람들이 시식을 해보고 너도나도 사 가기 시작하자 사업이 커졌다. 더군다나 우편 주문과 인터넷 주문, 또 지미의 레스토랑 체인점들에서 일정 포인트에 주는 디스카운트 쿠폰으로 인해 그 판매는 급속히 늘어났다.

그러나 얼마 가지 않아 판매 추세가 주춤해지자 판매망을 전국적으로 늘리고 싶은 욕심이 생겼다. 그러자면 별도의 생산시설과 마케팅 전략, 그리고 많은 자본이 필요했다.

스티브는 지미가 마늘빵 생산 공장을 차릴 수 있기를 진심으로 바랐다. 지미가 코네티컷 뉴헤이븐의 뒷골목에서 작은 식당으로 시작하여 이제는 뉴잉글랜드의 10개 주요도시에 지미 피멘토스 레스토랑을 열 정도로 레스토랑 제국을 건설하는 과정을 스티브는 옆에서 지켜본 사람이었다. 그의 레스토랑은 연일 손님들로 붐볐고, 소시지를 만들어내듯 20달러짜리 파스타를 내놓느라 분주했다. 화려하고 재미있는 장식에 다소 이국적인 그의 레스토랑은 뉴헤이븐이나 하트포드에서 특별한 날에는 한번 가볼 만한 명소가 되었다.

겉으로는 분명 지미는 성공한 레스토랑 사업가였다. 포르쉐를

두 대씩이나 갖고 있고 아름다운 모델 출신의 여자친구도 있었다. 그녀는 지미 피멘토스 레스토랑에 올 때면 칵테일 라운지 근처에서 친구들과 웃고 떠들곤 했다. 1주일에 6일 밤은 사람들로 꽉 찼으므로 점심 장사에는 신경 쓰지도 않았다. 이런 종류의 레스토랑에서는 드문 일이었다. 새로운 메뉴를 개발하거나 새로운 체인점을 오픈할 때면 지미는 축하를 받느라 바빴다. 그는 모든 사람에게 웃음으로 대했으며, 새로운 사업을 위해 파트너를 찾아 항상 기회를 노리고 있는 사람처럼 보였다.

지미의 단점이라면 돈을 헤프게 쓰는 것이었다. 그는 스티브나 미래의 투자가들과 같은 중요한 사람들에게는 돈을 아끼지 않고 썼다. 다른 도시로 여행을 갈 때면 레스토랑 앞에는 리무진이 5대씩이나 줄지어 기다리는 것이 예사였다. 여행을 가서는 일행들과 밤새 파티를 벌이고, 최고급 레스토랑에 들러 새로운 요리법이나 몇 가지 알아보고 돌아오는 게 고작이었다.

이탈리아 남부 시실리로 여행을 갔을 때는 직원과 단골손님, 투자가 등 20명의 경비를 그가 전부 부담했다. 5~6일씩 그저 궁전이나, 유적지, 교회, 박물관이나 돌아보고 헬리콥터를 타 보다가 특이한 요리 메뉴나 몇 개 알아 가지고 돌아오곤 했다. 여행중에는 산골에 있는 새로 문을 연 레스토랑을 구경한다고 몇 시간씩 사라졌다 돌아오곤 했다.

지미의 레스토랑이 독특한 분위기로 손님들을 끌어 모았던 것은 분명하다. 그러나 이러한 메뉴로 더 이상 손님을 끌 수가 없으리라고 말한 사람은 스티브의 여자친구인 안나가 처음이었다. 그의 레스토랑들은 손님들로 붐볐지만 사람들은 350석의 대형 레스토랑에서 20달러나 하는 파스타 요리를 별로 좋아하지 않았다. 레스토랑 사업의 수익 또한 별로 좋지 않았다.

지미는 사교 모임의 친구들이 나타나면 구석 자리로 데리고 가서 술이며 음식을 잔뜩 시키고는 바람을 쐬러 나가는 척하며 뒷문을 통해 슬그머니 빠져나갔다. 나중에 태연히 돌아와서는 너무 하는 게 아니냐고 누가 물으면 짐짓 모르는 척했다. 스티브는 지미가 약은 꾀를 쓰고 있다고 생각되었다.

스티브는 지미와 함께 사교모임에 가면 사람들의 주목을 받기도 하고 최고급 요리와 각 코스에 맞는 고급 와인을 마음대로 먹을 수 있기 때문에 파티에 가는 걸 좋아했다. 결국 레스토랑 사업이 흔들거린다는 것을 느끼자 그는 안나와 상의를 했다. 안나는 지미가 수익도 나지 않는 사업에 투자자들을 묶어두려는 속셈이라고 귀띔해 주었다. 그녀는 경리 담당이므로 지미가 회사의 재정 상태를 숨기기 위하여 별개의 회사인 각 레스토랑 간의 자금이체를 점차 늘리고 있다는 사실을 알고 있었다.

스티브는 지미의 마늘빵 사업에 파트너로서 투자하는 일에 대해 많은 고민을 했다. 그는 설레기도 하고 두렵기도 한 마음에 며칠 밤을 설쳤다. 지미의 후원만 받아온 그로서는 난생 처음 지미와 동등한 위치에서 동업을 할 수 있는 기회였기 때문이다. 그러나 그는 안나의 말이 결국 옳을지도 모른다는 생각이 들었다. 지미의 사업 기반이 흔들리고 있고, 새로운 사업을 시작하다 보면 자기와 안나 그리고 새로 태어날 아이와의 관계가 금이 가리란 것을 깨달았다.

또 다른 문제는 지미가 제빵 사업에 왜 200만 달러 이상의 자금을 필요로 하는지를 명확히 이해할 수 없다는 점이다. 그의 사업 계획서를 본 적은 없지만, 그렇다고 한 번 보자고 말하기도 어려웠다. 이것이 스티브의 실수였다. 돈을 투자하여 사업을 시작하는 데에는 사업 계획이 필수적이므로 스티브는 그 서류에 근거하여 지미에게 질문할 기회를 가졌어야 했다.

이러한 생각이 머릿속에서 뱅뱅 돌자, 스티브는 마침내 몇 년 전 할아버지로부터 배운 것을 시도해 보았다. 그는 빈 종이를 한 장 놓고 가운데에 줄을 그은 다음, 새로운 사업의 장점과 단점을 하나하나 적어보았다. 종이 위에 모든 것을 적어본 뒤, 그는 안나의 반대를 무시하고 애써 모은 돈을 거는 도박— 즉, 지미의 제빵 사업에 파트너로 참여하기로 결심했다. 나흘 간 한숨도 자지 못하고 고심한 그는 마침내 다음날 아침 지미에게 자신의 결심을 알리기로 했다. 스티브는 이 사업이 지미로서도 모든 것을 걸어야 하는 마지막 도박이라는 사실을 알고 있었다.

아침 11시에 일어나자, 식탁에는 늘 마시는 카푸치노와 신문이 놓여 있었다. 스티브는 신문의 헤드라인 뉴스를 읽다가 커피 잔을 떨어뜨리고 말았다.

뉴헤이븐 지역 최대의 코카인 밀매조직 적발

지미 피멘토스 레스토랑 체인점의 소유주 지미 샐바토가 무려 220만 달러에 달하는 코카인을 소지한 혐의로 뉴헤이븐의 레스토랑 주차장에서 체포되었다. 코카인 덩어리는 그의 배달 트럭 안의 올리브유 드럼에서 발견되었다. 이번 사건을 인지한 FBI는 접선책을 이용, 남부 유럽의 유명한 마약거래선과 빈번한 접촉을 하고 있던 그를 수개월 전부터 예의 주시하고 있었다. 지미 샐바토가 운영하던 회사 및 그의 자산은 곧 정부에 의해 압류 조치가 내려질 예정이다.(B3에 관련기사 계속됩니다)

●교훈 – 맹목적인 믿음은 절대로 미덕이 아니다

스티브는 지미와 오랫동안 같이 일하고 개인적으로도 돈독한 관계를 맺고 있었지만, 실제로는 그의 인품을 몰랐기 때문에 큰 곤경에 빠질 뻔했다. 수년 동안 지미가 베풀어준 호의 때문에, 스티브는 그가 나쁜 사람이라고는 상상조차 하기 어려웠다. 스티브는 지미의 사교클럽 멤버들의 배경에는 관심조차 없었으며, 다른 투자자들에게도 그가 어떤 사람인지 물어보지도 않고 지미가 하는 말이라면 곧이곧대로 받아들였다.

스티브가 마늘빵 사업에 투자했더라면 망했을 게 뻔하다. 그가 지미에게 조금만 더 일찍 응했더라면 그의 오랜 노력과 인생, 그리고 새로운 가정은 엉망진창이 되었을 것이다. 더욱 중요한 것은 지미 피멘토스 레스토랑 체인이 압류 조치되면 투자한 돈도 다 날리고, 다시 빈털터리로 돌아가 어느 주방에서 파스타나 요리하면서 지냈을 것이다. '머뭇거리다가는 늦는다'라는 옛날 속담과는 정반대로, 스티브는 지미와 동업하는 일에 망설이다가 결국 살아난 셈이다.

지미 샐바토가 착실한 사업가가 아니라는 단서는 많았다. 사교 모임의 친구들과의 마지막 모임, 주차장에 세워진 회사 트럭에서의 거래, 이탈리아 남부와 시실리로의 호화 여행 등은 지미가 어떤 커넥션을 갖고 있다는 분명한 단서였다. 지미 피멘토스 레스토랑 체인의 자금 이체에 관한 안나의 귀띔도 그에게는 아무런 도움이 되지 않았다.

그래도 스티브는 자신을 키워준 지미를 존경했다. 어릴 때부터 '잘 해주는 사람을 따르라' 는 가르침을 받은 스티브에게는 그의 제안을 거절한다는 것은 아마도 불가능했을 것이다. 스티브가 배운 것처럼 좋은 친구는 정말 오래가기는 하지만, 맹목적인 믿음은 절대 미덕이 아니다.

"거울 속에서 사업 파트너를 찾지 말라"

혼자서 사업을 성공적으로 키우기란 어렵다. 물론 불가능한 일은 아니다. 그러나 모든 역할을 혼자서 다 하려고 하는 사업가가 너무나 많다.

그들은 혼자 결정을 내리고, 계약 상담을 하고, 밤에도 주말에도 늦게까지 자지 않고 납품 기일을 맞추려고 직접 포장도 하고 어려운 일이 생길 때마다 모든 뒤치다꺼리를 한다. 그러나 곧 다른 사람들과 책임을 나누어야 할 때가 올 것이다.

사회심리학적으로 볼 때 우리는 자신과 닮은 사람을 좋아하는 경향이 있다. 친구라면 사사건건 반대하는 경우가 드물기 때문이다. "자신과는 다른 사람에게 정이 간다"는 말도 있지만 실제 생활에서는 이와 정반대이다. 친구나 애인이나 동아리를 찾을 때면 자신과 똑같은 사람을 찾게 마련이다. 비즈니스 파트너를 선택할 때 다음 같은 중요한 질문을 해봐야 한다.

▶이 사람이 당신의 약점과 단점을 보완할 능력을 가졌는가?

▶서로의 견해 차이를 존중하는가?

비즈니스 파트너가 업무 수행에 반대할 때, 만일 상대의 장점으로 해결할 수 있는 사안이라면 결국 그에게 위임해야만 할 때가 종종 있다. 어떤 방향으로 일을 추진할 때, 당신의 견해 차이를 존중하지도 인정하지도 않으면서 당신 파트너의 재능이 서로를 보완하지도 않는다면 큰일이다.

부딪쳐라, 당신은 완벽하지 않다

그러나 대부분의 사업가들은 사업에 실패한다는 사실보다 자신의 약점이 드러나는 것을 더 두려워한다. 이러한 약점을 보완하려고 되지도 않는 기술을 개발하기 위해 시간을 허비하느니보다는 그러한 기술을 갖고 있는 사람을 구하는 것이 비용도 적게 들고 효율적이라는 사실을 인정해야 한다.

사업가들은 다음 같은 방식으로 이런 원칙을 회피한다

▶자신의 약점을 보완할 사람을 찾는 게 아니라, 하기 싫은 일을 기꺼이 해줄 사람을 찾는다.

▶사업 파트너라기보다는 오히려 직원처럼 부려먹을 수 있는 사

람을 파트너로 고용하고 싶다.

▶능력에 있어서 본질적으로 차이가 없는데도, 외견상 스타일만 달라 보이는 파트너를 구하려고 한다.

당신이 사업 파트너를 구하려고 할 때마다 이 점을 명심해야 한다. 다른 회사와 합작 투자나 전략적 제휴에 사인할 때에도 물론 그렇다. 사업 파트너가 당신이 갖지 못한 재능을 갖고 있고, 두 사람 모두 서로의 장점과 단점을 존중한다면 사업상 문제가 발생해도 커뮤니케이션에는 문제가 없다.

아버스넷 어소쉬이츠

아버스넷 어소쉬이츠의 공동 창업주 중의 한 명인 조셉 아버스넷은 마케팅의 귀재였다. MBA를 받은 직후 한 대기업의 브랜드 마케팅 매니저로 취직한 그는 20여 년 동안 같은 일을 하면서 전자 제품 업계에서는 꽤나 이름이 알려진 사람이었다. 하지만 구조조정의 여파로 나이 50에 명퇴를 하고 하는 일 없이 지내고 있었다.

그는 사업할 생각은 꿈도 꾸지 못하고, 리쿠르트 회사들을 통해 어떤 대기업의 마케팅 부사장 자리에 이력서를 넣은 상태였다. 인터넷의 구직 사이트에 좋은 자리가 있다는 아들의 말을 듣고, 그는 새로운 미디어의 파워를 실감하고 전격적으로 방향을 바꾸기로 결정했다.

그는 인터넷 마케팅에 관한 사이트를 뒤져보며 쓸 만한 사이트가 있으면 모두 조사·분석을 하여 〈포춘〉지 선정 500대 기업에 팔 수 있는 인터넷 상거래에 관한 계획안을 마련했다.

기술적인 전문지식이 없던 그는 아들의 소개로 후에 아버스넷 어소쉬이츠의 공동 창업자가 된 딕 노팅검을 만났다.

딕 노팅검은 뉴잉글랜드의 유명한 가문 출신으로 7남매 중 셋째였다. 그의 형제들은 모두 아이비리그의 유명한 스타플레이어들이었지만, 딕은 고등학교 시절 염산 사고로 얼굴과 상체에 화상을 입어 운동을 그만두었다.

성격이 내성적으로 바뀐 그는 오로지 공부, 특히 수학에만 몰두하는 학생으로 변했다. 그는 수학에 남다른 재능이 있었다. 그는 주(州)에서 실시한 수학 경시대회에서 3년 연속 만점이란 성적을 올렸으며 SAT 성적은 무려 800점이나 되었다. 그리고 당시로서는 최고의 컴퓨터 시설을 갖추고 있던 대학에 입학 허가를 받았다.

그는 만사를 제쳐두고 수학에만 몰두했다. 대학 4학년 때 강사 자리를 제안 받았지만 딕은 그 제안을 뿌리쳤다. 소프트웨어 분야에 있어서 학교는 돈이 되지 않는다는 사실을 잘 알고 있었기 때문이다. 그는 자기 꿈을 펼칠 수 있는 소프트웨어 개발 전문회사에 들어가 3개의 프로젝트를 성공적으로 완성해 상도 받고 소프트웨어 전문잡지에 화제의 인물로 여러 번 선정되기도 했다.

딕은 시간이 날 때마다 맛보기 소프트웨어인 '쉐어웨어'를 개발했는데, 그의 쉐어웨어 중 하나를 사용하던 조셉의 아들이 이메일을 통해 그의 다른 프로그램도 사용할 수 있는지 여부를 물어보곤

하다가 알게 된 사이였다.

조셉과 딕은 서로 사업 파트너가 되리라고는 전혀 생각지 못했다. 남을 설득하는 데 일가견이 있던 조셉은 인터넷의 잠재적인 시장성— 즉, 대기업도 웹 제작에 관해서는 외부의 지원을 받아야 한다는 사실을 여러 시간 동안 딕에게 설명해 주었다.

그러나 딕은 조셉의 아들 말처럼 그가 유능한 세일즈맨이라는 생각은 하면서도 왠지 사기꾼 같다는 느낌이 들어 건성으로 듣기만 했다. 반면에 조셉은 딕에 대해 '컴퓨터에는 도사군. 하지만 화상 입은 그 흉한 몰골로 사업이 될까? 사람들이 다 달아날 텐데. 사업을 같이 하게 되어도 나는 절대 저 인간이 고객과 접촉하는 일은 막을 거야' 라고 생각했다.

아들의 성화에 못 이겨 조셉은 딕과 다시 만났다. 이번에는 딕의 PC 터미널이 설치된 곳에서였다. 별다른 말도 없이 딕은 조셉이 구상하고 있는 웹사이트 개발의 문제점에 대하여 시연을 해보였다. 또한 지금까지의 프로그래밍 언어에 혁신적인 발전이 이루어져야 그 문제들도 해결할 수 있다는 점을 덧붙였다.

조셉은 이 말에 낙담하는 것처럼 보였다. 그러나 두 사람은 엔젤 투자가들만 모이면 각자의 일을 그만두고 최신 인터넷 사이트 개발에 필요한 소프트웨어 인터페이스 개발에 전념할 수도 있겠다는 점에서는 의견일치를 보았다. 두 사람은 결국 함께 아버스넷 어소쉬이츠를 설립했다.

우리가 조셉과 딕의 '머니헌트' 프로그램 출연에 앞서 인터뷰를 하려고 하자 조셉은 반드시 회계 책임자 마이크가 같이 출연해야 한다고 했다. 사전의 인터뷰에서는 보통 회사의 재정적인 문제에 대해서 물어보지 않는데, 이상하다는 생각이 들었다. 그래도 조셉은 "그러는 편이 커뮤니케이션에 도움이 된다. 우리의 회계 책임자인 마이크는 중요한 인물이다. 그만한 가치가 있다."고 계속 고집을 부렸다. 결국 우리는 오케이 하고 말았다.

회계 책임자인 마이크는 머니헌트 역사상 초대손님이 아니면서도 우리의 인터뷰에 참석한 최초의 인물이었다. 조셉이 마이크와 먼저 인터뷰를 하라고 우길 때는 무엇인가 있다는 생각이 들었다. 우리는 아버스닛 어소쉬이츠의 사업 계획에 대하여 마이크에게 얘기를 듣고는 조셉과 딕은 언제 나타날 것이냐고 물어보았다.

마이크가 대답했다.

"조셉 씨는 금방 오실 겁니다. 딕 씨에게는 30분 뒤에 오시라고 말씀드렸습니다."

우리가 황당한 표정을 짓자 마이크가 웃으며 설명을 했다.

"이상하겠지요. 하지만 저를 믿으십시오. 두 분은 늘 이런 식이랍니다. 같은 자리에서 함께 만나시지 않는 편이 좋습니다. 제가 알아서 하겠습니다."

10분 뒤 조셉이 도착했다. 두 사람은 회사의 영업 계획과 고객 확보 전략 및 그 장점에 대하여 브리핑을 했다. 생각했던 대로 조셉은 달변에 세련된 모습이었다. 제그나 상표의 쓰리 버튼 양복을 근사하게 차려입고 나온 그는, 말할 때면 하얀 이가 그대로 드러날 정도로 환히 웃곤 했다. 그러나 회사의 기술적인 분야에 대해서는 한사코 언급을 회피했다. 우리가 고객 서비스라든가 제품 출하 같은 문제에 대해 질문하면 그는 마이크를 쳐다보았다. 마이크는 "그 문제는 딕 씨가 담당하는 문제입니다. 그분에게 물어 보시죠."라는 식으로 넘어갔다.

조셉이 나타난 지 꼭 30분이 되자 딕 노팅검이 도착했다는 전갈이 왔다. 마이크는 조셉을 방에서 내보내고 잠시 뒤 딕을 불러들였다. 우리는 기업 인터넷 사이트 개설을 위한 이 회사의 새로운 디자인— 당시만 해도 신기술인 자바 애플릿의 보완과 최신 인터넷 디자인, 제품 출하 등에 관해 딕과 즐겁게 얘기를 나누었다. 그는 이 분야에 있어서는 도사 중의 도사였다.

그러나 화제가 사업의 개괄적인 문제에 이르면 언제나 마이크가 대신 대답을 하며 그에게는 대답할 기회를 주지 않았다. 딕은 마이크가 끼어들어도 별 내색을 하지 않고 묵묵히 있으면서 이러한 비즈니스 측면에 대해서는 일절 언급하고 싶지 않다는 표정을 지었다.

매일 서로 얼굴을 마주보며 사는 두 사람을 따로 인터뷰했다는 사실이 우리는 믿어지지가 않았다. 더욱 이상한 것은 중간에 마이크가 끼여들고 조셉과 딕은 서로 인사조차 하지 않았다는 사실이었다.

다음날 다시 마이크를 방문한 우리는 조셉과 딕이 모두 '머니헌트' 프로그램에 초대손님으로 나와야 하니까 같이 만나고 싶다고 하자 그는 정색을 했다.

"안됩니다. 그렇게 하면 안됩니다. 저를 믿어 주세요. 저도 프로그램에 같이 나가면 어떻겠습니까? 그러면 두 분도 흔쾌히 응하실 텐데요."

우리는 안될 것도 없다고 하면서 그 이유를 물어보았다.

"문제는 없습니다. 그저 두 분의 행동 양식이 그럴 뿐입니다. 얘기하기에 곤란한 문제가 있으면 저를 통할 뿐입니다. 아니면 변호사를 통하든지. 그것도 안되면 조셉 씨의 아드님을 통하든가 하지요. 서로 믿을 수 있는 사람을 말입니다."

"그럼, 서로 말도 하지 않는다는 얘깁니까?"

"거의 하지 않습니다. 저와 같은 사람이 중간에 있는 경우를 제외하고는. 같이 사무실에 있는 법도 없습니다. 서로 만났다 하면 으르렁대고 싸우거든요. 사업에 관한 얘기라면 하루 종일 싸워도 서로 결론을 내리지 못할 겁니다."

"그런데 어떻게 사업은 같이 하는 겁니까?"

이 질문은 하고 나서 문득 이런 생각이 들었다. '두 사람은 서로 얘기할 필요가 없다. 그들은 서로 자신들의 역할이 무엇인지를 잘 알고 있고, 어떤 다른 특정한 전문인의 도움이 없이도 회사가 잘 굴러갈 수 있다는 것도 잘 알고 있다. 상대방의 영역에 속하는 문제에 대해서는 각자에게 맡긴다. 세대 차이도 있고, 성장 배경과 인생관도 전혀 다르고, 말하는 방식도 완전히 다르기 때문에 두 사람이 직접 마주치면 커뮤니케이션에 문제가 있다. 처음에는 다소 어색하고 외견상 이상하게 보이기는 하지만 그래도 제3자가 중간에 끼어 대화를 하는 것이 이 회사의 발전에 가장 좋은 방법이겠다.'

●교훈 - 내게 없는 장점을 가진 사람이 최고의 파트너다

조셉과 딕이 일반적인 방법으로 대화를 시도했다면 이 회사는 분명 성공하지 못했을 것이다. 조셉처럼 말솜씨가 좋은 사람이 딕과 같이 어눌한 사람과 대화를 나눈다는 것은 힘든 일이었다. 이것은 딕에게도 마찬가지였다.

그러나 두 사람은 서로 헤어지는 것보다는 함께 일을 하면 더 큰 성공을 거둘 수 있다는 사실과, 서로만의 장점을 결합하면 최첨단의 테크놀로지 컨설팅 비즈니스가 가능하다는 사실을 알고 있었다. 믿을 만한 사람을 통해 서로 난처한 문제들에 대해 대화를 나눔으로써 그들은 커뮤니케이션의 문제를 극복하고 서로 간섭을 받지 않으면서도 사업을 성공으로 이끌었다.

한 식구가 아니라면 세대 차이 나는 사람들이 함께 일하는 것은 어렵다. 조셉이 자식 나이 또래의 딕에게 이래라저래라 잔소리를 하고 싶은 유혹을 뿌리치기란 여간 어려운 일이 아닐 것이다. 이와 같은 경우에는 연장자가 자신의 경험이랍시고 손아래 사람에게 자기 생각을 강요하고 싶은 유혹을 받게 마련이다. 조셉은 이러한 유혹을 현명하게 극복해냈다.

반면 딕은 보다 유연한 자세를 배워야 했다. 자존심 센 소프트웨어 전문가인 그가, 소프트웨어 개발 사업에 다른 사람의 도움을 받는다는 사실을 인정하기란 어려운 일이었다. 만약 얼굴이나 붉히며 조셉에게 컴퓨터 용어를 들먹여대기나 했더라면 웹사이트 개발은 분명 무산되고 말았을 것이다.

딕은 자신이 기술적인 면에서는 전문가지만 고객에게서 인터넷 사이트 개발 프로젝트를 따올 만큼 말재주는 없다는 사실을 잘 알고 있었다.

그렇다고 사업의 파트너가 각자 다른 스케줄에 따라 움직이고 서로 대화를 나누지 않아야 성공한다는 뜻은 아니다. 사업 파트너 간에 상호 보완적인 장점을 존중하는 것이, 자신과 비슷한 사람을 선호하는 것보다 훨씬 더 중요하다는 점을 강조하는 것이다.

사업 파트너를 구할 때에는 자신과 똑같은 사람을 찾으려고 하지 마라. 최고의 파트너는 내게 없는 장점을 가진 사람이다.

"대기업 경력이 사업가로 만들어주진 않는다"

수 년 동안 대기업에서 근무하며 관료적인 타성에 젖어 있다가 회사의 다운사이징과 라이트사이징[1] 정책으로 쫓겨난 뒤 어쩔 수 없이 생존을 위해 창업의 길에 뛰어드는 사람들이 많이 있다. 그러나 오늘날 미국의 기업문화는 그 어느 때보다 더 공평하게 누구에게나 성공의 기회를 제공하고 있다.

대기업에서 근무한 경험은 당신이 창업을 할 때에 도움이 될 수도 있다. 그러나 당신이 대기업에 근무한 경험이 있다고 해서 소규모 사업의 여건, 즉 여유 없고 빡빡하며 혼자 모든 것을 해결해야 하는 환경에 아무 준비도 없이 뛰어들 수 있다는 뜻은 아니다.

---

[1]목적에 따라 효과적이고 균형 있게 회사의 모든 정보를 관리할 수 있는 조직의 최적화를 의미하는 개념. 라이트사이징은 조직과 업무체계의 수평화, 국제적인 시장 감각, 비용절감 등의 경영 혁신을 목표로 한 인재관리라고 할 수 있다.

아무리 규모가 작아도 사업은 사업이다

이 말뜻을 꼭 명심해야 한다. 새로 창업을 하려는 사람들은 대기업에서 근무했다는 이력만 믿고 종종 너무 자신들의 능력을 과신하기 때문이다.

창업 초기에는 모든 일을 당신이 직접 해야 한다. 세일즈를 해야하고, 제품을 국내에서 생산할 것인가 해외에서 생산할 것인가를 결정해야 하고, 할인판매 문제로 대리점들과 실랑이도 벌어야 하고, 직원 고용과 해고도 해야 하고, 어떤 상표의 클립을 살 것인가까지 결정해야 한다.

대기업에 있을 때에는 이런 문제는 다른 사람이 해주었지만 이제는 당신 스스로가 대책을 세우고 행해야 한다. 당신은 사장이자 비서이며, 마케팅 담당 직원이기도 하고 세일즈맨이기도 하며, 구매 담당이자 재정 및 경리 담당 직원이기도 하다. 이외에도 신상품 개발과 인력개발, 새로운 사업에 대한 법률적인 문제, 심지어는 수위의 역할까지도 직접 해야 한다.

이러한 상황에 적응하는 것은 쉬운 문제가 아니다. 이 일을 과소평가하지 말아야 한다.

회사를 떠날 때에도 자부심을 지켜라

대기업에서 근무한 경험이 쓸모없다는 뜻은 아니다. 오히려 그

반대인 경우가 많다. 대기업에서 일한 사람은 다른 대기업과 연줄이 있을 수도 있고 또 자신이 다니던 회사를 고객으로 삼을 수도 있다. 대기업에서 근무하면서 쌓아둔 인맥은 언젠가는 사업에 도움이 될 수 있다. 대기업에 근무할 때 당신이 많은 도움을 준 사람이 있다면 그 사람은 당신이 새로운 일을 할 때에 적어도 한 번은 보답의 기회를 줄 것이다.

다음 같은 경우, 작은 회사라도 만만치 않다는 것을 기억하라

▶방구석에 앉아 인터넷 사업에 대해 독파하고 그들이 어떻게 월급쟁이에서 백만장자로 변신했는가에 대해 알게 되자 자신도 사업에서 성공할 수 있는 자질이 완벽히 있다고 자신할 때

▶매일 딜버트 만화를 열심히 읽고 이 만화에 나오는 동물 주인공들이 바로 자신이라는 생각이 들 때

▶당신이 회사를 위해서 진실로 무엇을 할 수 있는가를 다른 사람에게 설명하는데 30초 이상 걸린다는 것을 발견했을 때

▶직장 생활을 그만두고 창업을 했지만, 클럽이나 여러 가지 종류의 서식을 어디에서 사는지도 모를 때

줄리아 클리블랜드

줄리아 클리블랜드는 <포춘>지 선정 세계 100대 음료 기업 안에 드는 '피즈'라는 회사에서 차근차근 승진해 올라간 유능한 마케

팅 매니저였다. 뉴욕 출신의 그녀는 식음료에 살고 식음료에 죽는 사람이었다. 그녀의 부모들도 모두 식음료를 생산하는 대기업에서 마케팅 매니저로 근무하고 있었다. 대학을 졸업했을 때 그녀는 피즈 사(社)에 입사하는 것을 당연하게 생각했다. 이 회사에서 그녀는 곧 콘칩에서부터 음료수에 이르기까지 모든 제품의 판매에 탁월한 재능을 보였다.

어느 월요일 저녁 인테리어 사업을 하는 남자친구 하베이와 함께 TV 풋볼 경기를 보며 스낵을 먹고 있던 줄리아는 사람들이 점점 먹거리에 관심을 갖고 있다는 사실이 떠올랐다. 그녀는 짭짤한 스낵류도 아니고 다이어트 식품도 아닌 중간 개념의 제품을 만들어 보면 어떨까 하고 물어보았다.

그즈음 어떤 가게의 인테리어를 해주고 있던 하베이는 그 가게의 주방 근처에 포테이토칩 같은 것이 있었는데, 전에 보지 못하던 것으로 모양이 이상하고 색깔은 진홍색과 노란색이었다는 것을 기억해내어 줄리아에게 얘기해 주었다. 그녀는 아주 재미있는 제품일 것 같다는 생각이 들자 그 가게 주인을 주말에 한 번 만나게 해달라고 하베이에게 졸랐다.

결국 그녀는 이 가게에서 만드는 '슬라이스 오브 라이프'라는 이름의 새로운 칩에 대한 독점 판매권을 획득했다. 상류층의 파티용으로 주문 받아 만들던 이 제품을 대량생산하여 자신이 맡고 있던 피즈의 프라이드 칩 대신 건강식품으로 팔 요량이었다.

이즈음 시장에서는 건강 스낵류가 갑자기 잘 팔리고 있었지만, 피즈와 같은 대형 식음료 회사들은 아직 시장에 진출하지 못한 상태였으므로 시기적으로도 좋은 기회였다.

시장 조사가 끝나자, 그녀는 이 제품을 피즈가 생산하면 더없이 좋을 것이라고 열심히 회사를 설득해 보았지만, 사장이 그 아이디어를 받아들이지 않자 과감히 사표를 던졌다.

줄리아는 미국 전역에 '슬라이스 오브 라이프' 판매망을 새로이 구축했다. 사람들이 그녀더러 바로 "피즈 출신의 줄리아냐?"고 물어오면, 그녀는 "맞아요······ 같이 한 번 잘해 보죠"라고 대답하곤 했다.

그녀는 자기 제품은 피즈와 같은 대형 회사에서는 결코 구할 수 없는 건강식품이라는 점을 강조했다. 또 새로운 바이어에게는 대폭적인 할인과 판촉용 쿠폰을 제공했다. 처음 거래를 시작할 때 누구도 그녀에게 이러쿵저러쿵 얘기할 수가 없었다. 슈퍼마켓 주인이나 식료품 바이어들은 피즈의 최우수 사원이었던 그녀를 잘 알고 있었으며 기꺼이 그녀에게 기회를 주고 싶어했다.

새로운 거래처와 노력을 한 결과, 첫해 그녀의 매출은 거의 300만 달러에 이르렀다. 창업 1주년 기념일이 다가오고 대형 식음료 산업 전시회가 곧 열리게 되자, 그녀는 돈을 차입하여 제품의 포장을 최고급으로 디자인했다.

식음료 산업 전시회는 뉴욕 재콥 재빗스 센터에서 성황리에 개최되었다. 그녀는 '슬라이스 오브 라이프' 부스를 모두 새로 디자인한 제품들로 채웠다. 언론에서는 독특한 색깔의 칩들로 가득찬 그녀의 부스를 특집으로 다루었으며, 그때까지 거래를 하지 않던 사람들도 직접 찾아와 거래 계약을 맺기도 했다.

피즈의 사장도 그녀의 부스에 들렀다. 업무차 산업 전시회에 들른 그는 줄리아의 성공을 축하해 주었다. 그는 부스가 다 떠나갈 듯한 목소리로 "예상외로 대단하군. 이런 제품을 팔 준비를 했으면 나한테 먼저 연락을 했어야지!"라는 말을 했다.

그러나 산업 전시회가 끝나기도 전에 일부 바이어들이 그녀의 부스를 찾아와 물건이 팔리지 않는다고 불평을 해댔다. 전국적으로 200여 명이나 되는 바이어들은 그녀의 생산 품목 중 보통 너덧 가지 정도 취급하고 있었다. 그러나 급속한 시장 진입에도 불구하고 그녀는 전국적인 판촉을 하지 못하고 있었으므로 판매는 보통 수준 이하였다.

그녀의 제품은 고급 칩이므로 다른 비슷한 제품에 비해 가격이 거의 두 배나 되었다. 가격 경쟁력에서 밀리자 설 땅을 잃고 있었다. 두세 명의 바이어들의 얘기를 가만히 듣던 그녀는 결국 당분간 이익만큼 가격을 깎아주기로 결정했다.

피즈에서 근무할 때 그녀는 미국 전역의 판매 업소에 선보이는 신제품에 대해 매주마다 데이터를 받아 보았다. 그러나 그때와는 달리 지금은 각각의 거래처들로부터 아무런 정보를 얻을 수가 없었다. 그녀는 언제나 정보가 너무 늦었고, 바이어들에게서 소식을 듣고서야 상황을 파악하여 대책을 내놓기 일쑤였다.

전시회에서 돌아온 줄리아는 창업 2년의 회사 목표를 '시장탈환'으로 세웠다. 그녀는 판매 부진을 만회하기 위하여 주요 시장에서 대대적인 세일행사를 벌이기로 작정했다. 피즈에 근무할 때도 할인 쿠폰과 같은 다양한 판촉행사를 벌인 적이 있었다.

그러나 '슬라이스 오브 라이프'의 상황은 피즈에서와 전혀 달랐다. 그녀는 쿠폰행사를 실시하기 위해 큰 이벤트 회사들을 동원할 자금이 없었다. 지금까지 이 일은 자신이 직접 했으므로 이번에도 혼자서 계획을 짜서 컨설턴트에게 한번 검토를 시키면 되리란 생각이 들었다.

처음 1/4분기에는 이 새로운 판촉 계획이 제대로 돌아가는 듯했다. 그녀의 마케팅 전략에 비판적이던 바이어들도 점차 다시 돌아올 정도로 상황이 많이 호전되었다. 바이어들이 다시 주문을 하기 시작하자 그녀는 계속 판촉지원을 하기로 약속했다. 이제 이 일은 일종의 게임의 양상으로 변하고 있었다.

사람들이 간과하기 쉬운 치명적인 문제는, 판매를 늘이기 위해 할인 판매를 하기 시작하면 그것을 계속해야 하며, 판매량을 유지하기 위해서는 가격을 더욱 낮추어야 하는, 이른바 식료품 시장의 '가격인하요인'이다.

그녀가 발행한 할인 쿠폰 100장 중 15장이 소비자들에 의해 사용되었다. 사용도 15%는 상당히 높은 비율이었다. 덕택에 판매는 호조를 보였지만 할인율이 문제였다. 쿠폰이 너무 많이 사용됨으로써 그녀의 이익은 거의 제로 상태가 되었다.

줄리아의 새로운 거래선들은 판매를 늘리지는 못해도 적어도 그녀가 현상유지만을 시켜주기를 원하고 있었다. 피즈에서였더라면 대답은 간단했을 것이다. "마케팅 비용을 더 쏟아부어. 판촉비를 늘리고 쿠폰도 더 발행하고, 광고 회수도 늘려!"

그녀의 회사처럼 작은 규모에서는 그만한 자금을 쏟을 능력이 없었으므로 쿠폰의 사용 비율이 높다는 것은 그녀에게는 악순환의 연속을 의미했다. 판매량을 유지하기 위해 그녀가 계속 쿠폰을 발행하고 광고를 하면 할수록 그 결과는 제살 깎아먹기가 되는 셈이었다.

그래도 새로운 거래처에서는 그녀에게 똑같은 식의 판촉행사를 요구했다. 그녀는 결국 판매량을 유지하기 위해 할인율을 계속 높여야 했고, 그럴수록 쿠폰의 사용 비율만 높아지고 이윤은 한푼도 나지 않았다. 만약 이러한 판촉행사를 취소하면 거래선도 놓치고 앞으로의 판매도 타격을 입을 것이 뻔한, 피즈에서와는 전혀 다른 상황이었다.

줄리아는 피즈의 사장이 말했던 것처럼 사업이란 대기업의 제품을 마케팅 하는 것과는 너무 다르다는 사실을 깨달았다. 아무리 사소하고 세세한 일도 모두 그녀의 책임인 것처럼 보였다. 그녀는 시장조사를 할 틈이 전혀 없었다. 이것저것 처리해야 할 문제들과 씨름하느라 하루 24시간이 모자랄 지경이었다. 따라서 사업에 도움이 되는 일을 전혀 할 수가 없었다.

1년 뒤, 식음료 산업 전시회가 다시 개최되었다. 줄리아는 지난번과는 전혀 딴판이었다. 부스를 유지할 비용도 뉴욕까지 오고 갈 여비도 부족할 정도였다. 놀랍게도 그녀의 부스를 찾은 사람은 피즈의 사장이었다.

그가 그녀의 사업을 인수할 의향이 있다는 것을 소문으로 듣고 알고 있던 터라, 그가 입구에 나타나자 줄리아는 단도직입적으로 말했다.

"이번에도 오셨군요? 제 회사에 관심이 있으시다면, 다른 사람들이 인수하겠다고 덤벼들어 가격이 올라가기 전에, 어서 인수 가격을 말해 보시죠."

자신도 모르게 이렇게 내뱉고 그녀는 아차 하는 생각이 들었다. '맙소사! 내가 무슨 말을 한 거야. 내가 힘들다는 것을 뻔히 알고 있을 텐데, 내가 완전히 맛이 갔구나 생각하겠군!'

줄리아는 자신이 다니던 회사의 기업문화에 대해 너무 과소평가 하고 있었다. 대기업들은 직접 새로운 사업을 시작하는 것보다는 성공할 만한 기업을 인수하는 것을 더 선호한다. 피즈 사장의 눈에 줄리아의 회사가 바로 그 대상이었다. 그는 가게에 갈 때마다 줄리아가 생산하는 제품이 스낵코너를 가득 채우고 있는 것을 보았다.

그는 눈 하나 깜짝하지 않고 인수 가격을 제시했다.

"얼마면 될까? 현찰 250만 달러에 2년 동안 무해고 보증 계약이면 될까?"

그녀는 생각해 보지도 않고 머리를 저었다.

"내 제안에 응할 마음이 생기면, 1주일 이내에 계약서를 작성하여 거래를 끝내자고."

그 순간 줄리아는 지금까지 몰랐던 것을 새로이 깨달았다. 지난 2년 동안 '슬라이스 오브 라이프'를 꾸려 오면서 자기 돈뿐만 아니라 남자친구의 돈까지 몽땅 끌어다 쓰고 있던 그녀에게, 피즈의 사장이 단 몇 분 동안에 거금 250만 달러를 쓰겠다고 하는 것은 너무나 놀라운 일이었다.

●교훈 - 대기업과 소기업은 마케팅이 전략이 다르다

줄리아 클리블랜드는 대기업에서는 잘 통하던 나름의 원칙과 시스템이 자신의 조그만 사업에서는 제대로 먹히지가 않는다는 사실을 비싼 대가를 치르고 나서야 배웠다.

소기업 마케팅은 대기업 마케팅과 상당히 다르다. 줄리아가 대기업에서 쌓아 놓은 인맥은 창업에 많은 도움이 되었지만, '슬라이스 오브 라이프' 제품도 그녀가 다니던 피즈의 제품처럼 막대한 광고와 판촉행사로 잘 팔리리라고 기대했었다. 하지만 실제는 달랐다. 그녀의 회사는 거래처의 요구를 묵살하거나, 아니면 끼워 팔기도 할 수 없는 처지였다.

대기업에서라면 자본과 힘이 있으므로 강매를 할 수가 있다. 그러나 줄리아의 '슬라이스 오브 라이프'는 규모가 작았으므로, 예전에는 이름만 대도 꼼짝하지 못하던 거래선들이 공급 가격을 깎아도 받아들일 수밖에 없었다. 더구나 피즈에서 써먹던 할인판매 전략이, 그녀의 회사에서는 오히려 발목을 잡는 꼴이 되고 말았다.

판촉 전략을 세우는 데 있어서 보상판매라든가 할인쿠폰 제공 등과 같은 문제를 대수롭지 않게 생각하면 판매량이 크게 늘어날 때 심각한 문제가 발생한다.

피즈에게 회사를 넘기지 않았더라면, 그녀는 재정적으로 심각한 어려움에 처했을 것이다.

"배신자는 가까운 곳에 있다"

'믿음은 죽었다'라는 말이 있다. 특히 비즈니스 세계에 있어서 이 말은 정말 맞는 말이다. 사업가는 사업 파트너가 자신과 똑같은 목표, 가치관, 자세 등을 갖고 있다고 생각하면 안 된다. 사업에서 성공하려면 파트너의 '숨겨진 의도'까지도 파악해야 한다.

사업을 하다 보면 알 수 없는 사람을 만나게 된다

예전에는 모든 사업이 믿음과 신뢰에 바탕을 두고 있었다. 공동체 생활을 하던 때에는 명예가 매우 중요했다. 불명예스런 짓을 하면 온 동네 사람들이 그 사실을 다 알게 되어 동네에서는 얼굴을 들고 다닐 수가 없었다. 다른 사람과 같이 일할 때는 각자의 대인 관계와 명예를 중요시했다.

하지만 오늘날처럼 급변하는 세상에서는 공동체 의식은 이미 사라진 지 오래다. 현대 기술문명의 발달과 전통적인 관습의 붕괴로 현대인들은 각자 따로따로 움직인다. 시민활동이나 정치활동보다는 인터넷이나 TV에 보다 많은 시간을 할애한다.

사업가는 "그 시절이 좋았는데……" 하는 향수에 젖어 있을 틈이 없다. 철저히 현실을 직시해야 한다. 현대 사회에서는 처음부터 잘 알고 있던 사람이 드물다. 성장배경도 다르고, 대학시절의 룸메이트도 아니었을 것이다. 인터넷에서 만난 사람이라면 얼굴도 모를 것이다. 당신이 그런 사람들과 사업적인 문제로 만난다면, 그들의 배경이나 인간성에 대해 파악할 시간이 없다.

사업을 하다 보면 별별 사람을 다 만나게 된다. 현대의 사업가라면 동업자가 목적하는 바를 매일 체크해야 하며, 또 그들을 믿고만 있어서는 안 된다.

가장 파악하기 어려운 것이 사람이다

동업은 사랑과 비슷하다. 어떤 사람을 좋아하게 되면 눈에 콩깍지가 씌워진다고 한다. 다른 사람에게는 선명하게 보이는 결점도 안 보이고, 상대가 자신의 애정을 받아들여 사랑하는 마음으로 대하리라고 생각한다. 그러나 결과가 원하는 대로 나오지 않을 때에는 마음에 상처를 주고 또 경제적으로도 손실을 가져온다.

친구나 친지와 동업할 때는 전적으로 그들을 믿게 된다. 그러나 동업의 목적에 대해 의문을 가져보는 것이 당신과 동업자를 사업 관계로 묶어둘 수 있는 유일한 방법이다.

다음 같은 경우, 당신의 믿음을 다시 한 번 체크하라

▶사업과 사생활을 구분하지 못할 정도로 사업 파트너와 허물없이 지내고 있다.

▶아직 자질도 검증되지 않은 사람에게 많은 지분을 주고 싶다.

▶벤처 투자가 클럽이나 기업가들의 사교모임에서 만난 지 얼마 안된 사람에게 같이 사업을 하자는 제안을 하고 싶다.

▶어떤 사람이 정말 좋은 조건으로 동업을 하자고 제안한다.

▶아무리 봐도 기술이나 능력도 없는 사람에게 자신도 모르게 정이 간다.

▶파트너가 당신이 싫어하는 짓만 골라서 하지만, 회사가 흔들릴까 두려워 직접 얘기할 수가 없다.

콴샤 타일러

콴샤 타일러는 자녀를 4명이나 둔 생활보호 대상자였다. 그녀는 중학교 2학년 때 임신하여 학교를 중퇴하고 미혼모 보호시설에 들어갔다. 그곳 원장이던 엘리자베스 애치슨은 미국과 캐나다뿐만 아니라 유럽과 아시아에 아동도서 전집 판매 사업을 소규모로 하고 있었다. 그녀는 남편의 사업을 이어받았지만 그 일에 별로 흥미를 느끼지 못하고 있었다. 자식이 없던 그녀는 남편이 하던 대로 유지할 뿐인데도 사업은 꽤 괜찮은 편이었다.

엘리자베스는 열심히 일을 도와주는 콴샤를 마음에 들어했다. 그녀에게 파트타임으로 경리 일을 맡기기도 하고, 주문받는 일도 시키고, 거래처와 상담하는 일도 맡겼다. 콴샤는 그 일을 좋아했다. 특히 마케팅 분야를 좋아해서, 전세계 출판사들과 거래를 활성화하기 위해 독일어와 일본어를 배우기도 했다. 엘리자베스는 그녀를 유럽과 아시아의 도서 전시회에 데려가기 시작했고, 콴샤는 곧 출판계의 스타로 떠올랐다.

그녀는 파스텔 계열의 아프리카 스타일의 옷에 청동 액세서리를 하고 나타나 새로 만나는 사람마다 "하니!"라고 부르는 등 세련된 외모에 붙임성까지 있었다. 새로 책을 받으면 정확한 평을 해주어 그녀는 출판계에서 영향력 있는 사람이 되었다. 출판계 사람들은 그녀의 환심을 끌기에 바빴다.

콴샤는 엘리자베스의 출판사에 몸을 담은 지 3년 만에, 신간 서적을 골라 마케팅을 담당하는 일을 맡게 되었다. 서적의 판매량도 늘고 이익도 늘었다. 엘리자베스는 크리스마스 때가 되면 콴샤에게 주식을 나눠주기 시작하여, 3년이 지나자 그녀는 이 출판사의 지분을 50%나 가진 명실상부한 마케팅 담당 부사장으로 승진해 있었다.

3년 후 어느 날 엘리자베스가 암 선고를 받아, 더 이상 사업을 꾸려 나갈 수 없게 되었다. 콴샤에게는 나머지 지분을 살 경제적 여력이 없다는 사실을 잘 알고 있던 엘리자베스는 단돈 1달러에 자신의 지분을 콴샤에게 넘겼다.

엘리자베스가 암으로 사망한 뒤 몇 년 동안 콴샤는 회사를 잘 꾸려 나갔다. 그녀는 도서 전시회에 참가하여 쓸 만한 책을 고르는 일과 마케팅 분야에 남다른 재주가 있었다. 여기저기 쫓아다니느라 바빴던 그녀는 임시로 대학원생을 고용하기도 했지만, 유학 비자가 끝난 그 학생은 곧 그만두었다. 그녀는 사업을 다시 정상궤도에 올려놓기 위해 2달 동안 거의 잠을 자지 못하고 사업을 확장시킬 방법을 찾으려고 애썼다.

어느 해인가 그녀는 콴자 축제(12월 26일에서 1월 1일까지 7일간 열리는 미국 흑인들의 추수감사절)에 친구의 초대를 받았다. 친구의 어린 딸에게 선물로 줄 만한 책을 찾던 그녀는 콴자 축제에 관한 아동도서가 아직 출간된 적이 없다는 사실을 알았다. 콴샤는 이 기회에 콴자 축제에 관한 책을 출간해 볼 욕심에, 유명 작가에게 저술을 의뢰했다.

그 책은 초판이 나오자마자 몇 주만에 동이 났다. 이듬해에는 같은 작가가 쓴 콴자 축제에 관한 책을 한 권 더 출간하고, 콴자 강림절 캘린더도 내놓았다. 이 캘린더는 그녀가 직접 디자인했다. 이 둘은 곧바로 베스트셀러가 되었으며 그녀의 회사는 콴자 축제 전문 출판사로 이름을 날리게 되었다.

그때 위기가 닥쳐왔다. 콴샤는 중소기업청(SBA)의 보증으로 은행에서 운전자금을 대출 받아 쓰고 있었는데, 어느 날 대출금을 상환하라는 연락이 왔다. 그녀가 놀라서 이유를 묻자, 중소기업청에서 출판사에 대부하는 것을 금지하기 때문이라는 것이었다. 엘리자베스와 콴샤가 다른 출판사의 서적을 전집으로 포장만 하여 판매할 때에는 괜찮았지만, 지금은 서적과 캘린더를 출판하고 있으므로 문제가 된다는 것이었다. 은행에서는 그녀에게 30일의 말미를 주고 다른 방법을 찾아보라고 했다. 그녀가 시간을 좀 더 달라고 애걸해 보았지만 소용이 없었다.

그녀에게 이처럼 난감한 경우는 처음이었다. 그녀가 대출금을 전액 상환하고도 사업을 계속 꾸려갈 정도의 자금을 마련하는 데는 30일 갖고는 어림도 없었다. 더군다나 중소기업청의 보증이 없으면 담보도 없는 콴샤의 회사와 같은 출판사에 돈을 빌려줄 은행은 없었다. 그녀는 자금이 급히 필요했다.

사업상 어려움이 있으면 먼저 변호사나 회계사를 찾아 상의하라는 엘리자베스의 말을 기억하고 그녀는 회사의 자문 회계사인 데이비드와 상의를 했다. 그는 단기자금을 빌려줄 수 있는 사람을 알고 있는데 이틀 안으로 그 결과를 알려주겠다고 대답했다.

이틀 뒤 그녀는 데이비드로부터 자신의 사무실에서 자본주를 만나자는 전화를 받았다. 그녀가 사무실 문을 열고 들어가자 전혀 본적이 없는 두 사람이 미리 와서 기다리고 있었다. 데이비드가 소개를 했다.

"이분은 제 장인이시고 이 사람은 제 처남입니다. 사장님의 처지에 대해 얘기를 나눈 결과 도와드릴 수 있을 것 같습니다. 그동안 저희 집안에서도 투자할 만한 곳을 물색중이었습니다. 그런데 엘리자베스 사장님께서 갑자기 돌아가신 뒤로 사장님께서 그 사업을 물려받아 잘 꾸려가는 것을 보고 많은 감명을 받았습니다. 회사의 채무를 상환하는 데 필요한 자금을 드리는 대가로 회사의 지분을 48%만 주시면 좋겠습니다. 단, 조건이 있습니다. 저희는 2년 뒤에 사장님의 지분 모두를 인수하고자 합니다."

"몇 푼 되지도 않는 돈을 투자하면서 너무 많은 것을 요구하시는군요. 왜 그렇게 무리한 요구를 하시죠?"

데이비드의 장인인 조가 대답을 했다.

"지금 돈이 급하시죠. 더 중요한 것은 회사 운영에는 이제 다른 사람의 도움이 필요하다는 사실입니다. 데이비드의 말로는, 회사의 잡무로 몹시 힘이 든다고 하던데요. 이제 직접 출판도 하시니까 더욱 그럴 겁니다. 여기 있는 제 아들 샘은 얼마 전 뉴욕의 대형 출판사에서 퇴직했습니다. 제 아들이 출판계 전반의 일을 잘 아니까 사업 파트너로는 제격일 겁니다."

"그렇다면…… 단순히 돈을 투자하겠다는 뜻이 아니라 제 주식을 모두 내놓고 아드님도 고용하라는 얘깁니까?"

"맞습니다. 제 아들이 회사 대표이자 실질적인 경영자가 되는 겁니다. 그래도 물론 사장님은 계속 근무하실 수 있습니다. CEO로 근무하면서 마케팅과 세일즈 분야를 맡으시면 될 겁니다."

콴샤는 잠시 생각할 시간을 달라고 부탁했다. 그녀는 며칠 뒤에 다시 만나자고 약속했다.

샘은 쾌활한 사람이었다. 그리고 대형 출판사의 생리를 분명 잘 알고 있는 사람이었다. 그러나 콴샤는 왠지 내키지 않았다.

'나의 적수는 아니야. 하지만 저 사람이 이 사업을 배워 나의 거래처 사람들과 직접 거래를 트는 데에는 1, 2년밖에 걸리지 않을 거야.'

내심 걱정이 되었지만 그녀는 돈도 필요했고 한참 바쁜 시기에 자금 때문에 시달리지 않고 문제를 해결할 수 있다는 생각이 들었다. 만약 그가 정말로 그 지긋지긋한 잡무를 대신 처리해 주어 그녀가 마케팅과 아이템 개발에만 전념할 수 있도록 해준다면 그를 회사에 영입하는 것도 괜찮을 듯싶었다. 또한 48%의 지분으로는 그녀의 동의 없이는 그들이 아무런 경영권 행사도 할 수 없으리라는 생각이 들었다.

그러나 여기에는 콴샤가 미처 모르던 함정이 있었다. 데이비드가 자기 처남을 사장으로 고용하고 2년 뒤에는 그녀의 지분을 모두 넘겨달라는 조건을 제시한 것은 바로 회사를 야금야금 집어삼키겠다는 뜻이었다.

그녀는 변호사와 상의를 했다. 변호사는 그들의 요구에 응하되, 샘과 고용계약서를 작성하여 만약 둘 사이에 심각한 트러블이 발생하면 회사가 그녀에게 명예퇴직금을 지불해야 한다는 조항을 삽입하라고 조언해 주었다.

며칠 후 데이비드의 중재로 콴샤는 다음과 같은 '불가침 협정' 문구를 삽입한 계약서에 서명을 했다.

<어떠한 경우든 이 계약서가 무효가 될 때에는 그로부터 2년 동안 쌍방 어느 누구도 아동 도서 전집 판매를 할 수 없다.>

계약서에 사인을 한 그녀는 은행 빚을 모두 갚고 자신의 방 바로 옆에 샘의 자리를 만들어주었다. 샘은 사무실의 여러 업무를 보는 데 능력이 있었다. 그 덕택에 그녀는 도서 전시회에 참석하고 미국에서 팔 만한 신간 서적을 찾아다니기도 하고 콴자 축제와 관한 책을 새로 만드는 일에 전력을 쏟을 수 있었다.

어느 날 샘은 그녀의 방으로 들어와 이사회 개최 요구서를 내밀었다. 콴샤는 왜 정식으로 이사회를 열어야 하는지 그 이유를 물었다.

"우리가 계약한 대로 회사가 돌아가고 있는지 알고 싶습니다. 그리고 주주총회는 정기적으로 개최하려고 합니다."

이사회가 열리자 데이비드는 해외에서 단기자금을 끌어와야 한다고 주장했다. 그러나 단기자금을 해외에서 끌어오려면 회사의 모든 것을 담보로 제공해야 하므로 그녀는 반대했다. 그들은 그녀가 샘을 중요한 도서 전시회에 데려가지도 않는다는 등의 불평을 늘어놓기 시작했다. 그녀는 콴자 축제에 대한 책에 관한 한 샘이 관여할 일이 아니라고 반박했다. 그들은 콴샤와 샘 그리고 이 두 사람이 지정하는 제3자로 이루어진 이사회를 열자고 주장했다.

이러한 요구에 그녀는 대답했다.

"누가 이따위 회사에 와서 마치 심판처럼 우리 사이에 끼여들고 싶어하겠어요? 어차피 2년 뒤에는 내 지분을 살 계획이니까 나보고 얼른 회사를 그만두고 샘에게 넘겨주라고 단도직입적으로 말하지 그래요?"

그들이 아무것도 아닌 일에 너무 신경과민 아니냐며 자신들의 의도를 숨기려고 했지만, 그녀는 의구심을 떨칠 수가 없었다. 하지만 그녀는 회사의 경영실적을 검토해 보기 위해 매월 이사회를 여는 데에는 동의했다. 결국 그들의 모임은 언성을 높이는 것으로써 막을 내렸다.

그해 말 그녀의 우려는 현실로 나타났다. 그녀가 도서 전시회에 참가하느라 사무실을 비운 사이, 그녀에게 걸려온 중요한 거래처 전화에 샘이 직접 응대하며 가까운 관계를 맺으려고 하고 있다는 사실을 그녀는 알아차렸다. 그녀가 샘에게 따져 보았지만 대답은 석연치가 않았다.

"제가 그래도 명색이 이 회사의 사장입니다. 그러니 잡무나 하고 있을 수는 없지요. 제가 여기에 있는 것은 콴샤 씨에게 무슨 일이 생겨도 사업에 지장이 없도록 하기 위한 겁니다. 이 회사를 자식들에게 물려줄 생각은 아니겠지요?"

그후 몇 달 동안 그녀와 그들의 관계는 갈수록 악화되었다. 그녀가 자리를 비운 사이 데이비드는 회사의 장부와 기록들을 월별로 하나하나 뒤지며 감사를 했고, 조는 자신의 주식 일부를 벤처 캐피털에 있는 친구에게 팔아버렸다. 콴샤가 어쩔 수 없이 회사를 떠나야 할 시간이 다가오고 있었다. 단지 시간 문제였다.

다음번 주총에서 콴샤는 폭탄선언을 했다.

"이제 더 이상 말싸움하는 것도 싫고 실랑이하는 것에도 지쳤어요. 이제 당신들이 직접 도서 전시회에 참가하세요. 난 2년씩이나 기다리고 싶은 마음이 없으니까, 우리가 애초에 계약했던 대로 제 지분을 넘겨 드릴게요. 그리고 샘에게 거래처 사람들을 소개시켜

드릴게요."

데이비드가 의아한 표정으로 물었다.

"이제 손을 떼겠다는 뜻입니까?"

"네. 그것이 엘리자베스 사장님의 유지를 받드는 일이라고 생각이 돼요."

"정말 거래처를 소개할 겁니까?"

"그래야죠."

"정말 계약서에 쓴 '불가침 협정'을 준수할 겁니까?"

"계약서에 쓴 것처럼 명예퇴직금만 제대로 준다면요."

데이비드와 조 그리고 샘은 서로 얼굴을 쳐다보았다.

"돈을 마련하겠습니다."

3주 뒤 그들은 해외 투자가들에게 주식의 10%를 제공하고 돈을 마련하여 그녀의 지분을 인수했다. 그후 2개월 동안 그녀는 이 회사에서 컨설턴트로 월급을 받으며 샘에게 주요 거래처를 소개해주고 전집 판매에 대한 교육도 해주었다.

한 달 후 어느 날, 출판계 소식지를 펼친 샘은 콴샤 타일러가 어떤 대형 출판사의 아동 도서 부장으로 임명되었다는 기사를 발견했다. 그는 화가 나서 콴샤의 집으로 전화를 걸었다. 그러나 자동 응답기에서는 다음과 같은 말만이 흘러나오고 있었다.

"콴샤 타일러예요. 카리브해에 있는 친척집에 가느라 3개월 동안 뵙지 못하게 되었어요. 돌아오면 다른 회사의 아동 도서부 부장으로 근무하게 될 것입니다. 그곳에서 흑인 어린이들을 위한 책과 캘린더를 만들 예정입니다. 지난 몇 년 동안 저를 도와주신 모든

분들께 진심으로 감사를 드립니다. 용건이 있으신 분은 삐 소리가
난 후에 메시지를 남겨 주세요."

●교훈 - 마지막 문은 열어 두라

콴샤 타일러는 사업이 곤경에 빠지도록 내버려두느냐 아니면 그
녀와 엘리자베스가 이루어 놓은 사업을 집어삼키려는 의도를 가진
사람들과 동업하느냐 하는 어려운 선택을 해야 했다.

다른 사람 같았으면 급히 자금이 필요한 상황에서 무턱대고 자
금줄을 잡았을 것이다. 그러나 그녀는 어려운 상황 속에서도 사업
파트너가 음흉한 의도를 드러낼 때 빠져나갈 수 있도록 장치를 마
련해 두었다.

그러나 데이비드, 조 그리고 샘은 콴샤를 너무 믿은 나머지 패배
하고 말았다. 그들은 콴샤의 분석력과 판단력을 과소평가하여 그
녀를 종업원으로 만들 수 있는 계획까지 짰지만, 결국에는 하나의
단서 조항 즉, '불가침 협정' 때문에 그녀가 빠져나갈 기회를 준 셈
이 되었다.

콴샤가 엘리자베스에게서 많은 것을 배웠다고는 해도, 본심을
속이려 드는 사람들을 상대하는 데에는 역부족이었다. 오히려 그
녀의 본능적인 감각이 많은 도움이 되었다.

그녀는 이 일에서 사업가로서 깨우치기 힘든 중요한 교훈을 얻
었다. 오랫동안 몸담아 온 회사에 대해서는 냉철하고 이성적으로

상황을 보기가 쉽지 않다는 것이다. 콴샤는 온 힘을 쏟아 엘리자베스로부터 물려받은 사업을 유지하고 싶었지만, 결국 회사를 떠나 새로운 직장을 잡는 것이 더 현명하다는 사실을 깨달았다.

오스카 와일드가 얘기한 것처럼 '우리가 소원을 얘기하면 하느님은 그대로 들어줌으로써 우리를 벌한다.'

제5부
돈 버는 방법

"낯이 두꺼워야 팔 수 있다"

사업에 성공한 사람들 중에는 세일즈맨 출신이 많다. 세일즈를 모르고는 사업을 시작해서는 안 된다. 고객이 원하는 것을 충족시켜줄 수 있을 때에는 세일즈하기가 쉽지만 그렇지 못할 때에는 어떻게 할 것인가? 지키지 못할 약속을 하는 것은 옳지 못하다고 우리는 어릴 때부터 배워 잘 알고 있다. 그러나 유능한 세일즈맨으로서 회사의 흥망이 걸린 큰 거래에서는 때로는 못 지킬 약속을 해야 할 경우도 있다.

마음이 약해서는 돈을 벌 수 없다

우리는 어느 정도는 모두 완벽주의자이다. 우리는 어떤 상황에 직면하면 모든 측면에서 그 상황을 조사하고, 대안을 생각해 보고 친구나 사업 파트너와 함께 상의하여 최선의 결정을 내릴 수 있는 완벽한 정보를 얻고 싶어한다.

그러나 불행하게도 현실은 이와는 반대인 경우가 많다. 좋은 기회가 와도 꼼꼼히 따져보기에는 시간적 여유가 없는 경우가 많으므로, 기회를 잡았다고 생각되면 과감하게 나가야 한다. 특히 새로운 시장에 있어서는 선점한 뒤 나중에 하나하나 문제점을 해결해 나가는 것이 이익이 되는 경우가 많다.

어떤 소프트웨어든 1.0 버전을 사본 적이 있는 사람들은 프로그램에 결점도 많고 버그도 많은 것을 경험했을 것이다. 소프트웨어 개발회사들이 왜 이렇게 불완전한 제품을 출시했는지 그 이유가 궁금했을 것이다. 그 이유는 신제품에서 모든 버그를 제거하느라 시간을 끌다 보면, 시장 선점의 기회를 놓칠 위험이 있기 때문에 그들은 먼저 상품을 내놓고 1.1 버전 혹은 2.0 버전으로 프로그램을 개선해가는 것이다. 이를 악물고 우선 판부터 벌여놓고 나서 완성하도록 노력하라.

배짱만 믿고 사업을 시작하지는 마라

사업을 하려면 어느 정도는 추진력이 있어야 한다. 이렇듯 대담하게 밀어붙이는 데는 나름대로의 방법이 있다.

첫째, 누구나 자기 사업이 최고라고 말한다. 싫으면 그만 두라는 식이다. 사업가가 상대방 앞에서 배짱을 부리지 못하면 별의별 말이 다 나오기 때문이다. 만나기 전에는 자신 있을 것 같았는데 막상 사람을 대면했을 때 소신 있게 프리젠테이션 할 배짱이 없다면 당신은 사업가로 성공할 자격이 없다.

둘째, 상대방에게 열심히 설명해도 받아들여지지 않는 경우가 있다. 이런 경우에 배짱을 부린다는 것은 일종의 도박과도 같아, 일생일대의 모험을 하지 않으면 안 된다. 단기적으로는 이런 방법이 통할 수도 있을 것이다. 그러나 곧 비즈니스는 이런 방식으로는 되지 않는다는 점을 깨닫게 될 것이다. 모험을 하는 경우에는 상대방이 요구하는 날짜와 예산에 반드시 맞추도록 하되, '약속했던 대로'라는 점을 꼭 상기시켜 주어라.

셋째, 많은 사업가들은 자기확신을 가지고 있다. 자신이 하는 일에 대한 믿음과 소신은 필수적인 요소이다. 그러나 자기 사업이 최고라는 배짱만 부리다 보면 망하기 십상이다. 사업에게는 때로는 포커페이스가 필요하다.

다음 같은 경우에는 대담하게 밀고 나가라

▶투자가가 2년 내에 22%의 투자 수익을 올릴 수 있냐고 묻는데, 당신의 예상 수익은 최고 18%밖에 되지 않는다.(4%의 차이 때문에 좋은 기회를 놓칠 것인가?)

▶아무리 노력해도 3주나 걸릴 일을 고객이 2주 내에 완성할 수 있냐고 묻는다.(이 경우 가장 좋은 대답은 "그럼요. 하지만 사람을 더 써야 하니까 비용이 올라가겠는데요"이다.)

▶투자자나 고객이 당신의 회사에 관심을 갖고 있는 듯하다. 그러나 1주일 정도 생각해 보고 나서 결정하겠다고 얘기한다.(이 때는 그렇게 하도록 내버려두면 절대 안 된다.)

▶당신 회사에 투자했을 때의 장점은 물론 단점까지도 투자자에게 열심히 설명하고 싶은 생각이 든다.(투자했을 때 생기는 문제는 변호사가 해결할 일이지 당신이 해결할 일이 아니다.)

크리스 사도니

크리스 사도니는 대학 친구들과 함께 학교를 졸업하자마자 웹 디자인 사업을 시작했다. 뉴욕의 실리콘 앨리에서 성공할 수 있다고 확신했기 때문이었다. 그들은 맨해튼 서쪽 원룸 아파트에서 사업을 시작했지만, 모든 일은 대학에서 하던 것과 똑같았다. 다른 점이 있다면 PC가 몇 대 더 있고 인터넷 고속망이 설치되어 있고 돈도 조금 있다는 것뿐이었다.

그는 어느 큰 게임기 회사에서 열성 게임 동호인들을 위한 커뮤니티를 구축한다는 얘기를 듣고 파트너인 폴과 함께 그 회사를 방문했다. 이 게임 회사는 돈은 많았지만 기술력이 부족하여 시장 상황을 따라잡는데 심한 어려움을 겪고 있는 중이었다. 크리스는 직감적으로 한 건 올릴 수 있다는 생각이 들었다.

비즈니스 상담은 종종 포커게임과 같다. 크리스는 대학 때 친구들과 자주 포커를 했었다. 이 회사가 다소 뻣뻣하게 나오자, 그는 포커 페이스로 나갔다. 몸이 열 개라도 당해낼 수 없을 만큼 여러 가지 프로젝트로 바빠서 당장 계약을 하지 않으면 앞으로 1년 안에는 시간을 낼 수 없다고 허세를 부렸다. 그리고 자신들이 만든 프로그램들에 대해 장황하게 설명을 했다. 그러나 사실 그것들은 대학 시절에 만든 것들이었지 주문 받은 프로젝트는 아니었다. 그가 계속 이런저런 얘기를 하자 그 회사 사람들이 관심을 보이기 시작했다.

크리스는 그들이 일단 걸려들자 단번에 낚아챌 준비를 했다. 그는 오후부터 다음날 아침까지 약속이 있다는 핑계를 대고, 그 자리에서 자신이 구상하고 있던 시스템에 대해 설명했다. 그의 미끼에 걸려든 이 회사는 바로 그날 오후에 약정서에 사인을 했다.

크리스의 디자인 팀은 주말도 잊은 채 밤새워 가며 게임기 회사가 주문한 웹사이트를 개발했다. 그리고 그 웹사이트 디자인으로 상까지 받았다. 그러자 다른 회사에서도 전화가 빗발치게 걸려오기 시작했다.

크리스는 게임기 회사에서 했던 것과 똑같은 방식으로 주문을 받았다. 얼마 지나지 않아 기획, 프로그래밍, 디자인, 영업, 마케팅 부서 등의 직원이 100명 정도로 늘었다. 유일한 문제점이라면 프로그래머가 겨우 12명밖에 되지 않아, 넘쳐나는 일로 피로가 쌓인다는 것뿐이었다.

그는 맨해튼 그린위치 빌리지의 최고급 레스토랑에서 성대한 파티를 열었다. 이 파티에는 월스트리트의 내로라하는 사람들과 실리콘 앨리의 딜러들과 많은 고객들이 참석했다. 파티가 열리는 동안 10여 명의 투자가들이 그에게 투자하고 싶다는 의향을 밝혔다. 그는 속으로 쾌재를 불렀다. 다음날이 되자 그의 예상대로 파티에서 만났던 투자회사 사람들로부터 전화가 빗발쳤다.

그가 투자 의사를 밝힌 12명의 사람들에게 완벽한 사업계획서를 제출하자, 그들은 아직 이익을 못 내고 있는 회사지만 그 잠재적인 발전 가능성을 믿고 모두 새로운 인터넷 사업에 투자하기로 결정했다. 파티를 연 뒤 2주일만에 그는 200만 달러의 벤처 자금을 유치했다.

그러나 나중에 맡은 대형 프로젝트의 셋 중에 둘이 기술적인 결함으로 인하여 납기일을 맞추지 못하는 일이 벌어졌다. 더군다나 크리스의 회사는 예상외로 많은 돈을 프로그램 개발에 쏟아붓고 있었다. 고객에게 계획서를 낼 때에는 이익이 많이 날 것 같던 프로젝트도 실제로는 많은 수정과 개선 작업으로 회사 재정을 어렵게 만들 뿐이었다.

그는 당시의 상황으로는 회사 재정이 8개월을 버티지 못할 것이라는 점을 깨닫고, 기존의 투자자들을 개별적으로 만나 회사의 상황을 설명하고 재투자를 부탁했다. 어느 누구도 그의 설명에 당황하는 사람은 없었다. 그들은 크리스를 탓하기보다는 급변하는 새로운 미디어 시장의 특성에 실패의 원인이 있다고 말하면서도 재투자는 꺼려했다.

회사 재정 상태가 겨우 두 달을 버틸 정도밖에 되지 않자, 그는 마지막 카드를 던지는 심정으로 머니헌트 프로그램에서 보았던 투자자들을 만났다. 이번 기회를 놓치면 결국 망한다는 생각에 그는 기어 들어가는 목소리로 회사에 대해 설명을 했다. 생각 외로 얘기에 진전이 없자, 크리스는 예전에 했던 식으로 과감하게 밀어붙였다.

"30일의 여유를 드리겠습니다. 그때까지 연락이 없으시면 지금까지의 얘기는 없던 일로 하겠습니다."

그러자 그들이 반응을 보이기 시작했다.

그는 더욱 세게 나갔다.

"이틀 내로 투자 의향서를 보내셔야 합니다. 그리고 기업 실사를 위해서는 2주일의 시간을 드리겠습니다. 또 5%의 투자 보증금을 예치하셔야 합니다."

크리스가 까다로운 조건을 붙이자 오히려 거래는 더 쉽게 이루어졌다. 인터넷 사업에 진출해야 할 시점에 회사 설립자의 협박 따위나 기업의 실사 따위는 문제가 아니었던 것이다.

●교훈 - 정직이 가장 효과적인 마케팅이다

크리스는 고객에게 자기 능력 이상의 약속을 하여 많은 계약을 따냈다. 또한 투자자들에게는 많은 수익을 약속하여 인터넷 붐을 타고 자본을 유치했다. 그는 주식시장이 호황일 때는 사람들이 '묻지 마' 투자를 하므로 그들의 기분이나 감정에 따라 증시가 등락을 반복한다는 것을 잘 알고 있었다. 그의 투자자들은 바보가 아니었다. 그러나 기꺼이 투자를 하여 회사의 주주가 되었다.

크리스는 게임기 회사에 과감하게 접근하여 즉시 계약할 것을 종용했다. 당신이 세일즈를 할 때 이따금 100% 성공을 확신할 수 없는 경우가 있다. 그러므로 당신과 고객 사이에는 신뢰가 필요하다. 그의 디자인 팀이 게임기 회사를 위해 디자인한 웹 사이트는 그의 비즈니스에 많은 광고 효과를 발휘했다.

그는 기술의 판매에 있어서는 자신있게 밀어붙여야 고객과 투자자에게 효과적이라는 사실을 뒤늦게야 깨달았다. 투자자들은 인터넷의 열기 때문에 앞뒤 가리지 않고 몰려들었고 크리스는 이것을 이용했다.

크리스는 전략적으로 비록 큰 성공을 거두기는 했지만, 언젠가는 그 대가를 톡톡히 치러야 했다. 그는 두 번이나 벤처자금을 성공적으로 유치한 백만장자이기는 하지만, 매일 밤 스스로에게 이런 질문을 해봐야 한다. '거품이 언제 사라질까? 사람들이 언제부터 배당을 요구할까? 이런 식의 행동이 언제 부메랑이 되어 돌아올까?'

무엇이든 소비자가 원하는 것은 다 된다는 식의 세일즈는 치열한 시장 경쟁에서 사업의 기반을 닦는 데는 어쩌다 도움이 될지 몰라도, 얼마 가지 않아 그것은 스스로를 옭아매는 족쇄가 될 것이다. 과대 선전에 의해 유입되는 자금은 단기자금일 뿐이다. 회사의 성장에 필요한 장기자금의 유치는 고객, 투자가, 직원 등에 대한 확고한 경영 실적이 뒷받침되어야만 한다.

공격적인 마케팅과 사기의 차이점은 사실 백지 한 장 차이다. 링컨의 말처럼 '일시적으로 모든 사람을 속일 수 있고, 일부의 사람

들을 영원히 속일 수도 있다. 그러나 모든 사람을 영원히 속일 수는 없다.'

어느 날 임금님이 벌거숭이라는 사실을 사람들이 알게 되면 모든 것이 끝장나는 것이다.

"첫인상만으로 거래를 판단하지 말라"

절호의 기회는 예상치 못한 곳에서 찾아온다. 외모만 보고 사람을 판단하면 사업을 키우는 데 치명적인 손실이 될 수 있다. 자신의 사업에 맞는 투자자의 이미지를 미리 머릿속에 그려 놓고 그 이미지에 집착하는 사업가를 종종 볼 수 있는데, 두꺼비같이 생긴 사람이 투자자라고 나타나면 거들떠보지도 않는다. 그러나 돈이 어디에서 들어올지는 아무도 모른다. 조건만 좋고 돈만 댄다면 외모를 따지지 말고 받아 줘라.

누가 엔젤이 될지 아무도 모른다

사업가는 돈의 출처가 어디이든 자금을 마련할 기회가 있다면 반드시 잡아야 한다. 그러나 호박이 넝쿨째 굴러 들어오는 기회를 놓치는 사업가가 있다. 이런 사람들은 정말로 심하게 돈 때문에 고통받아 본 적이 없기 때문이다.

거래처이건 고객이건 당신이 어려움에 처했을 때에는 자금줄이 될 수가 있다. 심각한 자금난에 빠져 있는 경쟁 기업에 100만 달러를 투자한 기업도 있다. 물론 그 회사가 자금 지원을 한 동기가 경쟁사를 위해서는 아니었다. 만약 상대 회사가 망하도록 내버려둔다면 자기 회사가 독과점거래 금지법에 걸릴까봐 그렇게 했을 수도 있다. 그러나 사실은 상대 회사를 재정 지원함으로써 자기는 제소 당할 위기를 모면하고, 동시에 상대 회사 내부인만이 알 수 있는 정보를 알아내고자 하는 것이 그 목적이었다.

때론 멋진 왕자도 야수의 모습으로 나타날 수 있다

사업가가 마음속에 그리고 있는 이상향의 사람만 상대하려고 들면 망하기 십상이다. 그런 사업가는 외형상 자신의 기대와는 전혀 딴판인 투자자가 나타나면 고려해 보지도 않고 어떤 제안도 뿌리친다. 사실 투자자마다 나름대로 유형이 있고 취향이 있다. 투자자가 인품 있는 사람이냐 아니냐를 파악하는 것도 중요하다. 하지만 돈은 돈일 뿐이다. 돈의 색깔은 한 가지뿐이다.

투자자가 당신의 사업에 도움이 될 사람이냐 아니냐 여부는 같이 몇 년 동안 일해 보지 않고서는 알 수가 없다.

투자자에게는 다 나름대로의 역할이 있다

사업가들은 투자가들이 기존의 사업 방향을 바꾸려 할까 두려워 종종 투자유치 기회를 놓치는 경우가 있다. 그러나 투자자는 투자자일 뿐이다.

은행과 벤처 캐피털이 다르듯이, 당신 업종에 투자 경험이 있는 엔젤은 일반 투자자와 분명 어딘가 다를 것이다.

다음의 4가지는 투자자의 개성과 유치해야 할 돈의 성격을 이해하는데 매우 중요하다.

다음 같은 경우 '사람의 겉과 속은 다르다'라는 말을 명심하라

▶어떤 벤처 캐피털에서 당신의 회사에 500만 달러의 자본을 투자하겠다는 의사를 밝혔다. 그런데 그 회사의 담당자가 당신과 고등학교 때 사귀었던 남자친구다.

▶당신은 투자회사의 임원들과 정기적인 골프 모임을 갖고 있다. 그러나 회사가 곤경에 빠졌을 때 도움을 요청할 만한 사람이 한 사람도 없다.

▶회사를 확장하는 데 2만 5천 달러가 필요하다. 그런데 마침 사촌이 얼마 전에 3천 3백만 달러의 복권에 당첨되었다는 소식을 들었다.

▶당신은 일류대학을 나왔는데 골프장에서 소개받은 엔젤 투자가들은 고등학교도 제대로 마치지 못했다.

데니스 차오

데니스 차오는 중요한 일이 있으면 언제나 미리 미리 준비하는 차분한 성격의 여자였다. 그녀는 머니헌트 프로그램에 출연하고 있는 동안 무하메드 살둔이라는 사람으로부터 전화를 받았다. 무하메드는 케이블 TV의 홈쇼핑 프로에서 그녀를 본 적이 있으므로 반갑게 인사를 하며 자기 소개를 했다. 파키스탄의 미용기구 판매상의 아들인 그는 미국에 이민 온 아시아인들이 운영하는 회사에 투자할 기회를 찾기 위해 체류중이라고 했다.

데니스는 대화가 시작되자마자 직설적인 질문을 퍼부어대며 그의 이력에 대해 꼬치꼬치 캐물었다. 그의 아버지는 대단한 부자였지만 부자간의 관계는 다소 소원한 상태였다. 그는 2년 전부터 미국에 머물며 아마도 아버지의 돈으로 어떤 사업에 손을 댄 듯했다. 데니스는 자신과 사업 스타일이 전혀 다른 사람과 얘기하는 것조차 싫은지 계속 이리저리 말꼬리를 돌렸다. 그래도 무하메드는 아랑곳하지 않고 그녀에게 호의를 보였다. 그가 앞으로 자신의 구세주가 되리라고는 데니스는 전혀 알지 못하고 있었다. 솔직히 말해 징그러운 찰거머리 정도로 생각하고 있었다.

무하메드가 한 번 만나서 사업에 관해 상의나 해보자고 했을 때 그녀는 마지못해 응낙했다. 그녀가 약속 장소로 나가자 거기에는 파키스탄 전통적인 복장을 한, 갓 스무 살의 남자가 앉아 있었다. 그녀는 그의 공손함에 몹시 놀랐다.

대화가 사업 문제에 이르자, 그녀의 사업가적인 기질이 살아났다. 그녀는 자신의 제품과 회사에 대하여 열심히 설명해 주었다. 그는 그녀의 사업에 관하여 이것저것 세세히 물어보며 호기심 반 놀라움 반의 표정을 지었다. 그리고는 마침내 자신이 아버지의 지시로 그녀의 회사에 투자하려고 왔다는 사실을 고백했다.

다음날 아침 그녀에게 팩스가 한 장 날아왔다. 놀랍게도 그 내용은 데니스 회사의 우선주를 매입하는 데 100만 달러를 투자하되 특별 배당이나 환매권, 경영권 등에는 일절 관심이 없고, 계약은 60일 이내에 완료하고 싶다는 내용이었다.

그녀는 투자 의향서에 사인하고 약속한 날짜에 정확히 투자가 이루어질 수 있도록 바쁘게 준비했다. 데니스는 무하메드의 능력에 다소 의문을 갖기는 했지만, 분명한 것은 그의 집안에 돈이 있다는 사실이었다.

데니스는 이 투자가 성사되면 사업을 하는 데는 무리가 없을 것 같았다. 그녀는 무하메드와 사무실 근처 레스토랑에서 만나 오랜 시간 동안 사업에 관해 대답해주기도 하고, 회사의 실질적인 재정 상태에 대해서도 얘기해 주었다.

투자 금액을 입금하겠다고 약속한 날, 그녀는 돈을 찾을 일이 있어서 은행에 들렀다. 몇 달 동안 그렇게 냉대하던 은행 직원들이 갑자기 그녀를 한껏 반기며 창가로 데려갔다. 뒤에 숨어 코빼기도 보이지 않던 부행장이 다가와 그녀에게 손을 내밀며 자기 은행을 찾아주어 고맙다는 인사를 했다. 언제든 찾아만 주면 기꺼이 돕고 싶노라는 말도 빼놓지 않았다.

그녀는 필요한 돈을 인출한 뒤 남은 잔고를 출금 전표 뒤에 적어 달라고 부탁을 했다. 그러고는 놀란 입을 다물지 못했다.

1백만 달러는 이미 하루 전에 입금되어 있었다!

●교훈 – 편견 때문에 큰 기회를 놓칠 수 있다

첫인상이 마지막 인상이란 말이 있다. 그러나 데니스는 무하메드가 영주권을 얻기 위해 접근하는 부잣집 아들일 거라는 지레짐작에 진짜로 사업에 도움줄 투자가를 하마터면 놓칠 뻔했다. 그러나 그녀가 곧 무하메드에 대한 선입견을 버리고 진정한 투자가로부터 투자를 유치한 것은 무척 잘한 일이었다.

만약 데니스가 무하메드에 대한 나쁜 첫인상과 이력에만 관심을 두었더라면 그와의 인연은 그 자리에서 끝나고 투자 계획도 수포로 돌아갔을 것이다.

"어떤 경매자든 빨리 끝내고 싶어한다"

'원 비더 룰(one-bidder rule)'은 회사의 자금을 조달하기 위해 개인 투자가들을 모아놓고 사업설명회를 할 때 흔히 쓰는 룰이다. 이 룰은 일반적으로 큰손이나 엔젤 투자가들에게는 적용되지 않는다. 이 '원 비더 룰'은 먼저 회사의 가치를 정확히 평가한 뒤, 경매처럼 개인 투자가들에게 주식을 파는 방식이다.

경매장에서 예술품을 하나 산다고 가정해 보자. 경매에 참여하는 사람이 많으면 다른 사람에게 지기 싫어 경쟁을 하게 되고, 그러다 보면 가격이 자꾸 올라간다. '원 비더 룰'은 바로 경매에서 쓰는 방식으로 투자를 유치하는 방법이다. 투자자가 한 명뿐이라면 그에게 직접 투자 의향과 금액을 물어보고, 그가 제시하는 금액을 받아들이는 것도 하나의 대안이 될 수 있다.

돈은 지천에 널려 있다

처음 자금을 유치할 때는 맨 먼저 관심을 보이는 투자가의 제안을 그냥 덥석 받아들이기가 쉽다. 회사의 장래 전망에 대하여 확신이 서지 않은 상태에서 누군가 투자를 하고 싶다고 하면 "이게 웬 떡이냐"는 식으로 투자를 받아들인다. 이런 식으로 하면 당신에게 손해이다. 실제의 가치보다 싼 가격에 회사를 팔겠다는 것과 마찬가지이다.

어떤 사업가들은 다시 자금을 유치하고 싶으면서도 기존 투자가들과의 관계 때문에 이러지도 저러지도 못하는 경우가 있다. 그러나 초기 투자가들은 대부분 재정적으로나 다른 면에서, 회사를 상장시키거나 대기업에 매도할 수 있을 정도로 성장하는 데 도움을 줄 위치에 있지 않다. 소액 투자가들에게는 신생 회사에 필요한 인맥이나 거래처 혹은 시장에서의 영향력이 없기 때문이다.

그런 점 때문에 망설이지 않아도 되는 것이, 당신이 2차, 3차, 4차 투자 유치를 성사시켜 회사를 상장시키면 그들은 막대한 투자 수익을 올릴 수 있으므로 새로운 자금 유치가 기존 투자가들을 배신하는 행위는 아니다.

프랭크 오쇼네시

프랭크 오쇼네시는 보스턴의 명문 집안 출신인데다, 필립스 엑

스터 아카데미와 스탠포드 대학을 졸업한 엘리트였다. 그는 고집이 세고 의지가 강한 인물이었다. 하버드 비즈니스 스쿨을 졸업하자마자 콘택트 렌즈 전화 판매 사업에 뛰어든 그는 사업 계획서를 작성하기도 전에 '1-800-4 CONTAX'라는 전화번호부터 먼저 확보해 두었다. 외우기 쉬운 무료주문 전화번호였다.

안과에 가서 검진 받을 필요도 없고 1년에 2차례 정도 시력검사를 받으라는 잔소리도 들을 필요가 없이 다이얼을 돌리고 신용카드 번호만 가르쳐주면 며칠 내에 렌즈가 배달되는 이 시스템은 사람들에게 인기가 있었다. 특히 1990년대 초 일회용 콘택트 렌즈가 출시되어 히트를 치자 그의 사업은 더욱 번창했다.

이 사업은 마진이 높았다. 그는 경쟁 상대인 안과의사들이 비협조적으로 나오지나 않을까 걱정했지만, 그것은 기우였다. 안과의사들은 만일 조직적으로 그와 맞서 싸우다 법적인 다른 문제로 낭패를 볼까봐 오히려 몸을 사렸다.

그의 텔레마케팅 비즈니스는 급성장했다. 매년 거의 두 배 이상 성장한 그의 회사의 연매출은 무려 2천 6백만 달러에 달했다.

그러던 중 인터넷이 등장하자 그는 새로운 미디어의 잠재력을 일찍 간파하고 웹사이트를 개설하여 온라인 주문을 받기 시작했다. 그러자 무료주문 전화시스템을 사용할 때보다 사업은 더 번창했다.

그러나 텔레마케팅은 노동집약적인 사업이므로 수익성이 별로 좋지 않았다. 사업이 계속 유지하기 위해서는 증자가 불가피했다. 프랭크는 다른 투자회사를 끌어들이려고 했으나, 이미 투자하고 있던 샌프란시스코의 판스워드 그룹이 그것을 반대했다. 그들의 속셈은 다른 투자가로부터의 자금 유입을 막고, 단독으로 증자에 참여하겠다는 계산이었다. 프랭크는 그 사실을 몰랐다.

그는 증자에 반대하는 판스워드에는 비밀로 하고 일을 진행하기로 작정했다. 그는 다른 주주들의 동의도 없이 새로운 투자자를 찾아나섰다. 자신이 대주주라는 사실만 믿고 주총에서 표결에 이길 수 있다는 생각에 변칙적인 방법을 쓰기로 작정한 것이다. 그러나 그의 생각은 매우 위험한 발상이었다.

그가 벤처 캐피털 업계의 속성에 대하여 중요한 교훈을 배우는 데에는 시간이 별로 걸리지 않았다. 다른 투자가들과 접촉하자마자 그 소식은 곧 바로 판스워드에게 알려졌다. 판스워드 측에서는 펄쩍 뛰며 프랭크를 경영진에서 쫓아내겠다는 위협까지 했다.

프랭크는 소요가 가라앉기를 기다렸다. 그는 판스워드와의 밀월 관계는 끝장났다는 생각이 들었다. 그리고 이제부터 그들이 자신의 행동에 사사건건 이의를 달며 목줄을 죄어오리라는 판단이 섰다. 판스워드가 소유 지분이 낮음에도 불구하고, 운영자금을 가장 쉽게 끌어들일 수 있는 주식공모 방식을 반대하는 이유를 곰곰이 생각해 보았으나 알 수가 없었다.

얼마 지나지 않아 프랭크는 캘리포니아의 베타 파트너스와 미시건의 센츄리언 캐피털로부터 투자 의향서를 받았다. 프랭크가 이 두 회사에서 보내온 투자 의향서를 보여주자 판스워드 측은 그 내용에 놀라움을 금치 못했다. 판스워드는 결국 센츄리언 캐피털과 똑같은 조건으로 자신들도 증자하겠다는 의사를 밝혔다. 대신 센츄리언의 투자를 줄이고 자신들의 투자 액수를 늘려줄 것을 요구했다.

판스워드의 투자 의향서를 받아쥔 프랭크는 베타 파트너스와 센츄리언 캐피털 두 회사에 판스워드의 투자 의향서를 보여주며, 그정도의 금액을 투자해 줄 것을 요구했다. 대형 투자 회사들은 전망 있는 사업에는 얼마든지 큰돈을 투자한다는 점을 알고 있기 때문이었다.

드디어 벤처 캐피털들끼리 서로 경쟁을 시킨 효과가 나타났다. 베타 파트너스가 가장 좋은 조건을 제시한 것이다. 프랭크는 곧바로 판스워드 측에 베타 파트너스와 1주일 이내에 계약할 예정이라는 사실을 통보했다.

그러나 판스워드도 호락호락 물러서지 않았다. 그들은 자금 조달을 위해서라면 보다 크고 능력 있는 일급 벤처 캐피털 회사인 에버레스트 파트너스로부터 투자를 유치해야 한다고 맞섰다.

프랭크는 에버레스트 파트너스의 투자를 끌어들이기 위해, 베타 파트너스 측에 계약서의 내용을 조금 바꾸자고 요구했다. 베타 파트너스가 마지못해 동의했다. 계약의 발효를 불과 5일을 남겨두고 있는 때였다. 이때 에버레스트 파트너스에서 투자를 전제로 한 기업 실사를 요청했다. 그는 에버레스트 측에 다시 수정한 베타 파트너스와의 계약조건을 내밀며 적어도 그 정도의 투자 조건을 제시해야만 기업 실사에 응할 수 있다고 버텼다.

결국 에버레스트 파트너스는 베타 파트너스와 똑같은 조건으로 투자하기로 결정했다. 베타 파트너스와의 계약이 발효되기 불과 이틀 전의 일이었다.

프랭크는 최종 계약 하루 전, 회계담당 이사를 베타 파트너스에 보내 에버레스트 파트너스가 최종 계약자로 선정되었음을 알렸다.

●교훈 - 무리한 경쟁에는 후유증이 따른다

그가 여러 사람을 투자에 끌어들여 경쟁을 시킨 것은 아주 잘한 일이다. 그러나 회사의 명예에 손상이 갈 정도로 무리하게 행동한 것은 분명 잘못이었다.

초기 투자로 소액 주주였던 판스워드는 증자 과정에서 단독 투자로 과점 주주가 되어 자신들의 위상을 굳히려고 시도했으나, 상황은 전혀 다른 방향으로 흐르고 말았다. 프랭크는 이번 거래에서 최고의 성공을 거두었다고는 하나, 손해 또한 막심했다. 에버레스트 파트너스가 추천한 새로운 임원이 들어오는 바람에, 프랭크가 가장 신뢰하던 이사 2명을 내보내야 했다. 또한 벤처 캐피털 업계에서도 그의 신용이 많이 실추되었다. 아마 프랭크가 대주주가 아니었더라면, 그는 자신의 행동으로 인해 심각한 타격을 입었을 것이다.

"모든 사람들이 'NO'라고 할 때 배울 게 있다"

자본을 유치하는 것은 게임과도 같다. 이 게임에서 이기려면 그에 꼭 맞는 사람을 제때에 만나야 한다.

하지만 당신의 사업에 정말 꼭 맞는다고 생각되는 투자가의 집 앞에서 몇 달 동안 아무리 기다려 봐야 코빼기도 보지 못할 것이다. 모든 일에는 다 때가 있기 때문이다. 당신의 사업보다는 더 큰 규모를 원하는 사람도 있을 테고, 다른 업종을 원하는 사람도 있을 것이다. 아니면 최근의 투자에서 돈을 몽땅 날려버린 사람도 있을 것이며, 평생 돈을 집에 신주처럼 모셔 놓고 살려고 하는 사람도 있을 것이다.

당신의 사업에 돈을 투자하지 않으려는 데에는 이유가 많다. 오늘 돈을 얻으러 가서 문전박대를 당했더라도 6개월 뒤에 가면

"Yes"라는 대답을 들을 수도 있다.

'No'라는 소리를 두려워하지 마라

투자가들끼리는 서로 찾고 있는 것이 무엇인지, 그리고 당신에 관해서 정보를 교환하기도 한다. 다른 투자가들로부터 당신에 대해 평을 듣고 난 뒤 거래를 원하기도 한다. 그러므로 정말로 자금이 필요하다면 여기저기 타진하고 다니는 것을 부끄러워해서는 안 된다.

누구나 "No"라는 대답을 들으면 맥이 빠진다. 그러나 사업가에게 "No"라는 소리는 다반사라는 것을 명심하라. "No"란 대답을 들으면 다음번에는 그런 대답을 듣지 않도록 준비를 단단히 해야 한다. "No"란 대답을 들을 때마다 풀이 죽을 것이 아니라 왜 그 소리를 듣는지를 깨달아야 한다. 만일 투자가들이 당신의 사업계획서를 읽을 때마다 투자하겠다고 말한다면, 그것은 빈말에 불과한 것이다.

설령 "No"라는 소리를 듣고 마음이 상하더라도, 그 일에 최선을 다해야 한다. "No"라는 대답을 보다 긍정적으로 받아들이면 당신을 발전시킬 계기가 될 수도 있다. 그것은 투자자를 설득시키기 위해서가 아니라 다음번 사업설명회를 개선하고 당신의 경험을 쌓아가려는 것이다. 투자자가 다른 사람들에게 당신이 이익이 될 거라고 좋은 평을 해주면 당신의 사업에 크게 도움이 될 것이다.

'No'라는 말 속에 해답이 있다

당신은 왜 'No'란 소리를 듣는지 그 이유를 알려고 하지 않고 그저 지나친다. "이번에는 정말 좋은 기회였는데, 다음 번에도 또 기회가 오겠지." 하는 식이다.

코앞의 떡도 먹지 못한 이유를 분명히 알지 못한다면 다음 기회란 없다. 당신이 콧대를 세우고 뻣뻣하게 나가면 당장은 좋을지 모른다. 그러나 그러한 행동은 결국 손금이나 쳐다보면서 언제나 운이 트일까 하며 기다리는 것과 같다.

아니면 'No'란 소리를 정말로 'No'의 의미로 받아들이고, 전망 있는 사업 계획을 포기하는 식이다. 그것은 정말 어리석은 짓이다.

'No'란 소리를 들으면 왜 그 소리를 들었는지 연구를 하라.

오린 쉼멜

오린 쉼멜의 회사는 컴퓨터 보안 소프트웨어 개발 회사였다. 수많은 컴퓨터를 단 하나의 소프트웨어로 서버에서 원격 감시할 수 있는 체계로, 컴퓨터 설비가 도난당하면 즉각 경보가 울려 외부인의 침입을 원천적으로 봉쇄하는 소프트웨어였다.

그는 외부인의 침입으로 컴퓨터가 손상되어 수리비용이 연 수백만 달러에 달해 전전긍긍하고 있던 대학이나 연구소, 기업의 전산실과 같은 멀티 터미널의 시설을 보호할 수 있는 원격 보안 감시 소프트웨어를 개발한 사람이었다.

그는 대기업의 전산실장들을 만나 자신의 소프트웨어를 시연해 보이면서 판매를 시도했다. 그 당시만 해도 컴퓨터 하드웨어를 훔쳐 가는 사람이 많은 시절이었다. 그는 이러한 컴퓨터 하드웨어 도난을 막은 보안관인 셈이었다.

운 좋게도, 오린이 머니헌트 프로그램에 출연한 것을 본 프린스턴 대학이 이 소프트웨어를 구매하여 그의 이름이 알려지면서부터 다른 곳에도 이 컴퓨터 보안 장치를 판매할 수 있었다.

그러나 투자자들은 고객들과는 전혀 달랐다. 그가 아무리 자신의 사업 계획과 컴퓨터 소프트웨어에 대해 설명해도 엔젤 투자가들의 관심을 끌지는 못했다. 그는 아버지 친구인 의사들을 골프장까지 찾아가 보았지만 "No"라는 대답만을 들었을 뿐이었다. 그의 아버지가 아무리 추천을 해도 마찬가지였다. 대학 동창들에게 가봐도 역시 "No"였다. 대학 시절 은사의 소개로 엔젤 투자가들을 만나보았지만 그들은 기껏 몇마디 물어보는 시늉만 하고 대답은 역시 "No"였다.

3개월이 지나자 그는 거의 자포자기 상태가 되었다. 그래도 한 사람 정도는 도와줄 수 있으리라고 생각했지만 모두 "No"란 소리만 해대는 'No-No' 미팅이 거듭되자 그는 그 이유를 알고 싶었다.

다행히도, 투자는 하지 못해도 한 마디 충고를 하겠다고 나서는 사람이 있었다.

"이런 사업을 하려면 우리보다 돈이 많은 사람을 만나야 돼요. 우리 같은 엔젤 투자가들은 기껏해야 십여 만 달러밖에 투자할 능력이 없어요. 돈이 많다고 해도 백만 달러 정도밖에 더 있겠습니까? 그러니 우리보다 큰손을 찾아가 보세요."

오린은 이 말을 듣고 사업에서 성공을 하려면 300만 달러 이상의 돈을 갖고 있는 투자가를 찾아가야 한다는 사실을 깨달았다. 집으로 돌아오는 길에 그는 묘한 기분이 들었다. 3개월씩이나 열심히 떠들어댄 것이 모두 엉뚱하게 맥을 잘못 짚었다는 사실을 그제서야 깨달았다.

그는 보다 돈 많은 투자가를 찾기 위하여 몇 달 동안 더 자세한 사업 계획서를 작성했다. 충고를 해주었던 투자가의 소개로 그는 새로운 투자가들과 만났다. 이제는 투자가들의 관심을 끌 수 있겠구나 생각한 그는 사업 계획서를 보내고, 상담도 하고 투자가들의 질문에 열심히 대답도 해보았다. 사람들이 틀림없이 돈을 댈 것 같았다. 그러나 그것으로 끝이었다.

오린은 만났던 사람들 모두에게 전화를 걸어 확답해 줄 것을 요청하자, 모두 다 똑같이 거절의 말만 하였다. 더 이상 이런 식으로는 안되겠다는 생각이 들어 그는 이유를 물어보기 시작했다.

제일 먼저 만났던 벤처 캐피털 회사의 반응은 의외로 냉담했다.

"먼저 전문적인 경영진을 구성해야 합니다."

오린은 사업 경험이 없는 사람이었다.

그는 두말 않고 전화를 끊고 다른 회사에게 물어보았다. 그러자 다른 회사의 대답은 또 달랐다.

"전문 경영진을 영입한다고 하는데 누구를 영입할 겁니까?"

또 다른 회사에서는 이렇게 물었다.

"경영진을 영입한다면, 세일즈 전문가를 영입할 겁니까? 아니면 제품 개발 전문가를 영입할 겁니까?"

이러한 노력 끝에, 오린은 먼저 신기술 개발과 소프트웨어 개발 벤처 자금 유치에 경험이 있는 사람을 채용해야겠다는 생각을 했다. 그는 제법 나이가 있는 사람을 채용하는 것이 벤처 캐피털을 상대로 할 때에는 낫다는 생각을 하고 마땅한 사람을 찾아보았지만, 역시 그들로부터의 대답은 하나같이 회사가 작고 안정된 직장이 아니라 싫다는 얘기였다.

이때 마크라는 사람이 나타났다. 그는 사업을 해본 경험이 있는 사람이었다. 다른 선택의 여지가 없었다. 오린은 회사의 상황에 대해 마크에게 자세히 설명하고 그를 영입했다.

오린이 전에 접촉했던 벤처 캐피털 회사를 찾아가 마크를 영입했다고 하자 그들은 그 사람이라면 다시 생각해 볼 수 있다는 말을 했다.

오린은 마크와 함께 다시 벤처 캐피털 회사들을 방문하기 시작했다. 특히 마크가 시키는 대로 프리젠테이션을 실시하자 상황은 전혀 달라졌다.

능력 있다고 알려진 사람이 위험을 무릅쓰고 새로운 사업에 뛰어들었다는 사실은 곧 벤처 투자가들로 하여금 믿고 투자할 수 있는 분위기가 형성되었다고 믿게 한 것이다.

새로운 인물의 영입으로 오린은 벤처 캐피털의 관심을 끌게 되어 사업을 제대로 꾸려나갈 수 있게 되었다. 오린은 200만 달러의 벤처 자금을 유치했고, 마크가 50만 달러, 또 전에 투자를 거부했

던 엔젤 투자가가 50만 달러를 투자하여 300만 달러의 자금으로
사업을 키워나갔다.

사실 엔젤 투자가가 투자한 50만 달러는 별로 필요치 않았지만,
그 친구한테 빚 갚는 셈치고 받아들였다. 사업 계획서를 들고 투자
유치에 뛰어든 지 꼭 11개월만이었다.

●교훈 – 실패의 원인을 연구하라

자본을 유치하기 위해 무려 9개월이란 시간을 보내며 오린이 들
은 얘기는 오직 "No"란 대답뿐이었다. 그는 사업을 거의 포기할
단계에까지 가 있었다. 심한 좌절감을 느낀 오린은 대학으로 돌아
가 박사 과정이나 밟고 싶기도 했고, 다른 회사에 취직해 일하고
싶기도 했다.

하지만 그가 성공할 수 있었던 것은 "No"라는 소리를 들어도 그
에 굴하지 않고 그 이유를 캐묻는 근성이 중요한 요인으로 작용했
다. 그는 투자가들이 하루에도 수없이 투자를 하지만 찾아오는 사
람 누구에게나 자금을 대주지는 않는다는 사실을 나중에야 깨달았
다.

오린에게도 일찌감치 사업을 때려치워야겠다는 생각이 굴뚝 같
았다. 새로 사업을 하는 사람들에게 투자자들로부터의 문전박대는
참으로 참기 어려운 것이다. 그러나 오린처럼 "No"에서 배운다면
당신에게도 기회가 올 것이다.

거절 당하는 것은 숨쉬는 일처럼 사업가라면 누구나 겪는 일이
다. 그러한 상황에서는 'No' 의미를 스스로 파악하여 더욱 더 강해
져야 한다. 그렇지 않으면 쓰러지고 만다.

제6부
법과 비즈니스

"소송에는 승자가 없다"

　다른 사람 때문에 손해를 입으면 누구나 법에 호소하고 싶은 마음이 든다. 법정에서는 승자와 패자가 있게 마련이다. 그러나 잘 따져보면 승자는 없고 모두 패자밖에 없다. 일단 소송에 휘말리면 거기에 시간과 정력과 돈을 쏟아붓게 되고 100% 소송에서 이긴다 해도 결국 회사의 이미지만 손상을 입게 된다.

　소송은 가능하면 피하라. 그리고 다음을 기약하는 의미에서 조속히 합의를 보라.

　비즈니스 세계에서 다른 사람에게 손해를 보았을 때 감정을 자제한다는 것은 어려운 일이다. 특히 어느 날 이상하게 생긴 작자가 나타나 소환장이라도 들이밀면 이때에는 더 더욱이나 냉정을 유지하기가 어렵다. 스스로 생각해 잘못한 것이 하나도 없다는 생각이 들면 사업가들은 보통 감정이 격해질 수밖에 없다. 분을 삭이기는 어려울 것이다. 그러나 어쩔 것인가? 감정적인 대응은 잘 나가는 사업을 망하게 할 수도 있다는 점을 명심하라.

피어슨과 포스트의 법정싸움

로스쿨에 들어가면 학생들은 대부분 첫해에 저 유명한 피어슨과 포스트의 법정싸움에 관한 것을 배우게 된다. 싸움의 발단은 19세기 초로 거슬러 올라간다. 뉴욕주 북부 지역의 한 유력자가 술이 취한 상태에서 친구들과 사냥개들을 데리고 여우를 뒤쫓다가 이웃사람의 땅을 침범했다. 이때 이웃사람이 여우를 잡아죽였다. 이 문제가 소송으로 비화했다. 여우털은 두 사람 중 누구의 것일까? 여우를 발견하여 쫓아간 사람의 몫일까? 아니면 숨어 있다가 여우를 잡은 사람 몫일까?

첫번째 사람은 여우는 야생동물이므로 땅주인은 그 소유권이 없다고 주장했고, 두번째 사람은 그 사람이 자기 땅의 여우 굴에서 여우를 잡았다면 모를까, 남의 땅을 침입했으므로 그것은 자기 소유라고 맞섰다.

이 싸움은 무려 25년 동안 지속되었는데, 그 중 한 사람은 소송비용을 대기 위하여 땅을 모두 팔아야 했고, 다른 한 사람은 결국 파산하고 말았다. 두 사람 모두 지금의 화폐 가치로 25만 달러가 넘는 돈을 단지 10여 달러짜리 여우털에 쏟아붓고 말았다.

오늘날 미국에서 법률 분쟁은 더욱 늘어나고 있다. 당신은 이득을 얻기 위해 소송을 하는데, 그 돈은 변호사들이 챙기고 있다. 일단 소송이 걸리면 변호사들은 자신들의 이익만을 챙기고, 당신에게 돌아오는 것은 막대한 변호사 비용 청구서일 뿐이다.

조금이라도 잘못된 게 있으면 람보식으로 즉각 응징해야만 직성이 풀리는 사업가도 있다. 그러나 손해는 고스란히 그런 사람의 몫으로 돌아간다. 그런 사업가는 변호사들에게는 꿈에 그리는 손님이며, 투자가들에게는 악몽의 주인공이다.

이래도 변호사 배만 불릴 작정인가? 떳떳하고 정당한 경우에라도 송사에 휘말리기보다는 가능한 양쪽의 체면을 살리면서 화의를 할 방법을 찾아라.

허버트 스페리

허버트 스페리가 몇해 전 아내와 함께 디자인한 침실과 욕실용 액세서리는 부유층에서 좋은 반응을 얻었다. 특히 부부 중 한 사람이 잠자고 있는 동안 책 읽을 때 요긴하게 쓸 수 있는 침대용 독서등은 소비자들의 구미에 꼭 맞아떨어졌다.

허버트는 특허를 출원하여 그 분야 최초의 생산자가 되었다. 판매량은 계속 늘었고 그는 곧 이 독서등으로 큰 성공을 거두었다. 비행기 승무원으로 근무하던 때부터 그는 퍼스트 클래스나 비즈니스 클래스의 승객들은 기내에 비치된 잡지를 처음부터 끝까지 읽기를 좋아한다는 사실을 알고 있었다. 따라서 그는 기내용 잡지에 독서등 광고를 게재했고, 그 결과 수익이 무려 투자의 20배나 될 정도로 성공을 거두었다.

그는 서점이나 디스카운트 스토어, 아울렛 등 여러 곳에 물건을 납품했다. 어디에서나 그의 물건은 환영을 받았고 예상보다 판매도 잘 되었다. 반즈 앤 노블에서는 10만 세트를 주문한 뒤, 매달 2만5천 세트씩 추가 주문을 해왔다. 기대 이상이었다. 놀랍게도 이 제품은 컴프USA와 에그헤드 소프트웨어 같은 컴퓨터 전문매장에서도 인기를 끌었다.

인생은 멋졌다! 신용카드 몇 장으로 시작한 사업이 번창하자 허버트는 꿈에서만 그리던 삶을 누릴 수 있는 성공을 이루고 있다는 생각이 들었다.

미국의 여러 도시와 세계 여러 나라에 비즈니스 여행을 다니다 홍콩에서 그는 우연히 예상치 못한 상황에 마주치게 되었다. 미국에서 팔 만한 새로운 상품이 있나 알아보기 위해 하청업체 사장인 친예시라는 사람을 만나 대화를 나누던 중 그가 샘플을 보여주기 위해 가방을 여는 순간, 허버트는 그 안에 자신의 독서등 제품과 똑같이 생긴 물건이 있는 것을 발견했다.

그것을 꺼내 보고 대만산 모조품이라는 사실을 확인한 허버트는 그에게 따져 물었다. 그는 그 제품이 허버트의 하청 공장에서 금형과 설계도를 빼내 똑같이 만들어낸 모조품이라는 사실을 고백했다. 허버트는 더 이상 문제 삼지 않고 곧바로 극동아시아 여행을 마치고 귀국했다.

그러나 얼마 안 있어 이러한 결정을 후회하게 되는 사건이 발생했다. 6개월도 채 되지 않아, 대만제 모조품이 그의 제품의 절반 가격으로 밀려들어오기 시작한 것이다.

그는 대형 판매처들을 찾아다니며 자신의 특허가 침해받았다는 사실을 설명하고 다시 주문해 줄 것을 부탁해 보았지만, 그들은 동정을 하면서도 태도를 바꾸지 않았다.

대만제 모조품이 시장에 나오자마자 그는 미국 시장에서 거래처를 잃기 시작했다. 다른 대체 상품이 없었던 그의 사업은 거의 몰락의 길로 접어들었다.

회사의 확장을 위해 자본을 늘리려던 그의 계획은 수포로 돌아갔다. 그가 투자 자금을 유치하기 위해 아시아와 호주의 투자자들과 상담을 하면 얘기가 잘 진행되다가도, 그가 특허를 침해한 회사를 고소할 예정이라는 말만 하면 한결같이 고개를 저으며, 투자자들에게 아무런 득이 되지 않는 일이라며 극구 만류했다.

마침내 허버트는 대만의 회사들을 상대로 소송을 제기했다. 변호사들은 법정 밖에서 화의가 이루어지지 않으면 소송에 적어도 2년은 걸린다는 사실을 그에게 충고했다. 그러나 그는 아랑곳하지 않고 소송을 벌였다.

여기서 허버트가 저지른 커다란 실수 중의 하나는, 설령 그가 승소한다 해도 배상 능력도 없는 영세한 대만의 회사들을 상대로 소송을 벌였다는 점이다.

이 건은 몇 년이 지난 지금까지 소송이 진행중이다.

●교훈 - 최선이 안되면 차선책을 찾아라

사업은 종종 당신에게 어려운 결단을 내리도록 요구한다. 허버트는 자기 제품의 특허가 침해되었다는 사실을 발견했을 때 소송을 할 것인지 안 할 것인지 결정 내리기가 쉽지 않았을 것이다.

만약 그가 소송하지 않고 대만의 업체들이 계속 모조품을 생산하도록 내버려두었다면 그의 시장은 완전히 잠식당하여 사업을 포기할 수밖에 없었을 것이다. 그러나 특허를 보호하고 모조품 생산업체를 추적하느라 신경을 쓰는 동안 판매가 급감하고 소송 비용이 부담되어 결국 회사가 파산 지경으로 내몰리는 결과를 초래했다. 이래도 망하고 저래도 망할 운명이었던 셈이다.

하지만 그 대안은 있었을 것이다. 그가 받아들이기에는 어려웠겠지만, 모조품 생산업체들을 직접 찾아가 특허 침해 사실을 알리고 그들에게 자신의 제품 생산을 하청 주는 것도 한 방법이었을 것이다. 이러한 전략적 제휴를 추진했다면 미국 시장을 확보할 보증 수표나 다름없는 그의 제안은 그들에게 매우 매력적이어서 서로 살 수 있는 윈-윈 전략이 되었을 것이다.

그러나 이러한 대안은 그가 분노를 가라앉히고 냉정히 대처하기에는 너무나 어려운 해결 방식이었을 것이다. 물론 누구에게라도 어려운 대안이었을 것이다.

하이테크가 아닌 단순 품목에 전념한 것이 그의 첫번째 잘못이었다. 둘째는 모든 사람들이 특허 침해를 비난하며 그의 법정 투쟁에 동참하리라고 생각한 것이었다. 소비자는 AS가 필요 없는 제품에서 가격 차이가 크면 싼 것을 선택한다는 사실을 그는 깨닫지 못하고 있었다. 셋째는 서둘러 모조품 생산업자들을 만나 윈-윈 전략을 세우지 못한 것도 또 다른 잘못이었다. 소송을 하기 전에 아무런 대책도 마련하지 않고, 소중한 회사 운영자금을 소송 비용으로 날려버린 것도 잘못이었다. 그 돈으로 특허 침해로 입은 손실을 만회할 수 있는 새로운 제품을 구매하거나 개발하는 데 썼더라면 그 결과는 더욱 좋았을 것이다.

"지켜지지 않는 것이 계약서이다"

사업을 새로 시작한 사람들은 일단 누군가와 계약을 하면 모든 일처리가 그 계약서대로 진행되리라고 생각한다. 그런 경우도 있겠지만, 불행히도 대부분의 경우 계약서는 실제로 사업에 별 영향을 미치지 않는다.

계약서가 그 효력을 발휘하려면 계약서에 서명한 당사자들끼리 유대 관계를 긴밀히 하고 진지하게 서로에게 이익이 되는 방향으로 일을 해야 한다. 계약서의 내용이 어느 한쪽에 일방적으로 유리하면 유리할수록 상대방은 어떻게 해서든 그 불평등한 계약 관계에서 벗어날 궁리만을 할 것이기 때문이다.

어느 한쪽에게 일방적으로 유리한 계약서는 법정 소송에 이르는 지름길이다.

계약 파기도 사업의 일부분이다

계약서가 제아무리 훌륭해도 사업 관계가 원만하지 않을 수도 있다. 그리고 계약의 파기도 사업의 일부분이라는 점을 인식해야 한다. 당신에게 유리한 계약서가 하나 있다고 가정하자. 그런데 그 계약서에 사인을 한 상대방이 고소당할 각오를 하면서까지 고의로 계약 내용을 어긴다면 당신은 어떻게 할 것인가?

계약서는 그 자체로는 구속력이 없다. 당신에게 어떤 조치를 취할 수 있는 명분이 있다고 해도, 그 조치를 취하려면 법적인 절차가 필요하다. 당신의 의도대로 법원의 판결을 받아내는 데는 수년 동안 수천 달러의 비용이 들어갈 것이다. 설령 법원으로부터 원하는 판결을 받아낸다고 해도 당신은 땡전 한푼 없는 사람을 상대로 다시 그 집행 절차에 착수해야 한다. 누군가가 백 달러짜리 수표를 내고 당신에게서 물건을 구입했는데 이 수표가 부도 났다면, 대부분의 변호사들은 당신에게 그 돈을 회수하느라 시간을 허비하지 말고 포기하라고 충고할 것이다.

현재의 법체계로 볼 때 계약을 파기한 사람을 곧바로 유치장에 보낼 방법은 없다. 적어도 18세기 이후로는 경제적 파탄을 모면하기 위해서 계약을 위반하는 경우에는 법원에서도 정상을 참작하고 있다.

당신이 사업을 시작할 계획이 있다면, 같이 거래하는 사람들 중에는 계약서에 씌어진 대로 하지 않는 사람도 있다는 점을 반드시 명심해 둘 필요가 있다.

피터 체러키스

구릿빛 피부에 훤칠한 키, 웃을 때면 드러나는 새하얀 이. 피터 체러키스는 테드 터너와 로저 무어를 합쳐 놓은 듯한 핸섬한 사람이었다. 30대 후반에 방송계에 발을 들여놓은 그는 자유분방한 삶을 사는 사람이었다.

그는 열성적인 스포츠팬들에게는 아주 매력적인 미디어 산업인 '골프TV'의 사장이었다. 골프TV는 프로 골퍼들이 진행하는 골프 클리닉인 인스트럭셔널 코너, 우수 골프장 탐방 프로인 트래블 코너, 골프계의 이모저모를 돌아보는 엔터네인먼트 코너, 전세계의 메이저 골프 대회들을 생중계하는 스포츠 코너 등을 갖춘 골프 전문 프러덕션이었다.

30분짜리 골프 프로그램 시리즈를 제작하던 피터는 TV 마케팅의 위력을 실감하고, TV 골프 프로그램과 관련된 잡지와 회보, 골프관련 여행상품, 골프클리닉, 골퍼들을 위한 온라인 상담 코너 등을 웹사이트에 개설했다.

1990년대 초, CD-ROM이나 인터넷 프로덕트와 같은 새로운 미디어의 틈새시장이 점차 그 규모가 커지면서 관련 기업들이 막대한 수익을 올리기 시작하자 투자가들은 이러한 유형의 사업에 너도나도 몰려들었다.

피터가 이 사업을 하는 데에는 돈이 별로 들지가 않았다. 마사 스튜어트의 mathastewart.com과 밥 빌라의 BobVila.Com 등과 같은 새로운 미디어 산업에 돈이 몰려드는 상황에서, 골프TV라고 그

같은 성공신화를 만들어내지 못할 이유가 없다고 생각했다.

까다롭기로 소문난 투자가들이 벌떼처럼 달려들 만한 이러한 군침 도는 사업에는 무엇보다 프로그램의 보급망 확보가 중요했다. 제아무리 좋고 유익한 프로그램이라도 시청자가 보지 않으면 소용없기 때문이다. 게다가 단발적으로 프로그램을 제작해서는 시청자의 관심을 끌 수가 없으므로 적어도 6개월은 계속해서 프로그램을 만들어야 한다.

피터는 지역 케이블 TV 업체들을 통해 자신의 프로그램을 송출하고 있었다. 사업은 기대 이상으로 잘되고 있었지만, 그는 좀더 한 단계 올라가기 위하여 그에 걸맞는 사업 파트너를 물색했다. 여기저기 수소문한 끝에 그는 케이블 TV 중에서 가장 큰 업체의 사장인 리처드 세크터를 만났다.

처음 만나 대화를 하는 동안 그는 너무하다 싶을 정도로 눈길을 피하며 피터가 무슨 말을 하든 조심스레 그저 눈치만을 살필 뿐이었다. 이번 사업에 대해 많은 것을 준비하고 여러 가지로 면밀히 검토를 한 것처럼 보이면서도 그의 말투는 부드러웠다. 따라서 피터는 그가 이미 자신의 사업에 대해 모든 것을 알고 있다고 생각했다. 그러나 이것이 리처드 회사의 사업 방식이며 장래에 피터 자신의 회사의 발전에 치명적인 요소가 되리라는 사실은 미처 깨닫지 못했다.

이 첫번째 만남에서 피터는 최선을 다해 자신의 사업 구상 내용을 그에게 설명했다. 피터는 리처드의 회사에서는 골프 프로가 없다는 것을 알고 있었으므로, 골프 중계와 그 부가적인 서비스— 예를 들면 골프용품의 판매, 인터넷 사이트 개설, 골프 레슨, 서적과 CD-ROM, 비디오 테이프 등과 같은 전망이 밝은 새로운 사업에 대하여 간략하게 설명해 주었다. 사업의 골격은 리처드의 케이블 TV를 통하여 피터가 제작한 골프 프로그램들을 시청자에게 제공한다는 것이었다. 피터는 이미 이 분야에서 제법 기반을 닦고 있던 사람이었으므로, 두 회사의 거래는 급속도로 진행되어 그들은 곧 계약서 작성에 들어갔다.

피터는 리처드와 함께 사업을 하는 것이 다소 불안하기는 했지만 이미 거의 모든 일이 진행된 상태였으므로 그저 개인적인 성격 차이 때문에 그런 것이라 치부하고 애써 불안감을 떨쳐내려고 노력했다. 그 뒤 그는 이틀만에 계약조건의 검토를 완료하고 계약서에 서명을 했다.

골프TV가 곧 시작되면 큰 부자가 될 것이라는 확신에 차서 한껏 신이 난 그는 휴가를 떠났다. 그러나 모든 것이 생각했던 것처럼 되지는 않았다. 예전에 피터의 프로그램을 방송하던 케이블 TV 방송국들은 피터가 골프TV를 시작하면 자신들도 끼워주겠다고 해놓고는 리처드와 계약을 해버리자 '못 먹는 감 찔러나 보자'는 식으로 골프TV를 케이블 TV 프로그램 제작업체의 회원에서 제명시켜 버렸다.

골프TV가 회원에서 제명되자 리처드는 마음이 흔들렸다. 다른 케이블 TV 방송국들과의 관계를 그 무엇보다도 소중하게 생각하고 있던 그는 그 이유를 곰곰이 생각해 보았다. 아마도 그가 피터와 새로운 계약을 체결한 것이 그 주된 이유인 것 같았다. 그는 골프TV와 접촉했던 직원들을 불러 그 이유를 넌지시 물어보았다. 사업국장은 피터가 제작한 프로그램의 광고 판매가는 통상적인 가격의 3배나 되었기 때문에 아마도 그들이 샘이 나서 그럴 것이라고 대답했다.

리처드는 다른 프로그램 배급업체들이 광고 편성권을 쥐고 있는데 비해 자신에게는 그러한 권한이 없다는 사실을 뒤늦게 깨닫고 무슨 수를 써서라도 피터와의 계약을 파기하고 싶었다.

피터가 바하마에서 휴식을 취하며 다음 시즌에 대비한 프로그램을 짜고 있는 동안 한 장의 팩스가 날라 들었다. 리처드에게서 온 것이었다. 그 내용은 아주 간단했다.

<골프TV에 관하여 계약을 체결할 당시 저희는 여러 가지 상황에 대하여 정확한 정보를 받지 못한 상태였으므로 귀사와의 계약을 취소하기로 결정하였습니다.>

피터는 미칠 것만 같았다. 새로운 사업 파트너는 뚜렷한 이유도 없이 계약을 파기하려 하고 있었다. 팩스의 내용을 아무리 읽어보아도 리처드의 행동에는 어떤 논리적인 근거가 없다는 생각이 떠올랐다.

오직 분명한 것은 자신에게는 그 타격이 너무나 심각하리란 점뿐이었다. 케이블 TV가 없으면 프로그램을 제작해 봐야 아무 소용이 없는 일이었다. 프로그램을 제작하지 못하면 브랜드도 소용없고, 그러면 사업도 끝장이었다. 그는 망할 수밖에 없는 처지였다.

이러한 상황에서 가만히 당하고 있을 수만은 없었다. 그는 대책을 마련하기 위해 동분서주했다. 그러나 한참 잘 나가려던 참에 그런 일을 당한 그는 냉정을 잃고 있었다. 그는 즉시 1급 변호사를 통하여 소송 준비를 했다.

피터는 선처를 부탁해 보기도 하고, 고소하겠다고 으름장을 놓기도 해보았지만 리처드는 요지부동이었다. 리처드는 그저 계약을 파기하고 싶다는 말뿐이었다.

피터가 계속 압력을 가하자 그는 이런저런 핑계를 대며 계약을 파기하자고 주장했다. 그의 말대로라면 누가 보아도 계약을 파기할 만한 아무런 명분이 없으니까 좀더 자세히 알아본 뒤 결정하자고 피터가 설득해 보았지만, 리처드는 막무가내였다. 피터가 "단지 계약을 파기하려는 것 아니냐"고 강력히 이의를 제기해도 그는 굳이 부인하지 않았다. 여러 차례의 미팅에서 피터가 문제가 될 만한 점을 미리 언급하지 않은 것이 커다란 실수였다.

리처드는 피터에게 고소를 당하여 패소하면 사장 자리를 잃는 것은 물론 50만 달러나 되는 소송비용도 당연히 지불해야 하는 상황이었다. 그러나 리처드는 요모조모 따져보고 피터가 고소를 하지는 못하리라는 결론을 내렸다. 그가 고소를 하면 그 소문은 곧 방송계 전체에 퍼져 결국 그는 이 바닥에서 사업을 포기할 수밖에 없을 거라는 생각이 들었기 때문이었다.

'방송사를 고소한 프로듀서의 프로그램을 누가 받아줘? 고소를 하려면 수십만 달러가 들 텐데, 그러면 자기만 망하는 게지. 그리고 방송계에서 완전히 배척당할 테고.'

리처드는 이 계약을 더 이상 유지하고 싶지가 않았다. 법적으로만 따진다면 회사의 명예를 걸고 직접 서명한 사람은 리처드 자신이었지만, 그에게는 어떠한 설명도 필요 없었다.

피터에게 남은 유일한 방법은 소송뿐이었다. 그러나 그가 소송에서 이긴다 해도 리처드의 회사는 회사 체면을 유지하는 선에서 조치를 취하는 시늉만 할 것이 뻔했으므로, 피터에게는 이 또한 바람직하지 못한 방법이었다.

고민에 고민을 거듭한 피터는 냉정을 되찾고 모든 것을 포기한 채, 다른 케이블 TV 방송국에 프로그램을 판매하는 일에 리처드가 적극적으로 협조하겠다는 각서를 받아내는 것으로 일을 마무리지었다.

●교훈 - 계약서보다 더 중요한 것은 신뢰이다

사업가는 내용은 다 다르지만 누구나 계약서를 작성한다. 계약서는 계약 당사자들이 최상의 성과를 올리기 위해 돈과 시간을 투자할 준비가 되어 있을 때에만 의미가 있다. 변호사가 작성한 계약서의 어떤 구절보다도 정신적인 유대감이 더 중요한 구속력을 갖는다. 완벽하게 서로 의기투합할 수 없다면 어떤 계약서도 한갓 휴지 조각에 불과하다는 사실을 명심해야 한다. 계약 파기는 비즈니스 세계의 일부분이다.

피터는 리처드와의 계약서에 서명을 하기 전에, 만약 리처드가

그 내용에 불만을 품어 계약을 파기하려고 하지나 않을까 하는 것
까지 생각했어야 했다. 중요한 점은 바로 그것이지, 계약서 내용들
은 사실 별로 중요하지 않다. 피터가 리처드를 고소하고 싶은 마음
을 꾹 누르고 화의를 한 것은 아주 잘한 일이다. 이러한 비공식적
인 화의는 방송계에서 피터의 체면도 지켜주었고, 그에게 다음에
도약할 수 있는 계기를 마련해 주었기 때문이다.

"사인하기 전에 읽고 또 읽어라"

변호사가 생각하는 것만큼 계약서가 중요한 것은 아니지만, 그 래도 계약서가 아무것도 아니라고 생각한다면 오산이다. 이상하게 도 많은 사업가들은 절대 사인을 하면 안 되는 서류에도 종종 사인 을 한다.

법률적인 서류를 읽을 때 사람들은 보통 펜을 책상 위에 놓고 전화를 받으면서 한 페이지씩 읽어 나간다. 펜을 손에 들고 있다는 것은 당장 서류에 사인을 하겠다는 뜻이나 다름없다. '당장 사인합 시다!'는 식의 태도는 절대 안 된다. 신참 사업가에게는 특히 시간 을 많이 끌었던 계약일수록 그냥 확 사인을 해버리고 다른 일에 몰 두하고 싶은 마음이 굴뚝같을 것이다.

일단 사인을 하면 코가 꿰는 법이다. 한 번 사인을 한 계약서는 다시 고치기가 어렵다. 계약서를 고치려면 그에 따르는 대가를 치러야 한다. 심지어는 별 생각 없이 한 사인으로 아주 곤경에 빠지는 경우도 있다. 계약을 체결할 수 없거나 체결하고 싶지 않은 거래에는 의향서조차도 건네서는 안 된다.

계약서는 그 내용이 중요하다

계약서 내용이야 어떻든 나중에 문제가 생기면 다 해결할 수 있다고 말하는 사업가들이 종종 있다. 만일 문제가 생겨 소송이 걸렸을 때 관련 당사자들이나 변호사가 어떤 말을 하느냐에 따라 계약서가 불리할 수도 유리할 수도 있다.

"나도 계약이 뭔지 알아. 계약은 서로 잘해보자고 하는 쌍방의 의지의 표현이야. 이 계약서를 읽어보니까 모두 맘에 드는데. 이 친구는 나와 아주 좋은 사이니까 나를 고소하는 짓 따위는 하지 않을 거야. 그러니 내용 볼 것도 없이 사인하지."하는 사업가도 있다. 아무리 절친한 친구라도 당신에게 화가 나면 절대 고소하지 않으리란 보장이 없다. 심지어는 소송에서 절대 이길 수 없다는 사실을 뻔히 알면서도 소송을 거는 미친 사람도 있다.

모든 것을 다 문서화하면 안전할 것이라고 생각하는 사업가도 있다. 이러한 사업가는 계약서의 구절 하나 하나에 대해 '만약 이러면 어떻게 하지?'하는 식으로 계약서가 200페이지나 되어도 꼬치꼬치 묻는다. 이런 사람은 '이 계약서에 이 문구가 없으면 나중에 곤란해지지 않을까요?' 하는 식이다.

또한 계약서에 별로 신경 쓰지 않는 사람도 있다. 이런 사람은 계약서 초안을 건성건성 살펴보고 즉석에서 사인을 한다. 상대방을 믿어주니 자신도 믿어달라는 식이다.

다음 같은 경우, 사인하기 전에 두 번 세 번 읽어보라

▶누군가가 만나기도 전에 계약서 작성을 먼저 요구한다.

▶고작 수천 달러짜리 계약에 20페이지가 넘는 계약서에 사인을 하지 않으면 같이 사업을 할 수가 없다고 주장한다.

▶계약서 뒷면에 적힌 부수적인 조항이 마음에 걸린다.

▶결정적인 기회가 오지 않으면 질질 끌려다닐 수밖에 없는 일방적인 계약이라, 사인하고 싶은 마음이 썩 내키지가 않는다.

▶시간이 없다며 즉시 사인할 것을 강요받는다.

▶법률에 의해 의무적으로 고시된 신문광고를 보여주며 걱정 말고 어서 사인하라는 요구를 받는다.

▶상대방이 내용이 변경된 계약서를 보내주면서 어느 부분이 변경되었는지 알려주지 않는다.

▶변호사와 상의한 뒤 계약하겠다고 하니, 상대방은 사람을 너무 못 믿는 사람과는 거래를 하고 싶지 않다고 말한다.

▶법적으로 문제될 게 없으니까 얼른 읽어보고 사인하라는 말을 듣는다.

▶계약을 위반한 적이 있는 사람이 다시 계약하자고 요구한다.

모라 핼브룩

팩스의 벨소리가 울리자 모라 핼브룩은 환희의 전율감을 느꼈다. 하루종일 기다리고 있던 서류가 분명할 것이므로 그녀는 홀을 가로질러 팩스가 들어오는 장면을 지켜보고 있었다.

급한 자금을 조달하는데 필요한 서류가 천천히 한 페이지씩 들어오고 있었다. 따뜻한 기운이 남아 있는 팩스를 읽으며 그녀는 자신의 벤처 사업에 전환점이 마련되었다고 생각했다. 난해한 법률 문제를 앞에 두고 씨름하는 동안 전화벨이 울렸지만, 그녀는 미처 그 소리를 듣지 못했다. 전화를 건 사람은 자동응답기에 메시지를 남기고 전화를 끊었다.

그녀는 팩스를 다시 읽으며 녹음된 내용을 들어보았다.

"저 헨리입니다. 방금 변호사들이 서류를 팩스로 보냈습니다. 모든 것은 저희가 상의한 대로 작성했습니다."

뒤이어 그녀가 이해할 수 없는 말이 계속 흘러나왔다.

"그런데…… 좀…… 일단 계약서에 서명을 한 뒤 월요일에 이번 일에 대한 준비를 시작합시다."

사교성이 좋은 그녀는 지난 10년 동안 월스트리트에서 투자 전문가로 활동하고 있었다. 모라는 웃는 모습이 예쁘고 자신감도 있는 여자였으므로 동료들은 그녀가 사무실에 없어도 꼭 같이 있는 것 같은 착각을 일으키게 하는 사람이었다. 그녀는 집념이 대단한 여자였다.

월스트리트에서 고객을 확보한다는 것은 쉬운 일이 아니다. 그

러나 그녀는 불쾌하게 구는 사람들에게도 친절하게 대하여 고객을
확보하고 있었다. 어떤 기업이 상장을 준비하고 있었는데, 이 회사
의 오너는 세 번이나 파산한 경험을 갖고 있는 바람둥이였다. 그가
계속 집적대도 그녀는 꾹 참고 열심히 일해 연 100%의 성장을 이
루어냈다. 이 거래는 아무 탈없이 끝이 났지만, 그녀는 속이 뒤틀
리는 기분을 느꼈었다. 그런데 지금 그때 같은 기분이 들었다.

그녀는 10년 동안 다니던 직장을 떠나 유아용 프로그램을 제작
하는 미디어 사업체를 차렸다. 그녀가 처음 제작한 제피(Jeffie)라
는 프로그램은 그 내용이 독특해, 포커스 그룹 테스트(focus group
test: 6~10명 정도의 사람이 모여 어떤 제품이나 기업에 대해 전문가
와 함께 토론하는 것)에서 좋은 평가를 받아, 라이선스 계약이 밀려
들기 시작했다. 그녀는 제품개발과 판촉에는 강했지만 경영을 책
임질 사람이 필요했다.

때마침 그녀는 <뉴욕타임즈>를 읽다가, 회사를 성장시킬 수 있
도록 경영을 도와주는 비즈니스 엔젤에 관한 기사 속에서 헨리에
대한 기사를 발견했다. 그는 전문 경영인이었고, 기사 속에는 투자
할 의향이 있음을 얼핏 내비치고 있었지만 자세한 것은 나와 있지
않았다.

모라는 즉시 그에게 전화를 걸어 한번 만나고 싶다는 음성메시
지를 남겨 두었다. 이때 마침 그는 어떤 투자가와 통화를 하던 중
이었는데, 모라를 알고 있던 그 투자가가 그에게 모라를 적극 추천
하였다.

곧 두 사람은 만났고, 그들은 서로에 대해 상당히 알고 있었으므

로 그 즉시 의기투합하였다. 몇 주 뒤부터 제피 프로그램이 TV에 방송될 예정이었으므로 시기적으로도 괜찮았다.

헨리는 몇 년 전 자신의 회사를 다른 사람에게 팔고 볼티모어에서 사업가 친구들과 어울려 지내고 있었다. 다른 사람들은 헨리도 그들처럼 돈이 많은 것으로 알고 있었지만, 사실 그는 친구들로부터 무시당하고 있었다. 그는 그들의 따돌림에서 벗어나려고 애를 썼다. 그러던 중 <뉴욕타임스>에 그에 관한 기사가 실리자 50여명의 사업가들이 그에게 도움을 요청하는 전화를 걸어왔다.

모라는 자신의 프로그램이 곧 TV에서 전파를 탈 예정이므로 같이 일하면 서로에게 도움이 되겠다고 헨리에게 도와줄 것을 요청했다. 헨리는 곧바로 이 사업에 부가가치를 창출할 수 있는 방법들을 모색하기 시작했다. 모라는 헨리와 진지하게 사업 얘기를 하면서 그의 아이디어를 자신의 사업 계획에 반영시키면 좋겠다고 생각했다. 헨리가 그녀에게 이것저것 질문을 했지만, 그 질문에는 특별한 내용이 없었다.

모라는 그가 원하는 것이 무엇인지를 물어보았다. 그는 회사의 지분을 요구하지 않았다. 그는 주식지분은 조금만 받고 월급 사장으로 일하고 싶다면서, 그녀의 의견을 존중해 줄 테니 그녀도 자신의 의견을 존중해 달라는 부탁만 했다.

그녀는 헨리의 신상에 대해 여러 사람들에게 알아보았다. 사람들은 모두 헨리가 바르고 정직한 사람이며 수완도 꽤 있는 사람이라고 칭찬을 아끼지 않았다. 그러나 헨리가 경영 능력이 뛰어난 사람이라든가 그가 회사의 발전에 좋은 영향을 주리라는 말은 하지 않았다. 헨리만이 예외였다. 그는 만날 때마다 전문적인 용어를 들먹이며 자기 자랑을 늘어놓았다.

모라는 아직 그의 신상에 대해 확신할 수가 없었다. 그녀는 그를 집으로 초대하여 저녁식사를 하며 시험해 보기로 마음먹었다. 헨리가 나타나자 모라의 개가 으르렁거렸다. 나쁜 징조였다. 그녀가 남편인 이반을 소개하자 그는 일부러 남편과 친한 척하며 모라는 거들떠보지도 않았다. 저녁식사를 끝내고 세 사람은 밤늦게까지 앉아 사업에 대해 자세한 얘기를 나누었다.

그녀가 잠자리에 든 시간은 새벽 1시가 넘은 때였다. 그녀가 불을 끄고 눕자 남편이 조그만 목소리로 잘라 말했다.

"그 사람은 틀렸어."

이반은 모라의 사업에는 일절 간섭을 하지 않는 사람이었다. 그러나 남편의 판단을 존중하고 있는 그녀는 한숨을 내쉬었다.

그녀는 다음날 아침 일찍 헨리에게 두 가지 특별 조건을 붙였다. 하나는 헨리가 최소 10만 달러를 투자해야 한다는 것과 다른 하나는 사업이 잘 되면 그에게 정식으로 특별 보너스를 준다는 내용이었다. 나중에 서로 오해가 생기지 않도록 그녀는 헨리에게 다시 한 번 더 그 내용을 심사숙고해 보라고 요구했다.

나중에 변호사를 통해 그녀에게 온 팩스에는 '최소 10만 달러 투자'라는 대목이 '10만 달러까지 투자'라는 말로 고쳐져 있었다. 그리고 '사업이 잘되었을 때 보너스를 준다'는 조항도 '헨리가 옵션으로 보너스를 받는다'라고 고쳐져 있었다. 팩스에 적힌 내용대로라면 헨리는 꿩 먹고 알 먹겠다는 식이었다.

그녀는 뉴욕타임스에 실린 그에 관한 기사를 다시 꺼내 보았다. 그는 지금까지 투자를 해본 적이 없는 사람이었다. 그녀가 그의 신상에 관해 적어 두었던 메모지를 읽어보니까 그가 회사를 다른 사람에게 판 적이 있다고는 하지만, 그 상대방의 이름은 적혀 있지 않았다.

그녀는 헨리에게 전화를 걸어, 계약서가 자신이 말한 것과 조금 다른 데가 있으니 다시 작성하자고 제안했다. 그러자 헨리는 언성을 높여 다른 게 무엇이 있느냐고 오히려 반문을 했다. 결국 그녀는 헨리와의 일을 없던 것으로 하고 말았다.

●교훈 – 미심쩍은 일은 의심해 보라

헨리의 변호사나 모라가 잘못한 것은 없다. 모라가 의도했던 것 이상을 얻어내려고 잔꾀를 굴린 사람은 헨리였다. 그녀가 팩스의 내용을 제대로 읽지 않고 사인을 했더라면(물론 나중에 계약을 파기할 수도 있었겠지만) 그녀는 그 대가를 톡톡히 치러야 했을 것이다.

모라가 직장생활을 하며 쌓은 경험은 헨리와의 거래에서 많은 도움이 되었다. 다른 사람들이 헨리에 대하여 그저 좋게 말하는데도 그녀가 의구심을 떨쳐버리지 않은 것은 아주 잘한 일이다.

헨리를 자기 집으로 초대하여 테스트를 해본 것 또한 훌륭한 방법이었다. 비즈니스 파트너는 가족처럼 같이 일하는 시간이 많으

므로 남편의 의견을 물어본 것이나, 개가 헨리를 보고 으르렁댄 것
이나 모두 다 헨리에 대한 의심을 더욱 확고히 하는 데 도움이 되
었다.

　계약서를 읽어볼 필요도 없다는 헨리의 말은 모라가 그의 의도
를 완벽하게 파악하는 데 결정타가 되었다.

제7부
벗어나라, 그리고 다시 시작하라

"보상과 리스크는 항상 붙어 다닌다"

새로 생긴 회사들 중 80%가 창업 첫해에 망하고 그 중 10%가 그 다음해에 망하며, 3년이 지날 때까지 살아남는 회사는 5%에 불과하다는 연구 결과가 있다. 그렇다면 사업가는 은행 이자보다 훨씬 큰 이익을 얻어야 하는 게 당연하다. 자기 사업을 시작한 보상으로 흔히 정신적 보상을 강조하지만, 사실 금전적 보상이 더 중요하다. 어느 정도 시간이 지나도 금전적 보상을 얻을 수 없을 때는 과감하게 사업을 포기하고 다른 일을 찾아보는 편이 낫다.

사업은 위험이 큰 만큼 그 결실도 달콤하다

자기 사업을 시작한다는 것은 그 무엇보다도 리스크가 높다. 창업을 하는 사람들은 사업이 안정되기도 전에 저축해 놓은 돈을 모두 날리거나 심지어 집과 전재산마저도 날릴 위험이 있다.

이러한 위험은 재정적인 데에만 국한되지 않는다. 사업을 하려면 모든 취미도 버려야 한다. 특히 사업 기반을 잡기 전 몇 년 동안은 더욱 그렇다.

하지만 아무리 사업이 바쁘더라도 휴가를 가는 등 가족에게는 신경을 써야 한다. 가족이 함께 사업을 하는 경우가 아니라면 어렵겠지만 사업문제에 대하여 가족과 상의할 기회를 마련하라. 사업을 한답시고 돈도 잃고 가족도 잃는 우를 범하지 마라.

당신이 모든 위험을 무릅쓰고 사업을 하는 이유는 자신이 사장이 되어, 자기 시간을 쏟아, 자기가 원하는 방침대로 경영하여 그 결실을 보고 싶기 때문이다. 그러나 힘들여 일을 하며 고생을 해도 금전적으로나 가정적으로 도움이 되지 않으면 '내가 왜 이 사업을 하고 있나?' 하는 회의가 들 때도 있을 것이다.

사업은 아주 달콤하고 곧 이루어질 것 같다는 점에서 로맨스와 같다. 그러나 사업을 한다고 곧바로 돈을 버는 것은 아니다. 사업가들이 몇 년의 노력 끝에 연소득 3만 달러밖에 올리지 못한다는 얘기는 흔한 일이다. 금전적인 면에서 보면 햄버거 체인점에서 매니저로 일하는 편이 훨씬 나은 경우도 있다.

하지만 사업가들은 다시는 직장생활을 하고 싶어하지 않는다. 그들은 스스로를 지배하는, 자신의 운명의 개척자로 남아 있기를 원한다. 직장 생활을 때려치우고 사업을 하면 톡톡히 대가를 치러야 한다는 점을 명심해야 한다. 대부분 처음 사업을 시작하는 사람들은 앞에 놓일 난관을 과소 평가하는 경향이 있다. 그들은 실패라는 것은 염두에도 두지 않는다.

사업 초기에 닥칠 재정적 현실은 미처 생각지 못하고 사업의 장밋빛 미래만을 꿈꾸는 사람들이 너무 많다. <포춘>지 선정 400대 기업가들에게는 보통 사람이 알지 못하는 용감하고 영웅적인 정신이 있다. 주문량을 제때에 선적하기 위해 밤새워 일해 본 적이 있는 사람들은 자신들이 대단한 사람이라고 생각하는 법이 없다. 다 망해 가는 사업을 다시 일으키기 위하여 온갖 고생을 한 사람들은 스스로를 영웅이라 칭하는 법이 없다.

로맨스는 아름답지만 거기에서 이익이 생기는 건 아니다. 먼저 돈을 벌면 영광은 그 뒤에 따라온다.

다음 같은 경우, 지금 일에 매달릴 가치가 있는가 생각해 보라

▶창업 5년째이지만, 대기업 과장인 동생이 돈을 더 잘 번다.

▶작은 사업을 하고 있는데 매달 공과금을 내기도 어렵다.

▶지역 상공회의소에서 우수 중소기업 표창장을 받았다. 이 표창장을 액자에 넣어 걸어두고 싶다.

▶주위의 친구나 가족이 모두 당신 곁을 떠나가고 없다.

아만다 루빈스타인

아만다는 영화배우를 해도 스타가 되었을 만큼 빼어난 미모를 가진 여자였다. 중년의 나이에 원숙미가 넘치는 그녀의 웃음은 화사하기 그지없었다.

그녀는 거의 다 죽어가는 고양이들의 목숨을 수도 없이 구해낸 사람이다. 수의사 실습을 나갈 때마다 그녀는 매번 한 마리씩 고양이의 목숨을 구했다. 매년 무려 600만 마리의 고양이가 비뇨기계의 이상으로 죽는다는 사실을 알고, 그녀는 이런 고양이들을 위해 '컬러 고양이 집'을 개발하여 특허를 획득했다.

그 제품은 모양이 단순하면서도 예뻤다. 진흙으로 된 고양이 집에 칠해 놓은 컬러로 고양이 오줌의 산도를 측정하는 것이 이 제품의 특징이었다. 이 집을 살펴보기만 해도 고양이의 몸 상태를 금방 알 수 있도록 되어 있었다.

아만다는 고양이가 비뇨기계에 이상이 있을 때 서둘러 치료받지 못하면 죽고 만다는 사실을 집중적으로 홍보했다. 그녀의 홍보 전략은 언론에 좋은 소재가 되었다. 특히 애완동물 잡지에서 그녀를 주목하기 시작했다.

그녀는 얼마 지나지 않아 TV 토크쇼에도 출연하고 많은 잡지와 동물보호 행사에도 초대받게 되었다. 그녀의 홍보로 고양이의 비뇨기계 감염에 대한 사람들의 경각심이 높아지자 그녀의 제품 판매도 눈에 띄게 늘어났다. 컬러를 칠하는 비용이 들어가므로 그녀의 고양이집은 보통 제품보다 비쌌지만 제법 물건이 잘 팔렸다. 동물을 좋아하는 사람들은 애완동물 관리에 돈을 아끼지 않기 때문이었다.

물건이 잘 팔린다고 꼭 이익이 많이 나는 것은 아니다. 아만다는 사업을 시작한 지 6개월만에 집을 담보로 은행에서 대출도 받고, 퇴직금도 모두 찾아 쓰고 신용카드까지 최대 한도로 사용했다. 그러나 그것은 시작일 뿐이었다.

사업이 어려워진데다 그녀가 계속 대중 앞에 나서며 두 아들과 남편을 소홀히 하게 되자, 가정생활이 삐그덕거리기 시작했다. 그러나 제품을 계속 생산하고 투자자들을 모으려면 어쩔 수가 없었다. 그녀는 이를 악물고 아내로서 엄마로서의 의무를 다하기 위해 최선을 다해 일을 했다.

어느 날 뉴욕에서 열린 자선행사에 참가한 그녀는 우연히 그곳에서 고양이를 좋아하는 사람을 한 명 소개받았다. 운 좋게도 그는 돈이 많은 사람이었다. 아만다는 그로부터 2주일 후 350만 달러의 투자를 유치하게 되었다.

이러한 성공적인 투자 확보는 대가를 치러야 했다. 그녀는 한 차례 더 자본을 유치한 뒤 경영권을 다른 사람들에게 넘겨주었다. 그러나 그녀는 채 50%가 되지 않는 지분을 갖고 여전히 이 회사의 사장으로 근무하며 고양이를 돌보는 일에 힘을 쏟고 있었다.

그러다 아만다의 제품이 불티나게 팔리기 시작했다. 전세계적으로 선풍을 일으킬 것 같았다. 그녀는 생산라인을 확장하기 위해 보다 많은 자금이 필요하게 되었다. 다시 500만 달러의 자본을 유치했지만, 그녀의 주식 지분은 5% 미만으로 떨어지고 그녀는 사장자리를 내놓아야만 했다.

그녀는 고양이를 무서운 질병에서 구하겠다는 본래의 목표가 거의 성취단계에 와 있다는 사실을 깨달았다. 회사가 상장되어도 그녀는 주식 지분이 적어 그에 따른 이익을 별로 챙기지 못할 게 뻔했다. 사람들의 모임에 참석하는 횟수가 늘고 여행 또한 빈번해지면서 그녀와 가족과의 관계는 더욱 힘들어졌다. 이제 어떤 식으로든 결정을 내려야 했다.

마침내 아만다는 자신의 모든 지분을 회사에 팔고 그저 명예회장이자, 회사가 지원하는 자선단체의 창립자로만 남아 고양이의 질병을 줄이는데 전력을 기울이겠다는 뜻을 전하고 은퇴를 결심했다.

●교훈 - 좋아하는 일이 돈보다 우선이다

아만다는 자신의 목표를 잘 알고 있었다. 그리고 위험을 무릅쓴 것에 대한 보상이 실제 어떻게 나타나는지를 잘 이해하고 있었다. 만약 그녀가 회사의 주식을 조금이라도 소유하여 사장으로 계속 남아 있었다면, 그녀가 원래 갖고 있던 목적은 어떻게 되었을까?

그녀는 자신이 사장으로 남아 있을 때의 손익을 따져보아 손해가 훨씬 크다는 결론을 내렸다. 그녀가 사업을 계속 했더라면 지난 2년간 못 만났던 가족과 친구들도 다시 멀어지고 기진맥진했을 것이다. 그대로 밀고 나갈 수도 있었겠지만, 회사에 새로 사장이 들어온 이상 그녀가 하던 일은 더 이상 사업에 영향력이 없었다. 좋든 싫든 회사를 떠날 때가 된 것이었다.

아만다는 어려서부터 고양이를 좋아했다. 고양이를 고통에서 구해 주고 고양이의 병을 치료해 주는 일은 그녀에게는 성전(聖戰)이나 다름없었다.

사업에 성공한다는 것은 보통 '잘 하는 것'과 '좋아하는 일을 하는 것'을 동시에 의미한다. 그러나 아만다에게 있어서 '좋아하는 일을 하는 것'이 '잘 하는 것'보다 더 중요했다. 그녀는 사업을 키우는 것보다는 고양이의 질병을 치료하는 전도사의 역할이 더 좋았다. 고양이에 대해서 잘 알지 못하고 사업은 그저 사업이라는 생각을 갖고 있는 사람이었더라면 아주 쉽게 결정을 내렸을 것이다.

대부분의 벤처 투자에 있어서 회사 창업자는 자신의 지분이 줄어드는 것을 당연하게 생각하면서도 그 지분이 너무 많이 줄어들어 회사의 피고용인 신세가 되면 일할 의욕을 잃어버린다.

그러나 아만다는 달랐다. 그녀의 일에 대한 열정은 결코 줄어들지 않았다. 아만다는 삶에는 사업보다 중요한 것도 있다는 사실을 깨달은 셈이었다.

그대로 회사에 남아 있어 달라는 임원들의 간곡한 만류에도 불구하고 그녀는 과감히 회사를 떠났다. 사업을 할 때는 얻는 것만큼 잃는 것도 있다는 사실을 알고 있기 때문이었다.

"오리가 날아오를 때, 그때 쏴라"

사업을 하다 보면 준비가 되어 있든 않았든 기회는 온다. 사냥을 할 때 사냥감이 어디서 튀어나올지는 아무도 모른다. 인내와 끈기로 기회를 기다려야 한다.

기회는 예고 없이 찾아온다. 투자가나 바이어, 투자 제안서가 언제 어디에서 날아올지 아무도 모른다. 소프트볼 경기장에서 투자자를 만날 수도 있고, 브로드웨이 뮤지컬에서 바이어를 만날 수도 있고, 커다란 개를 데리고 산책하다가 벤처 투자자를 만날 수도 있다. 기회는 때와 장소를 가리지 않는다.

자본은 왔다갔다하며 움직인다. 판단의 기준이 끊임없이 바뀌기 때문이다. 이렇게 변화무쌍한 상태에서는 당신이 만반의 준비가 되어 있을 때나, 아니면 투자자가 있을 때에만 회사를 팔 기회가 오는 것이다. 투자자가 투자할 준비가 되어 있어야만 당신은 회사의 주식을 팔 수 있는 좋은 기회를 갖는 것이다. 투자자나 바이어는 무엇인가 자신들의 구미에 맞는 것이 있어야 기꺼이 돈을 지불한다.

지나간 기회는 다시 오지 않는다

아직 투자를 받아들일 준비가 되어 있지 않다고, 아직 거래를 할 준비가 되어 있지 않다고 말하는 회사들이 많다. 그러나 만약 투자를 하겠다고 나서는 사람이 있다면, 얼른 준비를 하고 그 제의를 받아들이는 게 좋다.

사업가 중에는 회사 운영에도 시간이 모자라는데 거래 협상을 할 시간이 어디 있느냐고 반문하는 사람도 있다. 투자하겠다는 사람을 물리칠 정도로 회사 운영에 바쁘다면, 이런 사업가는 평생 혼자서 회사를 운영할 것이다.

자기 회사에 투자하겠다고 나서는 사람이 너무 많아서 곤란하다고 하는 사업가도 있다. 그런 사업가라면 문제될 것이 하나도 없다. 그저 대리인에게 투자 상담을 의뢰하여 회사 자산 평가를 극대화시키기만 하면 된다.

다음 같은 경우에는 그 기회를 놓치면 안 된다
▶투자를 유치할 수 있는 절호의 기회가 왔다. 그런데 기존 거래

선들과의 관계 때문에 뒤로 미루고 싶다.

▶일약 유명인사가 될 수 있는 기회가 왔다. 그런데 오래 전부터 계획했던 휴가를 취소하고 싶지가 않다.

▶사업을 키울 수 있는 기회가 엿보인다. 그러나 경험이나 지식이 없어 그 기회를 어떻게 활용해야 할지 모른다.

▶중요하지 않은데 빨리 처리해야 하는 일 때문에, 급하지는 않지만 중요한 일을 처리 못하고 있다.

할란 백스터

할란 백스터는 무엇이든지 다 잘 파는 슈퍼 세일즈맨이었다. 그는 이 식당에서 저 식당으로 옮겨갈 때에도 무엇이든 팔아야 직성이 풀리는, 한번 팔려고 마음먹은 물건은 어떤 일이 있어도 팔고 마는 세일즈맨이었다.

그는 모든 것을 직원들에게 위임하기를 좋아했으므로 그의 책상 위에는 항상 아무 서류도 없었다. 그러나 직원들이 모든 권한을 위임받았다고 좋아하다가는 큰코 다치는 경우도 있었다. 그도 화가 나면 무서운 사람이었다. 직원들이 일을 잘못하면 매섭게 몰아치곤 했다. 그가 사무실 문을 닫고 일장 연설에 들어가면 회사 직원들은 누구나 벌벌 떨곤 했다.

할란의 회사인 박스 라이트 사(社)는 수납 박스, 비닐 파일, 행어 등을 판매하는 유통회사였다. 그러다가 나중에는 여러 가지 제품을 직접 생산, 판매하기 시작했다. 그가 직접 디자인한 골판지 수납 박스는 디자인이 예쁘고 침대 밑이나 벽장 속에 보관하기도 편해 독신 여성들에게 인기가 높았다.

당시만 해도 평범한 모양의 갈색 수납 박스가 주류를 이루고 있었던 때라, 장식 겸용 꽃무늬 수납 박스를 시판하자 소비자들의 반응은 아주 좋았다. 특히 속이 깊고 길쭉한 박스는 겨울옷을 넣어두는 데 안성맞춤이어서 대단한 호평을 받았다.

그는 다양한 색상의 신발 보관용 비닐백, 얇고 부드러운 덮개가 붙은 옷걸이, 해충 방지에 효과가 있는 삼목껍질 백 등으로 생산 품목을 늘려 나갔다. 다양한 색상으로 포장된 그의 제품은 월마트나 K마트, 타겟 스토어스 등과 같은 대형 할인 매장에서 세트로 판매되었다. 생활용품 틈새 시장 전략이 적중하여 판매가 호조를 보이자 이익도 크게 늘어나기 시작했다.

유통업은 시간이 생명이다. 할란은 수주 시간과 납품 시간을 단축하기 위하여 모든 거래를 컴퓨터로 처리했다. 주문이 들어오는 즉시 그 내용은 곧바로 컴퓨터에 입력되었다. 그의 회사는 마치 경마장의 주로(走路)처럼 최신 컴퓨터 소프트웨어로 일관된 물류처리를 하고 있었다. 수백 개의 거래처에서 주문이 들어와도 24시간 안에 처리할 수 있을 정도였다.

그는 신상품 카탈로그를 1년에 25차례나 발행했다. 그 효과는 대단했다. 회사에는 막대한 현금이 쌓이고, 사업은 쓰러지지 않는 팽이처럼 원활히 돌아갔다.

그러던 중 언제부턴가 생활용품 업계에도 M&A 바람이 불기 시작했다. 자고 나면 플라스틱 제조업체와 캔버스, 비닐, 골판지 박스 제조업체들의 합병 소식이 들리곤 했다. 판매 능력과 마케팅 능력, 디자인과 유통 능력을 겸비한 대형 회사들이 탄생했다. 이렇게 합병된 대형 회사들은 규모의 경제면에서 소규모 회사보다 훨씬 우월한 지위에 있어, 원자재 가격이 상승해도 완제품의 가격은 올리지 않고 원가 부담을 고스란히 중소기업에 떠넘겼다.

할란의 회사는 이러한 추세에 대응할 수 있을 정도로 규모가 큰 회사였다. 그는 원자재 가격 변동으로 수익이 줄어드는 것을 막기 위해 장기 공급계약을 맺고 있었다. 제품의 다변화를 꾀하기 위하여 그는 삼목껍질 백 생산라인을 신설할 계획을 세워 놓고 있었다. 이 제품은 회사 재정에 도움이 될 것 같았다.

이 계획을 실천에 옮기며 투자자를 물색하던 중, 할란은 회사를 통째로 인수하겠다는 사람을 발견했다. 처음에는 타이밍이 좋지 않다는 생각이 들었다. 신제품 생산을 시작하면서부터 수익이 줄어들고 있었고, 회사에 투자하고 있던 골판지 납품업체와도 마찰겪고 있기 때문이었다. 이유는 그것만이 아니었다. 본격적인 세일 시즌이 얼마 남지 않았는데도 새로운 사업계획이 마련되지 않은 상태였으며, 또한 다른 여러 가지 이유로 그는 투자 제의에 응할 수가 없는 처지였다.

어느 날 우연히 그는 잡지에서 시카고의 ICIP라는 투자신탁회사에 관한 기사를 읽게 되었다. 투자자들로부터 2천만 달러의 자금을 마련한 ICIP는 지난 18개월 동안 생활용품 업체를 인수하려고 노력했지만, 아직 마땅한 업체를 찾지 못했으며 최근에도 두 건의 인수 시도에서 실패하여 난처한 입장에 놓여 있다는 내용이었다.

할란이 다른 사람을 통하여 알아본 결과, ICIP는 두 개의 회사들과 세금공제 이전 가격의 5~8배의 가격으로 인수를 시도했으나 실패했다는 것이었다. ICIP가 인수하려던 회사들의 경영 능력 때문이었다. 그는 한꺼번에 두 마리 토끼를 잡을 수 있을 것 같았다. 굶주린 늑대처럼 달려들 ICIP를 생각하며 그는 미소를 지었다.

꼭 이번 기회에 회사를 그들에게 팔 필요는 없었다. 그러나 2~3배의 가격에 팔 수 있는 절호의 기회가 생겼으므로 그는 뛸 듯이 기뻤다. 그는 대형 매장에서 대대적인 판촉행사를 벌일 계획을 세우고 세일즈 팀에게 수납박스와 서류파일의 판매에 전력을 기울일 것을 부탁했다. 또 삼목 제품 생산라인의 확장은 다음 분기로 연기했다.

그러고나서 그는 갈등을 겪고 있던 투자자인 골판지 제조업체를 찾아가 천만 달러 이상의 금액에 회사를 매각할 경우에는 매각 대금 중 500만 달러를 그에게 지불한다는 조건으로 그의 지분에 대한 권리를 위임받았다.

할란은 중간 간부들을 불러 놓고 만약 회사가 성공리에 매각이 되면 그들에게도 그에 상응하는 스톡옵션을 지불하겠다고 약속하면서, 계약이 완료될 때까지 앞으로 3개월 동안 모두 회사를 위해 힘써 줄 것을 당부했다.

ICIP는 다급한 상황이었으므로 할란의 회사 인수에 적극적으로 나왔다. 1주일 뒤 ICIP가 현금 2천 5백만 달러를 인수가격으로 제시하자, 그는 회사의 주식 중 일부를 자신에게 주어야 한다는 점과 삼목 제품은 회사의 주력 상품도 아니고 이익도 나지 않는 품목이니 그 생산은 자신에게 맡겨줄 것을 인수 조건으로 내걸었다.

ICIP가 그의 요구에 동의하자 그는 곧바로 계약을 체결한 다음, 그 주식을 회사 간부들에게 나누어주었다. 회사가 ICIP에 인수된 뒤에도 그들은 그대로 회사에 남아 있을 것이므로 그러는 것이 올바른 행동일 것 같았기 때문이었다.

그후 그는 삼목 제품을 생산하여 ICIP에 납품하게 되었다. 그는 제품 생산은 자신이 하고 포장과 판매는 ICIP에게 맡김으로써 든든한 판매망도 확보하는 일거양득의 효과를 보았다.

물론 할란이 더 크게 요구했다면 5천만 달러도 받을 수 있고, 주식의 반을 얻을 수도 있는 상황이었다. 하지만 그는 욕심을 부리지 않았다. 그리고 그의 비즈니스 파트너는 500만 달러에 자신의 지분을 팔기로 약속한 상태였으므로, 그에게 500만 달러를 주고도 나머지 돈은 고스란히 그의 몫이 되었다. 삼목 제품의 자산 가치는 백만 달러였으므로, 그는 결국 2100만 달러의 거금을 거머쥐게 된 셈이었다.

●교훈 - 기회는 치밀한 계획으로 완성된다

할란의 얘기는 기회가 왔을 때 활성화하라는 하나의 좋은 예이다. 삼목 제품 생산을 새로 시작한 지 얼마 지나지 않은 때여서, 그로서는 좀더 나중에 회사를 매각하고 싶은 욕심이 있었다. 그러나 그가 회사의 매각을 뒤로 미루었더라면, 그때에는 ICIP의 수중에 자금이 없었을 수도 있고 ICIP가 다른 회사를 인수했을지도 모른다.

할란이 동업자에게 500만 달러를 제시한 것은 다소 무모한 일이었다. 그러나 만약 할란이 이 가격을 제시하여 위임장을 받지 못했다면, 결국 나중에는 2천 5백만 달러를 반으로 나누게 되었을 것이다. 5백만 달러도 작은 돈이 아니다. 그러므로 할란의 파트너에게 너무 미안해 할 필요는 없다.

사려는 사람이 한 명뿐일 때에는 일반적으로 가격이 낮아진다. 그러므로 할란은 경쟁자를 붙여 ICIP가 서둘러 회사의 인수에 뛰어들게 함으로써 회사의 가치를 높였다. 그리고 이 거래를 위하여 그는 자기 회사의 간부들도 끌어들였다.

ICIP가 정말로 회사를 인수할 의지가 있다는 것을 확인한 바로 그 순간, 그는 과감하게 총알을 장전하고 방아쇠를 당겼다. 사업은 사냥감이 튀어나오는 그 순간, 바로 그 기회를 잡아야 한다.

할란의 교훈에서 보듯이 오리가 날아오를 때 방아쇠를 당겨라. 그리고 행운이 올 때까지 끝까지 경기를 지켜보며 경기장을 떠나지 마라.